BITCOINSTANDARDEN

BITCOINSTANDARDEN

DET DESENTRALISERTE ALTERNATIVET TIL SENTRALBANKER

Saifedean Ammous

Norsk oversettelse av:
Kristian Døble
Hallvard Aastad Viken
Martin Thaulow
Kimera Prøisborg
Alexander Midtun
Niklas Paulsen
Knut Skoglund
Andreas A.

KONSENSUS NETWORK

Korrektur av Hallvard Aastad Viken.
Bitcoinstandarden: Det Desentraliserte Alternativet til Sentralbanker

Gi oss tilbakemelding: `info@konsensus.network`

Utgiver: *Konsensus Network* – The Bitcoin Publishing House

Forfatterens hjemmeside: `https://saifedean.com`

Omslagsdesign: Konsensus Network
Bilder på omslaget: Rai-stein © Yusuke Kawasaki / wikimedia; goudstaven © Grassetto / Getty Images, LLC; QR code / Saifedean Ammous
Layout: Konsensus Network
Redaktør: Kristian Døble

Versjon 1.0.0

ISBN 978-9916-723-65-4 Hardcover
978-9916-723-66-1 Paperback
978-9916-723-67-8 E-book

KONSENSUS NETWORK `https://konsensus.network`

Til min kone og datter, som gir meg grunn til å skrive.
Og til Satoshi Nakamoto, som ga meg noe verdt å skrive om.

Innhold

Om forfatteren

Saifedean Ammous er en uavhengig akademiker som forsker på og underviser i bitcoin og økonomi etter den østerrikske økonomiske skoles tradisjon via sin hjemmeside, www.saifedean.com.

FORORD
AV MICHAEL J. SAYLOR

I mars 2020 ble verden rammet av en pandemi som stanset store deler av økonomien vår og forstyrret atferdsmønstre vi alle hadde blitt vant til over hundrevis av år. Kontorer og skoler stengte, offentlige sammenkomster opphørte, forretnings- og fritidsreiser ble stoppet, og fysiske møter ble umulige eller upraktiske. Butikker ble stengt, fabrikker gikk på tomgang, fly ble satt på bakken, skip ankret opp, veier ble blokkert, og landegrenser stengt.

De pengepolitiske tiltakene som ble tatt som følge av dette økonomiske sjokket mangler historisk sidestykke. Pengemengden ekspanderte raskere enn noen gang i moderne historie, siden alle landene engasjerte seg i aggressive kjøp av eiendeler, finanspolitisk stimulans, økning i budsjettunderskudd og senking av rentenivået. Resultatet ble en K-formet oppgang der store selskaper hentet seg raskt inn og ble mer lønnsomme enn noen gang, mens mindre selskaper med operativ virksomhet så inntektene kollapse og overskuddet gå opp i røyk.

Den kognitive dissonansen var forbløffende, og det samme var den massive omfordelingen av rikdom som fant sted. Bedrifter med en ren digital virksomhet så en eksplosjon i både etterspørsel og inntekter, mens fysiske butikker, reise- og hotellnæringen, og underholdningsbransjen så inntektene falle, og måtte streve for å holde hodet over vann. MicroStrategy befant seg midt i dette økonomiske landskapet, og vi brukte hele andre kvartal på å bli digitalt fokusert, gjenoppbygge salgs-, markedsførings- og servicetjenester gjennom nettstedet vårt, og introdusere videokonferanser, automatisering, skytjenester og fjernarbeid i selskapet.

Innen juni hadde vi gjort nok arbeid og skaffet nok informasjon til å konkludere med at de 500 millioner dollarene vi hadde gjemt i bunnen av krigskisten for en regnværsdag, ikke ville være til stor nytte i den nye virtuelle verdenen. Samtidig ville vi sannsynligvis generere ytterligere 500 millioner i kontantstrøm som følge av vår digitale transformasjon. Den gode nyheten var at vi hadde rikelig med penger og gode utsikter til å generere mer fremover. Den dårlige nyheten var at den monetære inflasjonsraten hadde tredoblet seg, og prisen på andre aktiva eksploderte med den høyeste hastigheten på en generasjon. Vi innså at kontantbeholdningen vår var en isbit som smeltet raskt, og at vi måtte handle kjapt for å unngå at verdiene skulle forsvinne.

Dette ble katalysatoren for en intens jakt etter en løsning på problemet vårt. Hvordan kan et moderne selskap beskytte sine eiendeler i et miljø med monetær inflasjon, der valutaen taper 15 % av kjøpekraften hvert år, og hvor den effektive avkastningen etter skatt på tradisjonelle obligasjoner er nesten null? Et selskap som genererer 75 millioner dollar i året i kontantstrøm, og har 500 millioner dollar på balansen med en reell avkastning på minus 15 %, ødelegger like mye aksjonærverdier som det skaper. Vi løp så fort vi kunne, men kom ikke av flekken.

Etter å ha vurdert og gått bort fra tanken om å plassere egenkapitalen vår i kontanter, obligasjoner, eiendom, aksjer, derivater, kunst, råvarer og samleobjekter, satt vi igjen med bare edle metaller og kryptovalutaer. Det var på dette tidspunktet i søket etter en løsning jeg oppdaget *Bitcoinstandarden* av Saifedean Ammous, og det var denne boken, mer enn noen annen, som ga meg det holistiske økonomiske rammeverket jeg trengte for å tolke de makroøkonomiske kreftene som forandrer vår verden, forvrenger markedene våre og slår bedrifter over ende.

Bitcoinstandarden burde være obligatorisk lesning for alle i vårt moderne samfunn. Den gir en konsis og sammenhengende skildring av pengepolitikk, pengenes historie, økonomi i praksis, og politiske beslutningers betydning for næringsliv, kultur og økonomi. Boken artikulerer fordelene ved gode penger og farene ved en svak valuta kanskje bedre enn noe annet moderne verk om handel og økonomi. *Bitcoinstandarden* blottlegger også mytene rundt moderne pengeteori og de feilslåtte forestillingene som har dominert fiatøkonomiens læreretning siden starten av 1900-tallet.

I mai 2020 var denne boken en avgjørende faktor da jeg tok beslutningen om at bitcoin er løsningen på hvordan selskapet vårt skal investere eiendelene. Selskapet valgte å investere de likvide midlene i bitcoin i august 2020, og i løpet av de neste seks månedene kjøpte vi bitcoin for 2,2 milliarder dollar, noe som gjorde bitcoin til vår primære kapitalreserve. *Bitcoinstandarden* hjalp oss med å innse at den beste forretningsstrategien for selskapet var å holde bare en liten mengde arbeidskapital i form av fiatvaluta, og konvertere resten av kontantstrømmen vår til bitcoin så snart det var praktisk mulig. I skrivende stund oppbevares 99 % av eiendelene våre i bitcoin. De resterende 1 % består av lokale valutaer som vi har behov for i den daglige driften. Dette betyr at MicroStrategy i utgangspunktet har tatt bitcoinstandarden i bruk.

Bitcoinstandarden er min første anbefaling for de som søker en helhetlig forståelse av den økonomiske teorien, den politiske historien og den teknologiske utviklingen som har drevet veksten av bitcoinnettverket og definerer dens fremtidige kurs. Boken passer for privatpersoner, investorer, næringslivsledere, teknologer, politikere, journalister og akademikere, uavhengig av hvilken agenda de måtte ha. Bitcoin er verdens første digitale monetære nettverk. Bitcoin er også verdens første konstruerte monetære eiendel. Sammen representerer disse funksjonene den mest transformerende teknologien i verden, og den beste muligheten for de som ønsker å skape noe nytt og fantastisk. Det er også løsningen på problemet med å lagre verdier, som 7,8 milliarder mennesker, over 100 millioner selskaper og hundrevis av milliarder av investorkroner står overfor.

Jeg håper du får like mye glede av denne boken som jeg gjorde, og at du kan dra nytte av ideene som presenteres på disse sidene.

Michael J. Saylor
Styreforman & CEO MicroStrategy
Miami Beach, Florida, USA
24. mars 2021

FORORD AV HODLONAUT

I det digitale universet som omgir oss i dag, og som blir en stadig viktigere premissleverandør for grunnleggende friheter, blir det stadig vanskeligere å skille sannhet fra løgn, og originaler fra kopier. Vi er vant til at det digitale involverer uendelig replikerbarhet, der det er umulig å skille noe ekte fra et duplikat.

Bitcoin bringer med seg en revolusjonerende endring på dette området, og fremstår som den digitale manifestasjonen av to grunnleggende prinsipper: sannhet og knapphet.

Historisk sett har sannhet i finansielle systemer blitt etablert bak lukkede dører, gjennom lag med verifisering, tilsyn og menneskelige portvoktere. Og som ethvert system som lar sin integritet hvile på menneskelig feilbarlighet, er de over tid utsatt for manipulasjon og feil.

Gjennom sin helt åpne bokføring og desentraliserte konsensusmekanisme, blir ikke sannheten i bitcoin meglet frem gjennom politikk og retorikk, men simpelthen validert algoritmisk. Hver eneste transaksjon og saldo i nettverket er verifiserbar og beskyttet av ugjennomtrengelig kryptografi. I bitcoin er sannheten absolutt og udiskutabel.

Oppfinnelsen – eller som noen liker å si: oppdagelsen – av digital knapphet er så revolusjonerende at vi foreløpig knapt kan ane mulighetene og konsekvensene det bringer med seg. Bitcoin ga nemlig fødsel til den banebrytende realiteten at noe digitalt også kan være noe sjeldent, noe knapt, noe som ikke kan dupliseres. At det aldri kan finnes mer enn 21 millioner bitcoin utfordrer vår tradisjonelle forståelse av hvordan den digitale verden kan bære og representere verdi.

Disse to pillarene av sannhet og knapphet gjør bitcoin til et transformativt konsept, intet mindre enn en ny og uendelig verdifull grunnmur å bygge samfunnet og livene våre på.

Bitcoinstandarden går dypt inn i de økonomiske, sosiale og filosofiske implikasjonene av å ta i bruk et slikt revolusjonerende verktøy. Bitcoin er ikke bare et høyst nødvendig alternativ til vårt nåværende finansielle system, men en visjon om en fremtid der penger både er en «store of value» og et sannhetsmedium, med alt det innebærer.

Saifedean Ammous har på en grundig måte fanget denne fortellingen, forankret den i historisk kontekst og gjort rede for hvordan bitcoin kan forandre etablerte strukturer og sannheter til det bedre.

Jeg tror du kommer til å finne mye verdi i denne boka, og at du kommer til å bli både inspirert og håpefull over konturene av en fremtid der prinsippene om sannhet og knapphet definerer vår pengestandard, og dermed former både grunnmuren og insentivene for samfunnet vårt.

Hodlonaut
6. oktober 2023

PROLOG

Den 31. oktober 2008 sendte en programvareutvikler under pseudonymet Satoshi Nakamoto en e-post til en mailingliste for kryptografi-entusiaster for å annonsere at han hadde laget et «nytt elektronisk kontantsystem som er fullstendig peer-to-peer, uten noen betrodd tredjepart».[1] E-posten inneholdt en kort beskrivelse av det nye betalingssystemet, samt en lenke til en rapport som beskriver systemet i detalj. Bitcoin beskrives som en protokoll for et betalingsnettverk med en egen valuta, hvor medlemmene selv på en sofistikert måte kan verifisere alle transaksjoner uten å måtte stole på en sentral part i nettverket. Valutaen utstedes i henhold til en forhåndsbestemt plan, der medlemmene som bruker datakraft for å bekrefte transaksjonene belønnes for arbeidet. Det oppsiktsvekkende med denne oppfinnelsen var at den, i motsetning til mange andre tidligere forsøk på å utvikle digitale kontanter, faktisk fungerte.

Selv om det hadde et smart og pent design, var det lite som tydet på at et slikt snodig eksperiment ville interessere andre enn kryptografi-nerder. I flere måneder var dette også tilfellet, ettersom det var bare noen få titals brukere verden over som ble med i nettverket, drev med utvinning av bitcoin via mining og sendte hverandre bitcoin som begynte å få status som samleobjekter, om enn i digital form.

1 E-posten kan finnes i sin helhet i Satoshi Nakamoto Institutes arkiv over alle kjente skrifter fra Satoshi, «Re: Bitcoin P2P e-cash paper.» Mottatt av The Cryptography Mailing List, 31 oktober 2008

Men i oktober 2009 solgte en internettbørs[2] 5050 bitcoin for 5,02 dollar, til en pris på 1 dollar for 1006 bitcoin. Dette var det første registrerte kjøpet av bitcoin med penger.[3] Prisen ble satt ved å beregne kostnaden for elektrisiteten som var nødvendig for å produsere én bitcoin på den tiden. Fra et økonomisk synspunkt var dette banebrytende øyeblikket det viktigste i bitcoins liv. Bitcoin var ikke lenger bare et digitalt spill som ble spilt i et lite samfunn av programmerere. Den var nå en markedsvare med en pris, som betyr at noen, ett eller annet sted, hadde gitt den en positiv verdivurdering. Den 22. mai 2010 betalte en annen person 10 000 bitcoin for to pizzaer, verdt 25 dollar. Det var første gang bitcoin ble brukt som betalingsmiddel. Det tok dermed syv måneder for bitcoin å utvikle seg fra en vare til et betalingsmiddel.

Siden den gang har bitcoinnettverket vokst i antall brukere, antall transaksjoner og total datakraft dedikert til nettverket. Samtidig har verdien av valutaen steget raskt, og den passerte 7000 dollar per bitcoin i november 2017.[4] Etter åtte år er det klart at denne oppfinnelsen ikke lenger bare er et spill på internett, men en teknologi som har bestått markedstesten og som brukes til mange formål i den virkelige verden, og hvor dens kurs nå vises jevnlig på TV, i aviser og på nettsteder, sammen med kursene til nasjonale valutaer.

Bitcoin kan lettest forstås som en distribuert programvare som gir sine brukere mulighet til å lagre og overføre verdier, med en valuta hvis inflasjonsrate er forhåndsbestemt. Brukerne kan gjøre direkte transaksjoner med hverandre uten å måtte stole på en tredjepart. Med andre ord automatiserer bitcoin funksjonene til en sentralbank, og bitcoin er forutsigbar og praktisk talt umulig å endre, siden koden er desentralisert blant tusenvis av nettverksmedlemmer, hvorav ingen kan endre koden uten samtykke fra resten. Dette gjør bitcoin til det første beviselige pålitelige operasjonelle eksempelet på *digitale kontanter* og *digitale harde penger*. Mens bitcoin er en ny oppfinnelse av den digitale tidsalderen, er problemene den utgir seg for å løse, nemlig å være en form for penger som er under eierens fulle kontroll og sannsynligvis vil holde seg i verdi over det lange løp, like gamle som sivilisasjonen vår. Denne boken gir en redegjørelse for disse problemene, basert på årevis med studier av teknologien

---

2 Den nå nedlagte *New Liberty Standard*, newlibertystandard.wikifoundry.com/.

3 Popper, Nathaniel. *Digital Gold: Bitcoin and the Inside Story of the Misfits and Millionaires Trying to Reinvent Money.* HarperCollins, 2015.

4 Med andre ord, i løpet av de åtte årene den har hatt en markedspris, har prisen økt nesten åtte millioner ganger, fra 0,000994 dollar til rekordhøye 7888 dollar i skrivende stund.

og de økonomiske problemene den løser, og dykker ned i hvordan samfunnet historisk har funnet løsninger på dem. Konklusjonene mine vil kanskje overraske de som ser på bitcoin som en stor svindel eller et triks for å tjene raske penger gjennom spekulasjoner. Bitcoin forbedrer faktisk tidligere løsninger for «verdilagring», og bitcoins nytteverdi som sunne penger i en digital tidsalder kan overraske kritikerne.

Fremtiden kan forutses fra fortiden, spesielt hvis den blir nøye undersøkt, og fremtiden vil vise om argumentene i denne boken holder vann. Den første delen av boken forklarer hva penger er, samt deres funksjon og egenskaper. Som økonom med ingeniørbakgrunn har jeg alltid forsøkt å forstå hvordan ulike teknologier fungerer basert på problemene de prøver å løse. På denne måten kan de essensielle funksjonene identifiseres og skilles fra de tilfeldige og kosmetiske, eller på andre måter uviktige funksjoner. Ved å forstå problemene som penger prøver å løse, blir det mulig å avklare hva som gjør penger sunne eller usunne. Vi kan deretter bruke dette konseptuelle rammeverket for å forstå hvordan og hvorfor ulike varer som skjell, perler, metaller og nasjonale valutaer har fungert som penger, og hvordan og hvorfor de kan ha mislyktes eller lyktes som verdilagre og betalingsmidler for samfunnet.

Den andre delen av boken diskuterer de individuelle, sosiale og globale konsekvensene av sunne og usunne former for penger gjennom historien. Sunne penger lar folk tenke langsiktig, spare og investere mer for fremtiden. Langsiktig sparing og investering er sivilisasjonens nøkkel til kapitalakkumulering og fremskritt. Penger er informasjons- og målesystemet i en økonomi, og sunne penger gjør at handel, investeringer og entreprenørskap kan skje på et solid grunnlag, mens usunne penger forstyrrer disse prosessene. Sunne penger er også et viktig element i et fritt samfunn, ettersom det fungerer som et effektivt skjold mot despotiske stater.

Den tredje delen av boken forklarer hvordan bitcoinnettverket fungerer, og beskriver dets mest fremtredende økonomiske egenskaper. Delen analyserer mulig bruk av bitcoin som sunne penger, diskuterer bruk der bitcoin ikke er den mest passende løsningen, og tar for seg noen av de vanligste misforståelsene og misoppfatningene om bitcoin.

Denne boken er skrevet for å hjelpe leseren å forstå økonomien bak bitcoin og hvordan bitcoin fungerer som den digitale versjonen av de mange teknologiene som historisk har blitt brukt som penger. Boken er ikke en reklame eller oppfordring om å investere i bitcoin. Langt ifra. Bitcoins verdi vil mest sannsynlig fortsette å svinge, i det minste for en stund. Bitcoinnettverket kan fortsatt lykkes eller mislykkes av årsaker som ikke kan forutsees i dag. Bruk av nettverket krever teknisk kompetanse og innebærer risiko som gjør det uegnet for mange. Denne boken er ikke å se på som investeringsråd, men er ment å bidra til å kartlegge de økonomiske egenskapene til nettverket og hvordan det fungerer, for å gi leserne en informert forståelse av bitcoin før de bestemmer seg for å bruke den eller ikke.

Kun med en slik forståelse av hvordan bitcoin fungerer og innsikt i de praktiske sidene ved eierskap og oppbevaring bør man vurdere å lagre verdier i bitcoin. Selv om bitcoins historiske prisøkninger kan få det til å virke som et selvsagt investeringsobjekt, vil en nærmere titt på de utallige hackerangrepene, svindlene og sikkerhetsbristene som har frarøvet folk sine bitcoin stå som en advarsel til alle som tror at å eie bitcoin er en garanti for profitt. Hvis du, etter å ha lest denne boken, føler at bitcoin er noe du burde eie, bør det første du foretar deg ikke være å kjøpe bitcoin, men i stedet å investere tid i å forstå hvordan du kjøper, lagrer og eier bitcoin på en trygg måte. Det ligger i bitcoins natur at slik kunnskap ikke kan delegeres til noen andre. Det finnes ikke noe alternativ til personlig ansvar for alle som er interessert i å bruke nettverket, og dette er den virkelige investeringen som må gjøres for å komme i gang med bitcoin.

1

Penger

Bitcoin er den nyeste teknologien som kan fungere som penger. Det er en oppfinnelse som utnytter de teknologiske mulighetene i vår digitale tidsalder for å løse et problem som har eksistert gjennom hele menneskehetens eksistens: Hvordan flytte økonomisk verdi over tid og rom. For å kunne forstå bitcoin, må man først forstå penger, og for å forstå penger, må man studere pengenes funksjon og historie.

Den enkleste måten for mennesker å bytte verdier på er å utveksle varer med hverandre. Denne prosessen med *direkte utveksling* blir kalt byttehandel, men er kun praktisk i små grupper eller samfunn hvor bare noen få varer og tjenester blir produsert. I en hypotetisk økonomi med en gruppe mennesker isolert fra verden vil det ikke være mye rom for spesialisering og handel. Enkeltindivider vil kunne drive produksjon av de mest nødvendige varene for å overleve, for deretter å drive direkte byttehandel med hverandre. Byttehandel har alltid eksistert i våre samfunn og fortsetter å gjøre det også i dag, men det er svært upraktisk og skjer hovedsakelig i spesielle situasjoner, og vanligvis mellom mennesker som kjenner hverandre fra før.

I en større og mer sofistikert økonomi vil enkeltindivider ha bedre mulighet til å spesialisere seg i produksjonen av flere varer for så å bytte dem med mennesker de ikke har noe personlig forhold til. Det vil være veldig upraktisk å føre et regnskap med fremmede for varer og tjenester en har utvekslet. Jo større markedet er, desto større er mulighetene for spesialisering og handel. Men i takt med dette øker også problemet med *sammenfall av interesser*. Det du ønsker å skaffe deg produseres gjerne av en person som ikke nødvendigvis har behov for det du har å tilby i gjengjeld. For å beskrive kompleksiteten av problemet, og det faktum at ulike varer har ulike egenskaper og ulik verdi, må tre viktige aspekter belyses.

For det første er det mangel på sammenfall over ulike størrelser: Det du ønsker har kanskje ikke samme verdi som det du har, og å dele opp varen i mindre biter vil i mange tilfeller være upraktisk eller umulig. Forestill deg at du ønsker å kjøpe et hus, men det du har å tilby som betaling er skoene du produserer. Du kan ikke dele opp huset i mindre deler som ville tilsvart verdien av ett par sko, og huseieren ville ikke hatt interesse av å eie så mange sko at det hadde tilsvart husets verdi. For det andre er det mangel på sammenfall over tid: Det du ønsker å selge kan være forgjengelig, men det du ønsker å kjøpe er mer holdbart og verdifullt. Dette gjør det vanskelig å samle nok forbruksvarer til å kunne bytte de med varige goder. Det er ikke lett å tilby nok epler til å kunne bytte til seg en bil, siden eplene vil råtne før handelen er i havn. Det tredje problemet er manglende sammenfall av steder: Du ønsker kanskje å selge et hus et sted i landet, for å kjøpe et hus et annet sted, og de fleste hus er ikke flyttbare. Om du vil selge et hus på en gitt adresse for å flytte til en annen adresse, vil det faktum at de fleste hus ikke er flyttbare gjøre muligheten for et direkte bytte umulig. Disse tre problemene gjør direkte byttehandel svært vanskelig og upraktisk, og fører til at folk må ty til flere utvekslinger per ønsket vare for å oppfylle sine økonomiske behov.

Den eneste måten å omgå dette på er gjennom *indirekte byttehandel*. Du kan prøve å finne en vare som en annen person vil ha, og finne noen som vil bytte varen med deg, mot det du har å selge. Denne varen blir da et *byttemiddel* i handelen. Alt av varer vil kunne brukes som byttemiddel, men i takt med at økonomien vokser, vil det være upraktisk å konstant være på utkikk etter varer som motparten ønsker seg eller er på søken etter. Dette vil også føre til mange transaksjoner i hver handel, noe som vil være lite hensiktsmessig. En langt mer effektiv løsning vil vokse frem naturlig, der de mest konkurransedyktige løsningene vil eliminere de mindre konkurransedyktige. Det vil etter hvert etableres et felles byttemiddel, eller muligens et lite antall byttemidler, som kan benyttes som betaling. Disse vil påta seg rollen som bredt akseptert byttemiddel, og blir til det vi i dag kaller penger.

Penger er derfor først og fremst et byttemiddel. Med andre ord, penger er en vare som ikke kjøpes for å konsumeres (forbruksvare), og heller ikke som brukes til produksjon av andre varer (en investering eller kapitalvare), men primært for å byttes mot andre varer. Mens investeringer er ment å skape inntekter som kan byttes mot andre varer, er de forskjellige fra penger på tre måter: For det første gir de avkastning, noe penger ikke gir. For det andre er det alltid en risiko for tap, mens vi anser penger for å ha den laveste risikoen. For det tredje er investeringer mindre likvide enn penger, så det vil påløpe betydelige transaksjonskostnader. Dette kan hjelpe oss med å forstå hvorfor det alltid vil være etterspørsel etter penger, og hvorfor en investering aldri helt kan erstatte penger. Menneskers liv er preget av usikkerhet, og uventede ting kan skje, derfor er det vanskelig å vite når og hvor mye penger en får bruk for.[5] Det er sunn fornuft og gammel visdom i stort sett alle kulturer å oppbevare en del av velstanden sin i penger, på grunn av pengenes likvide egenskaper. Den som har penger kan raskt likvidere dem når det trengs, og risikoen er lavere enn ved en investering. Prisen som betales for bekvemmeligheten ved å holde penger, kommer i form av å gi avkall på forbruk pengene kunne ha kjøpt, og i form av å gi avkall på avkastningen som en investering kunne gitt.

Fra å studere menneskers valg i markedsituasjoner utviklet Carl Menger, grunnleggeren av den østerrikske økonomiske skole, og grunnleggeren av marginalanalysen i økonomifaget, en forståelse av nøkkelegenskapen som gjør en vare til penger. Den egenskapen er *salgbarhet*, altså hvor lett en vare kan bli solgt på markedet når eieren måtte ønske å selge den, med minst mulig pristap.[6]

Det er i prinsippet ingenting som sier noe om hva som burde eller ikke burde brukes som penger. Hvis noen kjøper noe, kun med det formål å bytte

5 Se Ludwig von Mises' *Human Action* s. 250, for en diskusjon om hvordan usikkerheten om fremtiden er den største drivkraften bak etterspørselen for penger. Om fremtiden ikke hadde vært usikker, kunne mennesker planlagt inntekter og utgifter optimalt, slik at de ikke var nødt til å eie kontanter. Men siden usikkerhet er en del av livet, må mennesker ha penger i tilfelle noe uforutsett skulle hende i fremtiden.

6 Menger, Carl, «On the Origins of Money,» oversatt av C. A. Foley. *Economic Journal* 2 (1892), s. 239–255.

det i noe annet, blir varen i praksis til penger. Ettersom folk er forskjellige, er også deres meninger og valg rundt hva som er penger forskjellige. Gjennom menneskets historie har mange ting fungert som penger: Gull og sølv er mest fremtredende, men også kobber, skjell, store steiner, salt, kyr, statspapirer, edelstener, og til og med alkohol og sigaretter under visse omstendigheter. Folks valg er subjektive, og det er ingen «riktige» eller «gale» valg av penger. Valgene har derimot konsekvenser.

Den relative salgbarheten til en vare kan vurderes ut fra hvor godt den løser de tre delene av problemet med sammenfall av interesser som nevnt tidligere: Varens salgbarhet over tid, avstand og størrelser. En vare som er salgbar i ulike størrelser kan deles opp i mindre eller større enheter, og gir dermed eieren mulighet til å selge det kvantum han ønsker, det vil si større eller mindre deler. Salgbarhet over avstand betyr at varen er enkel å frakte eller ta med seg på reise, og dette er grunnen til at gode penger tradisjonelt har hatt høy verdi per vektenhet. For mange av varene som kan fungere som penger er begge disse betingelsene ganske enkle å oppfylle. Det er det tredje elementet, salgbarhet over tid, som er det viktigste.

En vares salgbarhet over tid refererer til dens evne til å holde på sin verdi inn i framtiden, og gir eieren mulighet til å lagre rikdommen sin i den, som er den andre funksjonen til penger; *verdilagring*. For at en vare skal være salgbar over tid må den være immun mot fordervelse, korrosjon og andre typer forfall. Det kan trygt sies at enhver som trodde han kunne lagre sin rikdom i fisk, epler, eller appelsiner lærte denne leksen på den harde måten, og hadde dermed ingen verdi igjen å bekymre seg over etter en stund. Fysisk holdbarhet over tid er en nødvendighet, men det er ikke det eneste kravet til salgbarhet over tid, da varen kan tape seg i verdi selv om dens fysiske tilstand holder seg uforandret. For at varen skal holde seg i verdi er det nødvendig at tilbudet av varen ikke øker for mye i perioden man besitter den. Et vanlig kjennetrekk for forskjellige former for penger gjennom historien er at det finnes en mekanisme som begrenser produksjonen av nye enheter av varen, slik at verdien til de eksisterende enhetene bevares. Hvor vanskelig det er å produsere nye enheter bestemmer pengenes hardhet. Penger det er vanskelig å lage nye enheter av, kalles *harde penger*. Penger det er lett å lage nye enheter av, kalles *myke penger*.

Vi kan forstå pengers hardhet gjennom to forskjellige underliggende mengder knyttet til tilbudet av en vare: (1) *lager*, som er det eksisterende tilbudet som inneholder alt som har blitt produsert i fortiden, minus alt som har blitt konsumert eller blitt ødelagt; og (2) *tilførsel*, som er den ekstra mengden som vil bli produsert i den neste tidsperioden. Forholdet mellom lager og tilførsel er en pålitelig indikator for en vares styrke som penger, og hvor godt egnet den er til å spille en rolle som penger. Hvis en vare har et lavt lager/tilførsel-forhold, betyr det at det eksisterende tilbudet av varen kan øke mye hvis folk begynner å bruke den til å bevare verdi. En slik vare vil sannsynligvis ikke holde seg i verdi hvis den velges som verdilager. Jo høyere forholdet er mellom lager og tilførsel, desto mer sannsynlig er det at en vare holder sin verdi over tid, og dermed vil være mer salgbar over tid.[7]

Dersom folk velger harde penger med et høyt lager/tilførsel-forhold for å oppbevare verdier, vil etterspørselen etter pengene øke. Det vil igjen føre til en prisøkning, som vil få produsentene til å øke produksjonen av varen. Men ettersom tilførselen er lav i forhold til det eksisterende lageret, er det lite sannsynlig at selv en stor økning i produksjonen av nye enheter vil redusere prisen i vesentlig grad. På den andre siden, hvis folk velger å lagre verdiene sine i myke penger med lavt lager/tilførsel-forhold, vil det være enkelt for de som produserer varen å lage store mengder av den, noe som vil føre til at prisen og verdien til varen faller. Resultatet blir at sparernes kapital forringes og varens salgbarhet over tid ødelegges.

Jeg liker å kalle dette *de myke pengers felle*. Alt som brukes som verdilager vil få en økning i sitt tilbud, og med alt det er lett å lage mer av, ødelegges verdiene til de som bruker det som verdilager. Konsekvensene av denne fellen er at alt som med hell blir brukt som penger, vil ha en naturlig eller kunstig mekanisme som begrenser ny produksjon av varen til markedet, og dermed holder den seg i verdi over tid. Det betyr at om noe skal fungere som penger, må det være kostbart å produsere mer av det, ellers vil fristelsen til å lage nye enheter uten store kostnader ødelegge folks oppsparte verdier, samt ødelegge insentivene for å spare i den pengeformen.

Når en naturlig, teknologisk eller politisk utvikling har ført til en rask økning i tilbudet av en monetær vare, har varen mistet sin monetære status og blitt erstattet av et annet byttemiddel med et mer pålitelig lager/tilførsel-forhold, noe vi går inn på i neste kapittel. Skjell har vært brukt som penger der de var

7 Fekete, Antal. *Whither Gold?* Vinner av 1996 International Currency Prize, sponset av Bank Lips, 1997 www.professorfekete.com/articles/aefwhithergold.pdf.

vanskelige å finne, og sigaretter brukes som penger i fengsler, siden de er vanskelig å skaffe eller produsere der. Når det gjelder nasjonale valutaer, er det mer sannsynlig at folk vil bruke dem jo lavere tilførselen av nye enheter er, slik at de bevarer verdiene sine over tid.

Da moderne teknologi forenklet import og anskaffelse av skjell, byttet samfunn som brukte skjell som penger over til metall eller papirpenger. Og når stater økte mengden av valutaen, byttet innbyggerne fra lokal til utenlandsk valuta eller gull, eller andre mer pålitelige penger. 1900-tallet ga oss veldig mange slike tragiske eksempler, spesielt i utviklingsland. Den pengeformen som overlevde lengst, var den som hadde pålitelige mekanismer for å begrense veksten i pengemengden, med andre ord *harde penger*. Ulike former for penger er i konstant konkurranse med hverandre, og vinneren kan forutses ved å studere hvilken effekt den teknologiske utviklingen har på de konkurrerende varenes lager/tilførsel-forhold. Dette beskrives nærmere i neste kapittel.

Folk står generelt fritt til å bruke hvilken som helst vare som betalingsmiddel, noe som i realiteten sier at over tid er det de som bruker harde penger som vil få mest fordeler, ettersom den begrensede økningen i pengemengden gjør svekkelsen av deres betalingsmiddel ubetydelig. De som velger myke penger vil sannsynligvis oppleve tap på verdiene sine, ettersom pengemengden vokser raskt, noe som senker markedsprisen. Enten det er gjennom rasjonelle fremtidsanalyser eller som følge av livets harde skole, vil det meste av penger og verdi konsentrere seg hos de som velger den hardeste og mest salgbare formen for penger. Men en vares hardhet og salgbarhet er noe som endrer seg over tid. Ettersom den teknologiske kapasiteten i forskjellige samfunn og epoker har variert, har også hardheten av forskjellige former for penger gjort det samme, samt salgbarheten deres. I virkeligheten har valget av hva som er de beste pengene blitt bestemt av de teknologiske virkelighetene i samfunnene, som da bestemmer salgbarheten til ulike varer. Derfor er østerrikske økonomer sjelden dogmatiske eller objektive i deres definisjon av sunne penger. De definerer ikke sunne penger som en spesifikk vare eller råvare, men derimot som de penger som oppstår i markedet, og som velges fritt av menneskene som handler med dem. De er ikke påtvunget av staten, og deres verdi bestemmes i et fritt marked, og ikke ved statlig befaling.[8] Monetær konkurranse i et

8 Salerno, Joseph: *Money Sound and Unsound*. Auburn, AL, Ludwig von Mises Institute, 2010, s. xiv–xv.

fritt marked er brutalt effektiv til å produsere sunne penger, siden bare de som velger riktige penger vil beholde verdien sin over tid. Det er ikke nødvendig at staten påtvinger samfunnet harde penger; samfunnet ville valgt dem lenge før folket grunnla staten, og innblanding fra statsoverhoder eller myndigheter, om den skulle ha noen effekt, ville bare hindret den monetære konkurransen.

De fulle individuelle og samfunnsmessige konsekvensene av harde og myke penger går langt dypere enn kun finansielle tap eller gevinster, og er et sentralt tema i denne boken som diskuteres gjennom kapittel 5, 6 og 7. De som kan lagre verdier i et godt verdilager, vil sannsynligvis planlegge for framtiden mer enn de som sparer i dårlige verdilagre. Sunnheten til en penge, definert som dens evne til å holde seg i verdi over tid, er en avgjørende faktor for hvor mye folk verdsetter nåtiden fremfor fremtiden – deres *tidspreferanse* – et svært viktig konsept i denne boken.

I tillegg til lager/tilførsel-forholdet, er et annet viktig aspekt ved salgbarheten til en penge i hvilken grad pengen blir godtatt av andre. Jo flere som godtar et betalingsmiddel, desto mer likvid er det, og desto mer sannsynlig er det at det blir kjøpt og solgt uten for store tap. Under sosiale omstendigheter med mange peer-to-peer-interaksjoner, som dataprotokoller demonstrerer, er det naturlig at noen få standarder dominerer handelen. Dette er fordi gevinsten for å tilknytte seg et nettverk vokser eksponentielt med størrelsen på nettverket. Derfor domineres markedet av Facebook og en håndfull andre sosiale medienettverk, selv om hundrevis av bortimot identiske nettverk har blitt skapt og promotert. På samme måte må enheter som sender e-post bruke IMAP/POP3 protokollen for å motta e-post, og SMTP protokollen for å sende. Mange andre protokoller har blitt oppfunnet, og de kunne blitt benyttet i like stor grad, men nesten ingen bruker dem, siden dette ville utelukket brukeren fra å kommunisere med alle andre e-postbrukere, som bruker IMAP/POP3 og SMTP. Penger fungerer på samme måte, og det var derfor uunngåelig at én eller noen få varer ville komme til å dominere som byttemiddel, siden det å være lett omsettelig er det viktigste. Som nevnt tidligere anskaffer man ikke et betalingsmiddel på grunn av egenskapene det har, men for dets salgbarhet.

Videre, med et bredt akseptert betalingsmiddel, kan alle priser oppgis i betalingsmiddelets egne enheter, noe som oppfyller pengers tredje funksjon; *regneenhet*. I en økonomi uten kjente betalingsmidler vil hver vares pris oppgis ut fra alle andre varer, noe som fører til mange ulike priser og gjør økonomiske beregninger svært vanskelige. I en økonomi med et felles betalingsmiddel er prisene for alle varer oppgitt i samme enhet. I et slikt samfunn fungerer penger som en målestokk for å måle mellommenneskelige verdier. Det belønner produsenter i den grad de kan bidra med verdi for andre, og signaliserer til forbrukerne hvor mye de må betale for å kjøpe deres varer. Kun med ett enkelt betalingsmiddel som spiller rollen som regneenhet blir komplekse økonomiske beregninger mulig. Med dette kommer også mulighetene for spesialisering i komplekse oppgaver, kapitalakkumulering og store markeder. En markedsøkonomi er avhengig av priser for å fungere, og for at prisene skal være nøyaktige, er de avhengige av et felles betalingsmiddel som igjen reflekterer ulike varers relative knapphet. Hvis det er snakk om myke penger, vil utstederens mulighet til å konstant øke pengemengden hindre pengene fra å riktig gjenspeile alternativkostnadene. Hver uforutsette endring i pengemengden vil forvrenge pengenes rolle som målestokk for mellommenneskelig verdi, og som kilde til økonomisk informasjon.

Når vi har ett enkelt betalingsmiddel, kan økonomien vokse og bli like stor som antallet mennesker som er villige til å bruke det betalingsmiddelet. Jo større økonomien er, desto større er mulighetene for gevinst fra handel og spesialisering, og kanskje enda viktigere, desto lengre og mer sofistikert kan produksjonsstrukturen bli. Produsenter kan spesialisere seg i produksjonen av kapitalvarer som først vil produsere ferdige forbruksvarer etter lengre intervaller. Fordelen er at etter en viss tid gir dette mulighet til bedre produktivitet, samt bedre kvalitet på produkter. I små primitive økonomier fungerte strukturen for produksjon av fisk på en slik måte at folk gikk ned til vannkanten for å fange fisk med bare hendene. Hele denne prosessen tok noen få timer fra start til slutt. Ettersom økonomien vokser, blir mer sofistikerte verktøy og kapitalvarer benyttet, og produksjonen av disse verktøyene øker produktiviteten. I den moderne verden blir fisk fanget med avanserte fiskebåter som kan ta årevis å bygge, og som er i drift i flere tiår. Disse båtene kan seile til havområder der mindre båter ikke kommer til, og dermed fange fisk som det ellers ikke ville vært mulig å få tak i. Båtene tåler hardt vær og kan være i drift under svært vanskelige forhold, hvor mindre kapitalintensive båter måtte blitt liggende til kai. Etter hvert som kapitalakkumulering har gjort prosessen lengre, har den også blitt mer produktiv per enhet av utført arbeid, og den kan produsere bedre produkter enn det som tidligere var mulig i primitive økonomier med relativt enkle redskaper og ingen kapitalakkumulasjon. Ingenting av dette ville vært mulig uten penger, som ikke bare fungerer som betalingsmiddel som fremmer spesialisering, men også som verdilager som øker fremtidsorienteringen og styrker insentivene til å kanalisere ressurser til investering i stedet for forbruk. Penger fungerer også som regneenhet for å muliggjøre økonomiske beregninger av gevinst og tap.

Gjennom pengenes evolusjonsreise har forskjellige varer spilt rollen som penger, fra skjell til salt, kyr, sølv, gull, og statlige penger med sikkerhet i gull, og til slutt den nåværende nesten universale bruken av penger utstedt av staten som lovlige betalingsmiddel. Disse formene for penger har variert i hardhet og stabilitet, avhengig av det teknologiske utviklingsnivået i hver tidsepoke. Hvert steg av teknologisk framskritt har latt oss bruke en ny form for penger med flere fordeler, men som alltid, med nye ulemper. Ved å se på historien til redskaper og materialer som har blitt brukt i rollen som penger gjennom historien, kan vi se hvilke egenskaper som skaper gode penger, og hvilke som skaper dårlige penger. Kun med denne bakgrunnen på plass kan vi gå videre med å forstå hvordan bitcoin fungerer og hvilken rolle den spiller som et monetært medium.

Det neste kapittelet tar for seg historien til obskure kulturgjenstander og objekter som har vært brukt som penger opp gjennom historien. Fra Rai-steinene på øya Yap, til skjell i Amerika, glassperler i Afrika, og kyr og salt i antikken. Hvert av disse betalingsmidlene ble brukt i perioder hvor det, for den aktuelle befolkningen, ikke var mulig å finne en annen vare med et høyere lager/tilførsel-forhold, og sluttet deretter å bli brukt når dette forholdet ble lavere. Å forstå hvordan og hvorfor det er slik, er avgjørende for å forstå den framtidige evolusjonen av penger og hvilken rolle bitcoin sannsynligvis vil spille. Kapittel 3 beveger seg mot analyse av monetære metaller og hvordan gull ble det absolutt viktigste monetære metallet i verden gjennom gullstandardens tid på slutten av 1800-tallet. Kapittel 4 analyserer overgangen til penger utstedt av staten og hvordan det har fungert. Etter at de økonomiske og sosiale implikasjonene av forskjellige typer penger blir diskutert i kapittel 5, 6 og 7, introduserer kapittel 8 oppfinnelsen av bitcoin, og dens monetære egenskaper.

2

PRIMITIVE PENGER

Av alle de historiske eksemplene på penger jeg har kommet over, er det ingen som ligner så mye på bitcoin som det gamle systemet basert på Rai-steiner på øya Yap, som i dag er en del av Mikronesia-føderasjonen. En forståelse av hvordan de store, sirkelformede utskjæringene av kalkstein fungerte som penger, vil hjelpe oss med å forklare hvordan bitcoin fungerer i kapittel 8. Den bemerkelsesverdige historien om hvordan Rai-steinene mistet sin rolle som penger, er et skoleeksempel på hvordan penger mister sin monetære rolle så snart de mister sin hardhet.

Rai-steinene hadde ulike størrelser, besto av store, runde skiver med et hull i midten, og veide opp til fire tonn. De var ikke utvunnet på Yap, som ikke hadde noe kalkstein, og alle steinene på Yap ble hentet fra naboøyene Palau eller Guam. Steinenes skjønnhet og sjeldenhet gjorde dem ettertraktede og ærverdige på Yap, og det var veldig vanskelig å skaffe flere, ettersom det medførte en arbeidsom prosess med å utvinne dem og deretter frakte dem med flåter og kanoer. Noen av disse steinene krevde hundrevis av mennesker for å transportere dem, og så snart de ankom Yap ble de plassert på et fremtredende sted der alle kunne se dem. Eieren av steinen kunne bruke den som betalingsmiddel uten at den måtte flyttes: alt som skjedde var at eieren annonserte til landsbyboerne at steinen har byttet eier. Hele landsbyen ville anerkjenne steinens nye eierskap, og mottakeren kunne deretter bruke den til å utføre betalinger etter eget ønske. Det var i praksis ikke mulig å stjele steinen, siden eierskapet var kjent av alle.

I århundrer, og muligens til og med årtusener, fungerte dette pengesystemet godt for befolkningen på Yap. Selv om steinene aldri flyttet på seg, hadde de salgbarhet over avstand, fordi man kunne bruke dem som betaling over hele øya. Steinenes ulike størrelser, samt muligheten til å betale med deler av en stein gjorde dem salgbare over størrelser. Steinenes salgbarhet over tid ble sikret i århundrer av kostnaden og arbeidsmengden forbundet med å skaffe nye steiner, siden de ikke eksisterte naturlig på Yap, og det ikke var lett å utvinne steinene og frakte dem fra Palau eller Guam til Yap. Denne store anskaffelseskostnaden innebar at det eksisterende tilbudet av steiner alltid var betydelig høyere enn tilførselen av nye steiner, noe som gjorde steinene godt egnet som betalingsmiddel. Med andre ord hadde Rai-steinene et veldig høyt lager/tilførsel-forhold, og uansett hvor ettertraktede de var, var det ikke noen enkel sak for noen å øke mengden av steiner ved å hente flere. Eller, det var i hvert fall tilfellet frem til 1871, da en irsk-amerikansk kaptein ved navn David O'Keefe forliste ved kysten av Yap og ble reddet av lokalbefolkningen.[9]

O'Keefe så en mulighet til å tjene seg rik på å selge kokosnøtter på øya videre til produsenter av kokosnøttolje, men fikk ikke overbevist lokalbefolkningen om å jobbe for seg. De var fornøyde med livet slik det var i sitt tropiske paradis, og de hadde ikke bruk for de utenlandske pengene han kunne tilby. Men O'Keefe kunne ikke ta et nei for et nei; han seilte til Hong Kong der han skaffet seg en stor båt og sprengstoff som han tok med til Palau. Her brukte han eksplosivene og andre moderne redskaper til å utvinne flere store Rai-steiner, og satte kursen mot Yap for å tilby steinene til øyboerne som betaling for kokosnøttene. Stikk i strid med O'Keefes forventninger var ikke befolkningen på Yap villige til å akseptere steinene hans. Landsbyhøvdingen forbød folket sitt fra å jobbe i bytte mot dem, og vedtok at O'Keefes steiner ikke hadde verdi, fordi de hadde blitt utvunnet med for lite arbeid. Bare steinene som var utvunnet på tradisjonelt vis, med blod og svette fra Yaps innbyggere, skulle aksepteres som betalingsmiddel på Yap. Andre på øya var ikke enige, og de valgte å gi

9 Historien om O'Keefe var inspirasjonen til romanen «His Majesty O'Keefe» fra 1952 av Laurence Klingman og Gerald Green, som ble filmatisert til en Hollywood-blockbuster med samme navn, med Burt Lancaster i hovedrollen.

O'Keefe kokosnøttene han ønsket. Dette førte til en konflikt på øya, som med tiden førte til slutten på Rai-steinenes rolle som penger. I dag spiller steinene bare en seremoniell og kulturell rolle på øya, og den dominerende formen for penger på øya er de moderne, statlig utstedte pengene som vi er vant til.

Selv om O'Keefes historie er svært symbolsk, var han i virkeligheten bare et varsel om den uunngåelige slutten på Rai-steinenes rolle som penger. Før eller senere ville den moderne industrielle sivilisasjonen uansett ha gjort sitt inntog på Yap. Da moderne redskaper og industri nådde regionen, var det ikke til å unngå at steinene ble produsert for en brøkdel av den tidligere kostnaden. Det ville komme mange O'Keefe-er, lokale og utenlandske, med evne til å forsyne Yap med en stadig større strøm av nye steiner. Med moderne teknologi falt lager/tilførsel-forholdet til Rai-steinene kraftig: Det var mulig å produsere langt flere av disse steinene hvert eneste år, noe som reduserte verdien på øyas eksisterende lager betydelig. Det ble stadig mindre og mindre klokt å bruke disse steinene som verdilager, og dermed mistet de sin salgbarhet over tid, og med det sin funksjon som betalingsmiddel.

Detaljene kan variere, men et fall i forholdet mellom det eksisterende lageret og ny tilførsel har vært den underliggende årsaken for alle penger som har mistet sin monetære rolle, inkludert kollapsen av den venezuelanske bolivaren, som foregår i skrivende stund.

En lignende historie skjedde med glassperlene som i mange århundrer ble brukt som penger i Vest-Afrika. Opprinnelsen til perlene er ikke helt kjent, men det antas at de enten ble laget av meteorittsteiner, eller kom via handelsmenn fra Egypt og Fønikia. Det man vet, er at de var verdifulle i et område der produksjon av glass var sjeldent og svært dyrt, noe som ga dem et høyt lager/tilførsel-forhold, og dermed salgbarhet over tid. Disse små og verdifulle perlene var også salgbare over størrelser, siden de kunne kombineres i kjeder, armbånd og halsbånd. Dette var absolutt ikke optimalt, ettersom perlene kom i mange ulike typer i stedet for én standardisert enhet. De var også salgbare over avstand, siden de var enkle å flytte rundt. I Europa, derimot, var glassperlene billige å produsere, og derfor hadde de verken en høy pris eller noen form for monetær rolle. Der var teknologien for å lage glass utbredt, og hadde perlene blitt brukt som penger i Europa, kunne en produsent lett oversvømt markedet med nye enheter – med andre ord hadde glassperlene i Europa et lavt lager/tilførsel-forhold.

Da europeiske oppdagelsesreisende og handelsmenn kom til Vest-Afrika på 1500-tallet, la de merke til hvor verdifulle disse perlene var for lokalbefolkningen, og begynte derfor å importere dem i enorme mengder fra Europa. Hendelsene som fulgte ligner på historien om O'Keefe, men på grunn av at perlene var så små, og befolkningen så mye større, var prosessen langsommere og mindre synlig, dog med større og mer tragiske konsekvenser. Sakte men sikkert klarte europeerne å kjøpe mye av ressursene i Afrika for perler de kunne masseprodusere i hjemlandet for en slikk og ingenting.[10] På grunn av europeernes inntog i Afrika gikk perlene fra å være harde penger til å bli myke penger. Dette ødela deres salgbarhet, og afrikanerne som brukte dem som verdilager ble tappet for kjøpekraft over tid ved at verdiene deres ble overført til europeerne som alltid enkelt kunne skaffe flere glassperler. Glassperlene ble senere kjent som slaveperler på grunn av den rollen de spilte i slavehandelen, hvor afrikanere ble solgt til Europa og Nord-Amerika. En plutselig kollaps i verdien av en penge er tragisk, men den er i det minste raskt overstått, og eierne kan da begynne å handle, spare og gjøre beregninger med en ny form for penger. Men med en langsom forringelse av pengeverdien vil verdiene til eierne sakte men sikkert overføres til de som har mulighet til å produsere pengene billig. Dette er en lærdom verdt å huske når vi skal diskutere sunnheten til statlige valutaer senere i boken.

Skjell er en annen form for penger som var hyppig brukt over store deler av verden, fra Nord-Amerika til Afrika og Asia. Historiske beretninger viser at de mest salgbare skjellene gjerne var de som var sjeldne og vanskelige å få tak i, siden disse ville bevare sin verdi bedre enn de som var lette å finne.[11] Urbefolkningen i Amerika og tidlige europeiske nybyggere brukte wampumskjell i stor grad, av samme grunn som glassperlene over: De var vanskelige å finne, noe som ga dem et høyt lager/tilførsel-forhold, muligens det høyeste blant varige varer tilgjengelig på den tiden. I likhet med glassperlene var heller ikke skjellene like, noe som gjorde at de ikke egnet seg særlig godt som en enhet for å uttrykke og måle prisforhold, noe som i sin tur skaper hindringer for økonomisk vekst og spesialisering. Europeiske nybyggere tok i bruk

10 For å maksimere fortjenesten pleide europeere å fylle skroget på båtene sine med store mengder av disse perlene, noe som også stabiliserte båten under seilasen.

11 Szabo, Nick. «Shelling Out: The Origins of Money.» (2002) Tilgjengelig på http://nakamotoinstitute.org/shelling-out.

skjell som betalingsmiddel fra 1636, men etter hvert som stadig mer gull- og sølvmynter kom til kontinentet, ble disse foretrukket i stedet – som forventet, ettersom en ensartet valuta er mer egnet til å oppgi nøyaktige priser, og derfor er mer salgbar. I tillegg førte mer avanserte båter og teknologiske fremskritt til at skjell kunne hentes lettere opp fra havet. Tilførselen av skjell økte kraftig, hvilket førte til at de sank i verdi og mistet sin salgbarhet over tid. Innen 1661 hadde skjellene sluttet å være lovlig betalingsmiddel, og de mistet til slutt hele sin monetære rolle.[12]

Det var ikke bare i Nord-Amerika at skjell sluttet å fungere som penger; alle samfunn som fikk tilgang til uniforme mynter av metall gikk over til disse og dro fordel av endringen. Videre medførte den industrielle revolusjonen med sine fossildrevne båter at skjell stadig mer effektivt kunne hentes opp fra havene, med det resultat at lager/tilførsel-forholdet falt raskt.

En annen gammel form for penger er storfe, ettertraktet for sitt næringsinnhold, som var en av de mest verdifulle eiendelene noen kunne eie, og var salgbare over avstand på grunn av sin mobilitet. Storfe spiller fortsatt en monetær rolle i dag, og mange samfunn bruker kveg som betaling, spesielt for medgift. Siden de er store og vanskelige å dele opp er imidlertid ikke kyr særlig salgbare over størrelser, og derfor ble et annet betalingsmiddel brukt samtidig, nemlig salt. Salt var enkelt å oppbevare over lang tid, og kunne enkelt deles opp i den vekten man måtte ønske. Disse historiene har satt sitt preg på det engelske språket, der ordet *pekuniary*, som betyr pengerelatert, er utledet fra *pecus*, det latinske ordet for kveg, mens det engelske ordet for lønn, *salary*, er utledet fra *sal*, det latinske ordet for salt.[13]

Etter hvert som teknologien utviklet seg, særlig innen metallurgi, begynte mennesker å utvikle penger som var langt bedre enn slike gjenstander, og som raskt begynte å erstatte dem. Disse metallene viste seg å være bedre betalingsmidler enn både skjell, steiner, perler, kveg og salt, fordi de kunne gjøres til uniforme, små og svært verdifulle enheter som kunne flyttes rundt på en enkel måte. Utstrakt bruk av fossilt brensel var enda en spiker i kista for disse gjenstandene som penger, da de økte vår produktive kapasitet betydelig, og muliggjorde en rask økning i tilbudet av gjenstandene. De formene for penger

12 Ibid: Szabo.

13 Fekete, Antal. *Whither Gold?* (1997). Vinner av den internasjonale valutaprisen i 1996, sponset av Bank Lips. www.professorfekete.com/articles/AEFWhitherGold.pdf.

som det tidligere hadde vært vanskelig å produsere nye enheter av, og som dermed hadde hatt et høyt lager/tilførsel-forhold, var det nå enkelt å produsere mer av. Med moderne hydrokarboner som brennstoff kunne Rai-steiner utvinnes enkelt, glassperler kunne produseres med minimal kostnad, og skjell kunne sankes i hopetall fra store skip. Så snart disse pengene mistet sin hardhet, ble brukernes rikdom utradert, og som et resultat kollapset hele samfunnsstrukturen deres. Høvdingene på Yap som nektet å ta imot O'Keefes billige Rai-steiner skjønte det de fleste moderne økonomer ikke klarer å forstå: Penger som er enkle å produsere er ikke penger i det hele tatt, og myke penger gjør ikke et samfunn rikere; tvert imot gjør de samfunnet fattigere gjennom å bytte hardt opptjente verdier mot noe som er enkelt å produsere.

3

MONETÆRE METALLER

Etter hvert som menneskets tekniske kapasitet for produksjon av varer ble mer sofistikert og utnyttelsen av metaller og råvarer økte, ble mange metaller produsert i store nok mengder, og hadde en stor nok etterspørsel, til at de ble tilstrekkelig salgbare og egnet til bruk som monetære medium. Disse metallenes tetthet og relativt sett høye verdi gjorde det enkelt å transportere dem – enklere enn med salt og storfe – noe som gjorde dem salgbare over avstand. I starten var ikke produksjonen av metaller enkelt, og dette gjorde det vanskelig å øke mengden av metallene raskt, og ga dem god salgbarhet over tid.

På grunn av deres holdbarhet, fysiske egenskaper og varierende forekomst i jordskorpen, var noen metaller mer verdifulle enn andre. Jern og kobber kunne på grunn av sin relativt høye forekomst og tendens til å ruste, produseres i stadig større volum. Eksisterende lagre, som hele tiden ble mindre på grunn av korrosjon og forbruk, ble overgått når ny produksjon kom i gang, og verdien falt. Disse metallene fikk en relativt lav markedsverdi og ble brukt til mindre transaksjoner. Mer sjeldne metaller, som gull og sølv, var derimot holdbare og mindre utsatt for korrosjon eller å bli ødelagt, noe som gjorde dem mer salgbare over tid og nyttige som verdilagre inn i fremtiden. At det nesten er umulig å ødelegge gull gjorde det mulig å lagre verdi over generasjoner, og dermed ble det mulig å planlegge over en lengre tidshorisont.

Metaller ble først kjøpt og solgt basert på vekt,[14] men over tid, etter hvert som metallurgien utviklet seg, ble det mulig å trykke opp identiske mynter og prege dem med gitte vekter, noe som gjorde dem mye mer salgbare, da det ikke lenger var nødvendig å veie og undersøke dem hver gang. De tre mest utbredte metallene til dette var gull, sølv og kobber, og bruken av dem som mynter var den viktigste formen for penger i ca. 2500 år, fra Lydias kong Krøsus sin tid – det første kjente tilfellet av preging av gullmynter – frem til tidlig på 1900-tallet. Gullmynten var den mest salgbare varen over tid, fordi den beholdt verdien over tid og var motstandsdyktig mot korrosjon og ødeleggelse. Gullmynten var også den mest salgbare varen over avstand, fordi den veide lite i forhold til verdien og var enkel å transportere. Sølvmynten var derimot den mest salgbare varen over ulike størrelser, siden den lavere verdien per vektenhet sammenlignet med gull gjorde den praktiske som byttemiddel ved små transaksjoner, mens bronsemynter kunne være nyttige til de aller minste transaksjonene. Ved å standardisere verdien i enheter som var lette å identifisere, gjorde mynter det mulig å etablere store markeder, og de økte omfanget av spesialisering og handel på verdensbasis. Selv om det var det beste pengesystemet som var teknologisk mulig på den tiden, hadde det to store ulemper: Den første var at en monetær standard bestående av to eller tre metaller skapte økonomiske problemer på grunn av prissvingninger over tid som følge av variasjoner i metallenes tilbud og etterspørsel. Dette skapte problemer for de som eide myntene, spesielt sølv, som opplevde verdifall på grunn av produksjonsøkninger og fallende etterspørsel. Den andre og mest alvorlige ulempen var at myndigheter og falskmyntnere kunne redusere innholdet av edle metaller i myntene, noe de ofte gjorde, slik at verdien falt og en fraksjon av kjøpekraften ble overført til myndighetene eller falskmyntnerne. Det fallende metallinnholdet i myntene svekket pengenes renhet og sunnhet.

Innen 1800-tallet, med utviklingen av moderne banktjenester og bedre kommunikasjonsmetoder, kunne folk imidlertid begynne å bruke papirpenger og sjekker som var innløselige i gull i bankenes og sentralbankenes hvelv. Denne utviklingen betydde at gull kunne brukes selv for små transaksjoner, og der-

14 Szabo, Nick. «Shelling Out: The Origins of Money.» *Satoshi Nakamoto Institute,* 2002, www.nakamotoinstitute.org/shelling-out.

med forsvant sølvets anvendelsesområde som penger, til fordel for denne nye gullstandarden. Gullstandarden førte til en enestående global kapitalakkumulering og handel ved at størstedelen av planetens økonomi ble forent i én type sunne penger valgt av markedet. Men systemets tragiske svakhet var at når gullet ble sentralisert i bankenes, og senere sentralbankenes, hvelv, ble det mulig for bankene og statene å øke pengemengden ut over gullmengden de hadde, noe som devaluerte pengene og overførte en del av verdien fra de egentlige eierne av pengene til statene og bankene.

Hvorfor gull?

For å forstå hvordan råvarepenger oppstår, går vi tilbake i mer detalj til de myke pengers felle som vi snakket om i kapittel 1, og begynner å skille mellom en vares *markedsetterspørsel* (etterspørsel etter å forbruke eller eie en vare for dens egne egenskaper) og dens *monetære etterspørsel* (etterspørsel etter en vare som betalingsmiddel og verdilager). Når en person velger å bruke en vare som verdilager, øker hun i praksis etterspørselen etter den ut over den naturlige markedsetterspørselen, noe som fører til en prisøkning. Markedsetterspørselen etter kobber til ulike industrielle bruksområder er for eksempel 20 millioner tonn i året, som med en pris på 5000 dollar per tonn gir en samlet markedsverdi på 100 milliarder dollar. Se for deg en milliardær som bestemmer seg for å lagre 10 milliarder dollar av formuen sin i kobber. Når bankfolkene hans løper rundt for å kjøpe opp 10 % av den årlige kobberproduksjonen på verdensbasis, er det umulig at kobberprisen ikke presses oppover. I utgangspunktet høres dette ut som en bekreftelse på at milliardærens strategi fungerer: Eiendelen han bestemte seg for å kjøpe har allerede steget i verdi, før han i det hele tatt har fullført kjøpet. Han tenker sikkert at prisstigningen vil føre til at flere kjøper kobber som verdilager, og at prisen vil stige enda mer.

Men vår kobberbesatte teoretiske milliardær er i vanskeligheter, selv om flere begynner å investere i kobber. Den stigende kobberprisen er en lukrativ virksomhet for arbeidere og kapital over hele verden. Mengden kobber i jorden er for stor til å måles, og definitivt mer enn det vi kan utvinne med gruvedrift, så praktisk talt er den tilgjengelige arbeidskraften og kapitalen de eneste bindende begrensningene på hvor mye kobber som kan produseres. Med høyere priser er det alltid mulig å produsere enda mer kobber, og prisen og mengden vil fortsette å øke til de oppfyller investorenes etterspørsel – la oss si at det skjer ved 10 millioner ekstra tonn og 10 000 dollar per tonn. På et eller annet punkt må den monetære etterspørselen avta, og noen av de som sitter med kobber vil ønske å kvitte seg med det for å kjøpe andre varer, for det var jo det som tross alt var poenget med å kjøpe kobber.

Etter at den monetære etterspørselen avtar, alt annet likt, vil kobbermarkedet gå tilbake til det opprinnelige forholdet mellom tilbud og etterspørsel, med 20 millioner tonn årlig, som selges for 5000 dollar per tonn. Men når investorene begynner å selge kobberbeholdningene sine, kommer prisen til å falle vesentlig lavere enn det. Milliardæren vil tape penger i prosessen; siden han drev prisen oppover, kjøpte han det meste for mer enn 5000 dollar per tonn, og nå er hele beholdningen priset til mindre enn 5000 dollar per tonn. De som kom inn senere kjøpte til enda høyere priser og vil ha tapt enda mer enn milliardæren.

Denne modellen kan brukes på alle konsumerbare råvarer som kobber, sink, nikkel, messing eller olje, som først og fremst forbrukes og ødelegges – ikke lagres. De globale lagrene av disse råvarene er alltid på omtrent samme størrelsesorden som den årlige produksjonen. Nye mengder produseres hele tiden for å forbrukes. Dersom sparerne skulle velge å lagre kapitalen sin i noen av disse råvarene, vil de bare kunne kjøpe en brøkdel av det globale tilbudet før prisen begynner å presses opp, siden de konkurrerer med forbrukerne som bruker råvarene produktivt i industrien. Etter hvert som inntektene til produsentene øker, kan de investere i å øke produksjonen, noe som presser prisen nedover igjen og utraderer sparernes formuer. Nettoeffekten av hele denne episoden er at formuer overføres fra sparere på villspor til produsentene av råvaren de kjøpte.

Dette er anatomien til en markedsboble: En økning i etterspørselen fører til en kraftig prisøkning, som igjen skaper enda mer etterspørsel, som presser prisene enda mer opp, noe som gir insentiver for å øke produksjonen og tilbudet, som igjen presser prisene nedover, og straffer alle som kjøpte til en høyere pris enn den naturlige markedsprisen. De som investerer i boblen blir flådd, mens produsentene nyter fordelene. For kobber, og nesten alle andre råvarer i verden, har denne dynamikken gjentatt seg gjennom hele vår dokumenterte historie, der de som bruker disse råvarene som penger konsekvent straffes ved at formuen deres devalueres, og de blir fattigere over tid, og råvaren til slutt får tilbake sin naturlige rolle som en markedsvare, og ikke et betalingsmiddel.

For at noe skal fungere godt som verdilager må det unngå denne fellen: Det må stige i verdi når folk vil ha det som verdilager, men produsentene må ikke kunne øke tilbudet så mye at prisen presses ned. En slik eiendel vil belønne de som velger det som verdilager, ved at det øker formuen deres på lang sikt når det får status som foretrukket verdilager, og de som velger andre råvarer enten vil ombestemme seg og kopiere de som foretok bedre valg, eller helt enkelt miste formuen sin.

Den klare vinneren i dette kappløpet gjennom menneskets historie har vært gull, som beholder sin monetære rolle på grunn av to unike egenskaper som skiller det fra andre råvarer: For det første er gull så kjemisk stabilt at det er nesten umulig å ødelegge, og for det andre er det nesten umulig å fremstille gull fra andre materialer (uansett hva alkymistene måtte mene), og kan bare utvinnes fra uraffinert malm, som er ekstremt sjeldent på planeten vår.

Gulls kjemiske stabilitet innebærer at så å si alt gull som noensinne er utvunnet av mennesker fortsatt eies av folk rundt omkring i verden. Menneskeheten har akkumulert et stadig voksende lager av gull i form av smykker, mynter og barrer som stadig blir større, og som aldri brukes opp, ruster eller går i oppløsning. At det er umulig å fremstille gull fra andre kjemikalier, betyr at den eneste måten å øke mengden av gull på, er å utvinne det fra jorda; en kostnadskrevende, giftig og risikofull prosess som folk har drevet med i tusenvis av år, med stadig avtagende avkastning. Alt dette betyr at det eksisterende lageret av gull rundt omkring i verden er et produkt av årtusener med gullproduksjon, mange ganger større enn den årlige produksjonen av nytt gull. I løpet av de siste syv tiårene har denne veksten alltid ligget på rundt 1,5 %, og aldri over 2 %. Se figur 3.1.[15]

For å forstå forskjellen mellom gull og andre konsumerbare forbruksvarer, kan vi forestille oss hva som ville skjedd hvis etterspørselen etter varen økte så mye at prisen ble drevet opp og produksjonen doblet seg. For alle konsumerbare råvarer vil en slik dobling av produksjonen utgjøre veldig mye i forhold til det eksisterende lageret, noe som gjør at prisen stuper og eierne påføres tap. For gull vil en prisøkning som fører til en dobling av den årlige produksjonen

15 *Kilde*: USAs geologiske undersøkelse. Globalt gullager og årlig vekstrate.

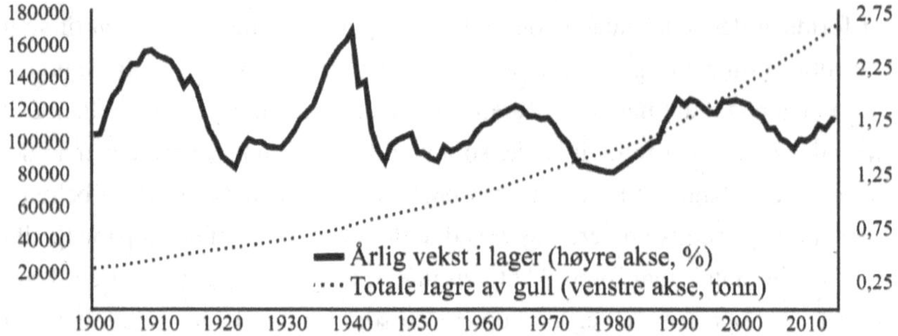

Figur 3.1: Globalt gullager og årlig vekstrate.

være ubetydelig, der lageret vokser med 3 % i stedet for 1,5 %. Hvis den nye produksjonstakten er vedvarende, vokser lageret raskere, og nye økninger gir mindre utslag. Det er praktisk talt umulig for gullprodusentene å utvinne så store gullmengder at prisen presses nevneverdig ned.

I denne sammenhengen er det bare sølv som er i nærheten av gull, med en årlig vekstrate som historisk sett har ligget mellom 5 og 10 %, og opptil 20 % i moderne tid. Det er to grunner til at vekstraten for sølv er høyere enn for gull: For det første korroderer sølv og kan forbrukes i industrielle prosesser, noe som betyr at det eksisterende lageret ikke er like stort i forhold til den årlige produksjonen, som det gullageret er i forhold til dets årlige produksjon. For det andre er sølv mindre sjeldent enn gull i jordskorpen og enklere å foredle. Siden sølv har det nest høyeste lager/tilførsel-forholdet og en lavere verdi per vektenhet enn gull, fungerte sølv i årtusener som det viktigste betalingsmiddelet i mindre transaksjoner, som et komplement til gull, hvis høye verdi gjorde det lite praktisk å dele opp i veldig små enheter. Den internasjonale gullstandarden gjorde det mulig å betale i alle størrelsesordener med papir som var innløselig i gull, noe vi skal se nærmere på senere i dette kapittelet. Da sølv ikke lenger var nødvendig for små transaksjoner, mistet det snart sin monetære rolle og gikk over til å bli kun et industrielt metall som tapte seg i verdi sammenlignet med gull. Sølvet fortsatte å konkurrere om andreplassen, men da teknologien på 1800-tallet gjorde betalinger mulig uten at selve pengeenheten måtte flyttes, var en andreplass i den monetære konkurransen det samme som et tap.

Dette forklarer hvorfor sølvboblen har sprukket før, og vil gjøre det igjen, hvis prisen stiger: Så snart betydelig kapital investeres i sølv, er det ikke vans-

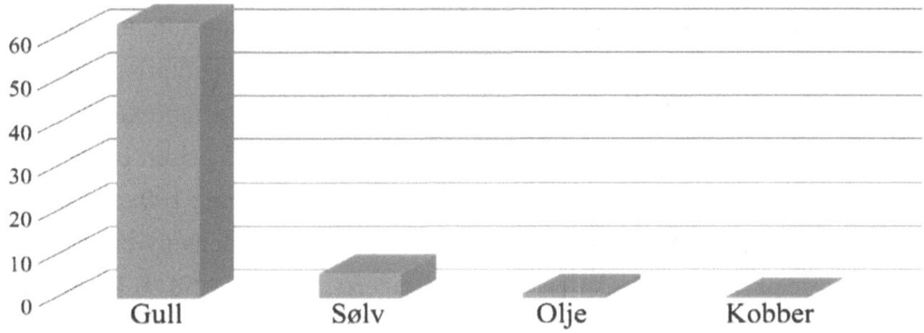

Figur 3.2: Eksisterende lagre som multippel av årlig produksjon.

kelig for produsentene å øke produksjonen betraktelig, slik at prisen stuper og sparernes kapital utraderes. Det mest kjente eksempelet på de myke pengers felle kommer, av alle råvarer, fra sølv. På slutten av 1970-tallet bestemte Hunt-brødrene seg for å prøve å gjenopprette sølvets status som penger, og kjøpte derfor enorme mengder sølv, noe som presset prisen opp. Deres plan var at når prisen steg ville flere kjøpe, noe som ville føre til ytterligere prisstigning og til at folk ville begynne å be om betaling i sølv. Men uansett hvor mye sølv Hunt-brødrene kjøpte, var formuen deres ingen utfordring for gruveselskapene og sølveierne som dumpet sølv på markedet. Sølvprisen kollapset til slutt, og Hunt-brødrene tapte over 1 milliard dollar, kanskje den høyeste prisen noen har betalt for å lære hvor viktig lager/tilførsel-forholdet er, og hvorfor ikke alt som glitrer er gull.[16] Se figur 3.2.[17]

Det er gullets vedvarende lave tilførsel som er den fundamentale årsaken til at det har beholdt sin monetære rolle gjennom menneskets historie, en rolle det fortsatt har i dag, med sentralbanker som eier store gullreserver for å beskytte papirvalutaene sine. Det offisielle tallet for sentralbankreserver er ca. 33 000 tonn, eller en sjettedel av den samlede gullmengden over bakken. Gullets høye forhold mellom det eksisterende lageret og ny tilførsel fra produksjon gjør det til den råvaren med lavest *priselastisitet i tilbudet*, som defineres som den prosentvise økningen i tilbudet over den prosentvise økningen i prisen. Gitt at det eksisterende lageret av gull som eies av folk over hele verden er produktet av årtusener med produksjon, kan en prisøkning på X % føre til en økning i

16 Rudolph, Barbara. «Big Bill for a Bullion Binge.» TIME, 29 aug. 1988.

17 *Kilde*: Data fra USAs geologiske undersøkelse for gull. Silver Institute-data for sølv, BP.com statistisk gjennomgang for olje. Forfatterens estimater fra ulike mediekilder for kobber.

ny utvinning, men en slik økning vil være ubetydelig sammenlignet med det eksisterende lageret. I 2006 så vi for eksempel en økning i spotprisen for gull på 36 %. For en hvilken som helst annen råvare kunne man forventet at dette ville føre til en stor nok økning i utvinning til at markedsprisen ble presset ned. I stedet var den årlige produksjonen i 2006 på 2370 tonn, 100 tonn lavere enn i 2005, og den falt med ytterligere 10 tonn i 2007. Mens ny produksjon i 2005 var på 1,67 % av det eksisterende lageret, var den 1,58 % i 2006, og 1,54 % i 2007. Selv en økning i gullprisen på 36 % kan ikke føre til en merkbar økning i lageret av gull på markedet. Ifølge USAs geologiske undersøkelse var den største årlige produksjonsøkningen ca. 15 % i 1923, noe som bare gjorde det eksisterende lageret 1,5 % større. Selv om produksjonen dobles, vil det eksisterende lageret bare bli 3–4 % større. Den største økningen i det globale lageret hadde vi i 1940, med en økning på 2,6 %. Den årlige veksten i lageret har aldri vært høyere enn det, og har aldri vært over 2 % siden 1942.

Da produksjonen av metaller etter hvert ble mer utbredt, begynte oldtidens sivilisasjoner som Kina, India og Egypt å bruke kobber, og senere sølv, som penger, siden disse to var relativt vanskelige å produsere på den tiden og hadde god salgbarhet over tid og avstand. Gull var verdsatt til en høy pris i disse sivilisasjonene, men den lave forekomsten betydde at salgbarheten for bruk som betalingsmiddel var begrenset. Vanlige gullmynter brukt i handel ble først preget i Lydia, i det som i dag er Tyrkia, under kong Krøsus. Dette pustet liv i verdenshandelen da gullets globale appell førte til at myntene ble spredt over store områder. Siden den gang har begivenhetene i menneskets historie vært tett knyttet til pengenes sunnhet. Sivilisasjoner blomstret i tider og på steder der bruk av sunne penger var utbredt, mens usunne penger veldig ofte var noe som sammenfalt med sivilisasjoners fall og samfunn som kollapset.

Romerrikets gylne tidsalder og fall

Denaren var en sølvmynt som ble brukt på Romerrikets tid, med et sølvinnhold på 3,9 gram. I samme periode ble gull den mest verdifulle mynten i de siviliserte delene av verden, noe som gjorde gullmynter mer og mer utbredt. Julius Cæsar, Romerrikets siste diktator, innførte aureus, en mynt som inneholdt 8 gram gull. Aureus-mynten spredte seg og ble akseptert i store deler av Europa og rundt Middelhavet, noe som bidro til økt handel og spesialisering.

Økonomisk stabilitet rådet i 75 år, også under de politiske urolighetene etter attentatet på Julius Cæsar, noe som forvandlet den romerske republikken til et imperium under hans valgte etterfølger, Augustus. Dette fortsatte frem til den beryktede keiser Nero sin regjeringstid, som ble den første til å omfavne den romerske skikken med «myntklipping», der keiseren krevde inn mynter fra befolkningen, og preget dem til nye mynter med lavere gull- eller sølvinnhold.

Så lenge Roma kunne erobre nye landområder med betydelige rikdommer, kunne soldatene og keiserne nyte utbyttet fra plyndringene, og noen keisere kjøpte seg til og med popularitet ved å innføre kunstig lave priser for korn og andre viktige råvarer, eller til og med gi dem bort gratis. I stedet for å jobbe for å forsørge seg selv på landet, var det mange bønder som forlot gårdene sine og flyttet til Roma, der de kunne leve et bedre liv gratis. Med tiden var det ingen rike landområder igjen å erobre i Europa. Den stadig mer overdådige livsstilen og et stadig større militærvesen krevde nye kilder til finansiering, og antallet uproduktive innbyggere som livnærte seg på keiserens sjenerøsitet og priskontroller økte. Nero, som regjerte fra 54 til 68 e.Kr., hadde funnet formelen for å løse dette, som i høy grad lignet på Keynes' løsning på Storbritannias og USAs problemer etter Første verdenskrig: En devaluering av valutaen ville umiddelbart redusere reallønnen til arbeiderne og lette statens byrde med å subsidiere varer, samtidig som det frigjorde penger til å finansiere andre offentlige utgifter.

Aureus-mynten ble redusert fra 8 til 7,2 gram, mens sølvinnholdet i denaren ble redusert fra 3,9 til 3,41 gram. Dette ga en midlertidig lindring, men satte også i gang en veldig destruktiv og selvforsterkende syklus med sinne i befolkningen, priskontroller, reduksjon av gull- og sølvinnhold i myntene, og økende priser, som fulgte hverandre med de fire årstiders forutsigbare regelmessighet.[18]

Under Caracallas styre (211–217 e.Kr.) ble gullinnholdet ytterligere redusert til 6,5 gram, og under Diocletian (284–305 e.Kr.) videre til 5,5 gram, før han introduserte den nye mynten solidus, som inneholdt bare 4,5 gram gull. Under Diocletian hadde denaren bare et tynt lag av sølv for å dekke bronsekjernen, og sølvet forsvant raskt med bruk og slitasje, noe som gjorde slutt på denaren som sølvmynt. Etter hvert som inflasjonspolitikken intensiverte seg

18 Se Robert Schuettinger og Eamonn Butler sin meget underholdende *Forty Centuries of Price and Wage Controls: How Not to Fight Inflation.*

på 200- og 300-tallet forsøkte keiserne i sin villrede å skjule inflasjonen gjennom priskontroller på basisvarer. Pristak på varer forhindret markedskreftene fra å øke prisene som en reaksjon på valutaens verdiforringelse, slik at det ble ulønnsomt for produsentene å produsere varer. Den økonomiske produksjonen stoppet opp, inntil en ny kunngjøring åpnet for å øke prisene.

Denne reduksjonen i pengenes verdi resulterte i imperiets langsomme undergang, gjennom en ond sirkel som kan virke kjent for dagens lesere: Myntklipping reduserte aureus-myntens reelle verdi, noe som økte pengemengden og ga keiseren frihet til å fortsette med sitt tankeløse overforbruk, men som til slutt førte til inflasjon og økonomiske kriser som keiserne, som ikke visste bedre, forsøkte å løse med enda mer myntklipping. Ferdinand Lips oppsummerer denne prosessen med en lærdom til dagens lesere:

> *Moderne keynesianske økonomer og vår generasjon av investorer burde ha interesse i å vite at selv om de romerske keiserne desperat forsøkte å «styre» økonomien, lyktes de bare med å gjøre ting verre. Pris- og lønnskontroller og lover om lovlige betalingsmidler ble vedtatt, men dette var som å prøve å holde igjen tidevannet. Opptøyer, korrupsjon, lovløshet og irrasjonelle manier for spekulasjon og gambling bredte seg i imperiet som en pest. Når pengene ble så upålitelige og utvannet, ble det mye mer attraktivt å spekulere i råvarer enn å produsere dem.*[19]

De langsiktige konsekvensene for Romerriket var ødeleggende. Selv om Roma frem til det andre århundret etter Kristus ikke kan kalles en ekte kapitalistisk økonomi med frie markeder, siden man hadde omfattende offentlige restriksjoner på økonomisk aktivitet, utviklet det seg med aureus-mynten likevel det største markedet i menneskets historie på tiden, med den største og mest produktive arbeidsdelingen verden hadde sett.[20] Innbyggerne i Roma og de største byene hadde tilgang til grunnleggende nødvendigheter gjennom handel med imperiets fjerneste hjørner, noe som hjelper til med å forklare velstandsveksten, og imperiets knusende kollaps da denne arbeidsdelingen falt fra hverandre. Etter hvert som skattene økte og inflasjon gjorde at priskontrollene ikke fungerte, begynte befolkningen i byene å flykte til ubebodde landområder, der

19 Lips, Ferdinand. *Gold Wars: The Battle Against Sound Money as Seen from a Swiss Perspective*. New York, Foundation for the Advancement of Monetary Education, 2001.

20 Mises, Ludwig von. *Human Action: The Scholar's Edition*. Auburn, AL, Ludwig von Mises Institute, 1998.

de i det minste kunne ha en sjanse til å leve selvforsynt, og der mangel på inntekt gjorde at de slapp å betale skatter. Den intrikate sivilisasjonsstrukturen til Romerriket og den store arbeidsdelingen i Europa og rundt Middelhavet begynte å gå i oppløsning, og rikets etterkommere ble selvforsynte bønder som levde spredt og isolert, og som snart ble livegne som levde under føydale småkonger.

Bysants og bezanten

Keiser Diocletian har lenge vært forbundet med finanspolitiske og monetære krumspring, og imperiet nådde et bunnpunkt under hans regjeringstid. Ett år etter hans avgang tok imidlertid Konstantin den store over styringen av imperiet og snudde lykken gjennom økonomisk ansvarlige vedtak og reformer. Konstantin, som var den første kristne keiseren, forpliktet seg til å holde solidus på 4,5 gram gull, uten klipping eller utvanning, og begynte å prege den i store kvanta i år 312 e.Kr. Han flyttet østover og grunnla Konstantinopel, i møtepunktet mellom Asia og Europa, og opprettet med dette Det østromerske riket, som også kalles Det bysantiske riket, og som brukte solidus som myntenhet. Mens det økonomiske, sosiale og kulturelle forfallet fortsatte i Roma, som til slutt kollapset i 476 e.Kr., overlevde Det bysantiske riket i 1123 år, og solidus ble den lengstlevende valutaen i menneskets historie.

Konstantins arv – en solidus som beholdt sin integritet – gjorde den til verdens mest utbredte og anerkjente valuta, og den ble kjent som *bezant*. Mens Roma brant under bankerotte keisere som ikke lenger kunne betale soldatene sine når valutaene kollapset, blomstret Konstantinopel gjennom mange århundrer med finans- og pengepolitisk ansvarlighet. Samtidig som vandalene og vestgoterne herjet i Roma, var det fred og velstand i Konstantinopel i århundrer. Som med Roma, kom Konstantinopels fall etter at herskerne begynte å devaluere valutaen, en prosess som historikere mener begynte under regjeringstiden til Konstantin IX Monomakos (1042–1055).[21] I ledtog med monetært forfall kom imperiets finansielle, militære, kulturelle og åndelige forfall, gjennom verre og verre kriser, til det ble erobret av Det osmanske riket i 1453.

Selv etter at den mistet sin verdi, og etter imperiets fall, levde bezanten videre og ga inspirasjon til en annen form for sunne penger, som fortsatt er

21 Luscombe, David, og Jonathan Riley-Smith. *The New Cambridge Medieval History*: Volum 4, C.1024–1198. Cambridge University Press, 2008, s. 255.

i omløp mange steder i dag, selv om den ikke er den offisielle valutaen i noe land – den islamske denaren. I takt med islams fremvekst i Østromerriket, var bezanten, sammen med andre mynter av lignende vekt og størrelse, i omløp i regionene der islam hadde fått fotfeste. Umajjad-kalifen med navn Abdul-Malik ibn Marwan definerte den islamske denarens vekt og verdi, og preget den i år 697 e.Kr. med den islamske trossetningen *shahada*. Umayyad-dynastiet falt, og det samme gjaldt flere andre islamske stater etter det, men likevel er denaren fortsatt utbredt og i omløp i islamske religioner, med bezantens opprinnelige vekt og størrelse, og brukes fortsatt som medgift, gave og i ulike religiøse og tradisjonelle skikker i dag. I motsetning til Romerrikets og Østromerrikets fall, var ikke de arabiske og muslimske sivilisasjoners sammenbrudd forårsaket av en kollaps i deres valuta; de klarte å bevare valutaenes integritet i århundrer. Solidus, som først ble preget av Diocletian i 301 e.Kr., har skiftet navn til bezant og islamsk denar, men er fortsatt i omløp i dag. I sytten århundrer har folk over hele verden brukt mynten i transaksjoner, noe som viser gullets salgbarhet over tid.

Renessansen

Etter Romerrikets økonomiske og militære kollaps ble føydalismen etter hvert den fremste samfunnsstrukturen. Ødeleggelsen av sunne penger spilte en nøkkelrolle i å redusere Romerrikets tidligere borgere til livegne og treller som levde på lokale føydalherrers nåde. Gullet ble konsentrert i føydalherrenes hender, og de viktigste formene for penger som var tilgjengelige for småbøndene i Europa på den tiden var kobber- og bronsemynter. Pengemengden av disse kunne lett økes etter hvert som industriell produksjon av metallene ble stadig enklere som følge av fremskritt innenfor metallurgi. Dette gjorde dem til elendige verdilagre. Sølvmynter var også utbredt, men disse var vanligvis utvannet, forfalsket og ikke-standardisert, slik at de hadde dårlig salgbarhet over avstand. Alt dette virket begrensende på handelen på kontinentet.

Skattelegging og inflasjon hadde ødelagt velstanden og sparekapitalen til Europas folk. Nye generasjoner av europeere kom til verden uten å arve oppsparte midler fra generasjonene før seg, og mangelen på en bredt akseptert sunn pengestandard var svært begrensende for handelen; det førte til at samfunnene isolerte seg og fremmet provinsialisme, der samfunn som tidligere hadde vært rike og siviliserte falt ut i den mørke middelalderen med trelldom, sykdom, trangsynthet og religiøs forfølgelse.

Det er bred enighet om at det var fremveksten av bystatene som dro Europa ut av den mørke middelalderen og inn i renessansen. At sunne penger også spilte en viktig rolle er ikke like anerkjent. I bystatene hadde folk frihet til å jobbe, produsere, handle og blomstre, og dette var i stor grad et resultat av at bystatene innførte en sunn pengestandard. Det startet i Firenze i 1252, da byen preget florinen – den første store og sunne europeiske mynten siden Julius Cæsars aureus. Veksten i Firenze gjorde byen til Europas handelssentrum, og florinen ble Europas viktigste betalingsmiddel, noe som førte til en oppblomstring av banker på hele kontinentet. Venezia var den første byen som fulgte i Firenzes fotspor, da de preget dukaten i 1270, en mynt med samme spesifikasjoner som florinen. Og på slutten av 1300-tallet hadde mer enn 150 europeiske byer og stater preget mynter med de samme spesifikasjonene som florinen. Dette ga innbyggerne verdighet og friheten til å opparbeide seg kapital og drive handel, siden de hadde sunne penger som var svært salgbare over tid og avstand, inndelt i små mynter for høy delbarhet. Med den europeiske bondestandens økonomiske frigjøring fikk man en politisk, vitenskapelig, intellektuell og kulturell oppblomstring i de italienske bystatene, som senere spredte seg over hele Europa. Enten man snakker om Roma, Konstantinopel, Firenze eller Venezia, viser historien at en sunn pengestandard er en nødvendig forutsetning for et blomstrende samfunn; uten sunne penger er veien til barbari og ødeleggelse kort.

Selv om perioden etter introduksjonen av florinen var en periode med sunnere penger, der flere og flere europeere begynte å handle med og spare i gull og sølv, og markedene spredte seg over Europa og verden, var situasjonen langt fra perfekt. Det var fortsatt mange perioder der ulike stater utvannet folkets valuta for å finansiere krig og overdådig forbruk. Så lenge de ble brukt fysisk, utfylte gull og sølv hverandre. Gullets høye lager/tilførsel-forhold gjorde det ideelt som langsiktig verdilager og betalingsmiddel, mens sølvets lavere verdi per vektenhet gjorde det delelig i størrelser som egnet seg til mindre transaksjoner og for å holdes i kortere perioder. Selv om dette forholdet hadde fordeler, hadde det én stor ulempe: svingningene i vekslingskursen mellom gull og sølv skapte problemer i handelen og med beregninger. Forsøk på å sette en fast pris for de to valutaene i forhold til hverandre virket mot sin hensikt, men det var gullets monetære fordeler som skulle vinne.

Da statene fastsatte en vekslingskurs for de to råvarene, endret de markedets insentiver for å holde eller bruke dem. Denne bimetallismen varte i flere århundrer i Europa og verden, men i likhet med skiftet fra salt, kveg og skjell til metaller, skulle teknologiens uunngåelige fremskritt skape en løsning.

Det var spesielt to teknologiske fremskritt som skulle ta Europa bort fra fysiske mynter og føre til sølvets fall som penger: Telegrafen, som første gang ble brukt kommersielt i 1837, og et voksende jernbanenett som åpnet for transport over hele Europa. Med disse to nyvinningene ble det stadig enklere for bankene å kommunisere med hverandre, overføre betalinger effektivt over større avstander, og å debitere kontoer i stedet for å sende betalinger fysisk. Dette førte til at sedler, sjekker og papirkvitteringer ble vanligere som betalingsmiddel, i stedet for gull- og sølvmynter.

Flere land begynte å gå over til en monetær standard med papirer som kunne løses inn i edle metaller oppbevart i hvelv. Noen land valgte gull, og andre valgte sølv – en skjebnesvanger beslutning som skulle få enorme konsekvenser. Storbritannia var det første landet som innførte en moderne gullstandard, i 1717. Dette skjedde under Isaac Newtons ledelse, som ledet Royal Mint, og gullstandarden skulle spille en viktig rolle i Storbritannias handelsinteresser over hele verden. Storbritannia beholdt gullstandarden til 1914, bortsett fra under Napoleonskrigene, fra 1797 til 1821. Storbritannias økonomiske overlegenhet var nært knyttet til landets overlegne pengestandard, og andre europeiske land begynte å følge etter. Med slutten på Napoleonskrigene begynte en ny æra i Europa, der de største landene gikk over til gullstandarden, én etter én. Desto flere land som offisielt gikk over til gullstandarden, jo mer salgbart ble gullet, og jo større ble insentivene for andre land til å tilslutte seg.

I stedet for at folk måtte ha med seg gull- og sølvmynter til store og små transaksjoner, kunne de nå oppbevare kapitalen sin i gullbanker og bruke papirkvitteringer, sedler og sjekker til betalinger av alle størrelser. Med papirkvitteringer kunne folk utføre betalingene selv, sedler ble tilbakekjøpt av bankene og brukt til avregning, og sjekker kunne innløses hos bankene som utstedte dem. Dette løste problemet med gullets salgbarhet over ulike størrelser og gjorde gull til den beste formen for penger – så lenge bankene som passet gullet ikke utstedte mer papirpenger enn de hadde dekning for.

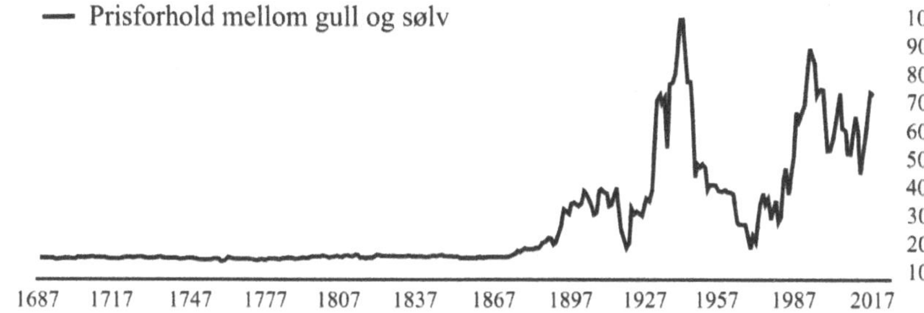

Figur 3.3: Gullprisen i unser sølv, 1687–2017.

Med sikkerhet i fysisk gull i hvelvene, og muligheten til å utføre betalinger av alle størrelser, var ikke sølv lenger nødvendig for små betalinger. Dødsstøtet for sølvet som betalingsmiddel kom ved slutten av den fransk-tyske krigen i 1871, da Tyskland mottok en krigsskadeerstatning på 200 millioner engelske pund i gull fra Frankrike, og brukte det til å gå over til en gullstandard. Ettersom Tyskland nå fulgte etter Storbritannia, Frankrike, Nederland, Sveits, Belgia og andre over på en gullstandard, hadde pendelen beveget seg klart i gullets favør. Nasjoner og folk over hele verden som brukte sølv opplevde stadig større tap av kjøpekraft og et sterkere insentiv for å gå over til gull. India gikk til slutt fra sølv til gull i 1898, mens Kina og Hongkong var de siste økonomiene i verden som forlot sølvstandarden, i 1935.

Så lenge gull og sølv ble brukt direkte i betalinger, hadde de begge en monetær rolle å spille, og prisforholdet mellom dem holdt seg mer eller mindre stabilt over tid på mellom tolv og femten unser sølv per unse gull – omtrent det samme forholdet som deres relative knapphet i jordskorpen og den relative vanskelighetsgraden og kostnaden ved å utvinne dem. Men etter hvert som papirpenger og finansielle instrumenter med sikkerhet i disse metallene ble mer og mer populære, falt begrunnelsen for sølvets monetære rolle bort. Privatpersoner og nasjoner gikk over til gull, noe som førte til et kraftig fall i sølvprisen, som aldri har hentet seg opp igjen. Det gjennomsnittlige forholdstallet for de to metallene på 1900-tallet var 47:1, og i 2017 var det 75:1. Mens gull fortsatt har en monetær rolle, noe sentralbankenes gullreserver vitner om, har sølvet nå mistet sin monetære rolle. Se figur 3.3.[22]

22 *Kilde*: Officer, Lawrence H. og Samuel H. Williamson. *The Price of Gold, 1257–Present*, Measuring-Worth, 2017, www.measuringworth.com/gold/.

Sølvets tap av monetær status hadde en betydelig negativ effekt på landene som hadde en sølvstandard den gang. Indias rupi tapte seg i verdi sammenlignet med gullbaserte europeiske land, noe som førte til at de britiske koloniherrene økte skattene, som igjen skapte økende sosial uro og motstand mot den britiske kolonialismen. Innen India gikk over til en rupi innløselig i gullbaserte pund sterling i 1898, hadde sølvet som rupien var innløselig i, mistet 56 % av verdien sin i løpet av de 27 årene som hadde gått siden slutten av den fransk-tyske krigen. For Kina, som beholdt sølvstandarden til 1935, mistet sølvet (i ulike navn og former) 78 % av verdien i løpet av perioden. Det er forfatterens synspunkt at historien til Kina og India, og at de ikke klarte å holde følge med Vesten på 1900-tallet, er en direkte konsekvens av ødeleggelsen av velstand og kapital de opplevde da sølvet mistet sin monetære rolle. At sølvet mistet sin monetære rolle satte kinesere og indere i en lignende situasjon som folk i Vest-Afrika som brukte perler da europeerne kom dit: Harde innenlandske penger var myke penger for utlendinger, og ble drevet ut av utenlandske harde penger. Dette ga utlendingene større innflytelse og førte til at stadig mer av kapitalen og ressursene i Kina og India havnet i utenlandske hender i løpet av denne perioden. Dette er en enormt viktig historisk lærdom, og er noe å ha i tankene for alle som tror at det å nekte å bruke bitcoin betyr at de ikke trenger å forholde seg til bitcoin. Historien viser at det ikke er mulig å isolere seg fra konsekvensene av at andre har hardere penger enn deg selv.

Med gullet i hendene til banker som ble stadig mer sentralisert, fikk det bedre salgbarhet over tid, størrelser og avstand, men mistet egenskapen som kontanter. Dette gjorde betalinger med gull avhengige av de finansielle og politiske myndighetene som utstedte kvitteringer, klarerte sjekker og oppbevarte gullet. Den eneste måten gull kunne løse problemene med salgbarhet over tid, størrelser og avstand på, var tragisk nok gjennom sentralisering. Gullet ble derfor sårbart for det største problemet med sunne penger, formulert av 1900-tallets økonomer: individuell råderett over pengene og pengenes motstandskraft mot staters sentraliserte kontroll. Vi kan med dette forstå hvorfor 1800-tallets økonomer som var opptatt av sunne penger, som Menger, oppfattet salgbarhet som markedsvare som et viktig kriterium for pengenes sunnhet, mens økonomer på 1900-tallet, som Mises, Hayek, Rothbard og Salerno, analyserte pengenes sunnhet basert på hvor vanskelig de var for statene å kontrollere. Fordi 1900-tallets penger sin akilleshæl var sentralisering i statenes hender, skal vi senere se hvordan bitcoin, 2000-tallets penger, er designet for å unngå sentralisert kontroll.

La Belle Époque

Avslutningen på den fransk-tyske krigen i 1871 og det påfølgende skiftet hos alle de europeiske stormaktene til én felles monetær standard – gullstandarden – førte til en periode med fremgang og velstand som i ettertid fremstår som stadig mer utrolig. Man kan argumentere for at 1800-tallet – spesielt andre halvdel – var den beste perioden menneskeheten noensinne har sett med tanke på fremgang, innovasjon og prestasjoner, og gullets monetære rolle var en helt avgjørende faktor. Etter hvert som sølv og andre byttemidler gradvis mistet sin relevans som penger, gikk størstedelen av verden over til å bruke den samme gullstandarden, noe som sammen med fremskritt innen telekommunikasjon og transport bidro til en global kapitalakkumulering og handel som verden aldri tidligere hadde sett

Under gullstandarden var forskjellige valutaer i bunn og grunn bare ulike vektenheter av gull, og vekslingskursen mellom nasjonale valutaer var en ren omregning mellom disse vektenhetene, like enkelt som å konvertere tommer til centimeter. Det britiske pundet var definert som 7,3 gram gull, en fransk franc var 0,29 gram og en tysk mark 0,36 gram, slik at vekslingskursen mellom dem lå fast på 25,2 franske franc og 20,4 tyske mark per pund. På samme måte som metriske og britiske måleenheter bare er måter å måle lengde på, var nasjonale valutaer en måte å måle økonomisk verdi på, i form av det universelle verdilageret: gull. Gullmynter fra ulike land var lett omsettelige i andre land, siden de bare besto av gull. Pengemengden i et land var ikke en størrelse bestemt av sentralplanleggere med doktorgrad, men et resultat av naturlige markedsprosesser. Folk sparte og brukte så mye penger som de selv foretrakk, enten det var på lokale eller internasjonale varer og tjenester, og den virkelige pengemengden var faktisk ikke enkel å måle.

Pengenes sunnhet kom til syne i den globale frihandelen, men det som kanskje var enda viktigere, var at sparingen steg i de fleste utviklede samfunn som var på gullstandarden. Dette la grunnlaget for akkumulering av kapital til

Valuta	Periode under gullstandarden	År
Franske franc	1814–1914	100 år
Nederlandske gylden	1816–1914	98 år
Britiske pund	1821–1914	93 år
Sveitsiske franc	1850–1936	86 år
Belgiske franc	1832–1914	82 år
Svenske kroner	1873–1931	58 år
Tyske mark	1875–1914	39 år
Italienske lire	1883–1914	31 år

Tabell 3.1: De største europeiske økonomiene under gullstandarden.

å finansiere industrialisering, urbanisering og de teknologiske forbedringene som har formet våre moderne liv. Se tabell 3.1.[23]

I 1900 var omtrent 50 land, inkludert alle de industrialiserte landene, offisielt på gullstandarden. Selv de landene som ikke hadde en offisiell gullstandard, benyttet gullmynter som deres fremste betalingsmiddel. Noen av de viktigste teknologiske, medisinske, økonomiske og kunstneriske fremskrittene kom under gullstandardens epoke, noe som delvis forklarer hvorfor man kaller det *La belle époque* (den skjønne epoken) i Europa. Pax Britannica, eller «Den britiske fred», la seg over Storbritannia, og det britiske imperiet ekspanderte globalt uten militære konflikter. I 1899, da den amerikanske journalisten Nellie Bly bega seg ut på sin rekordbrytende jordomreise på 72 dager, hadde hun med seg britiske gullmynter og sedler fra Bank of England.[24] Nellie kunne reise jorden rundt og bruke én type penger på alle stedene hun besøkte.

I USA ble denne perioden kalt *The Gilded Age* (Den gyldne tidsalder), en tid der den økonomiske veksten blomstret etter gjeninnføringen av gullstandarden i 1879, etter den amerikanske borgerkrigen. Epoken ble bare avbrutt av én episode med monetær galskap, da Finansdepartementet forsøkte å innføre et påbud om å bruke sølv som penger. Dette ble sølvets siste krampetrekning som penger, noe vi drøfter i kapittel 6. Finansdepartementets handlinger førte til en markant økning i pengemengden og en bankkrise, da mange ønsket å veksle

23 *Kilde*: Lips, Ferdinand. *Gold Wars: The Battle Against Sound Money as Seen from a Swiss Perspective. New York, Foundation for the Advancement of Monetary Education, 2001.*

24 Bly, Nellie. *Around the World in Seventy-Two Days.* New York, Pictorial Weeklies, 1890.

sine statsobligasjoner og sølv til gull. Dette utløste resesjonen i 1893, som ble etterfulgt av en periode med økonomisk oppsving i USA.

Verden hadde aldri tidligere opplevd en slik kapitalakkumulering, global handel, reduksjon i statenes makt og heving av levestandarder som i denne perioden, hvor de fleste land fulgte én sunn pengestandard. Ikke bare var de vestlige økonomiene mye friere den gangen, men også samfunnene hadde langt større frihet. Myndighetene hadde veldig lite byråkrati som detaljstyrte livene til folk. Som Mises beskrev det:

> *Gullstandarden var verdensstandarden i kapitalismens tidsalder, og ga mer velstand, frihet og demokrati, både politisk og økonomisk. I øynene til de som var tilhengere av frihandel, var den viktigste fordelen nettopp at det var en internasjonal standard som oppfylte kravene i den internasjonale handelen og i de internasjonale penge- og kapitalmarkedene. Det var et system som lot vestlig industrialisme og kapital spre den vestlige sivilisasjonen til fjerne himmelstrøk, og som gjorde av med gamle fordommer og overtro, og sådde frøene til et nytt levesett og ny velstand, frigjorde bevissthet og sjel, og skapte rikdommer man tidligere bare kunne drømme om. Det gikk hånd i hånd med den vestlige liberalismen i en seiersgang for å forene alle verdens land i et felleskap av frie nasjoner som samarbeidet fredelig med hverandre. Det er enkelt å forstå hvorfor folk oppfattet gullstandarden som symbolet på denne største og mest positive av alle historiske forandringer.*[25]

Dette ble det brått slutt på i det katastrofale året 1914, som ikke bare var startskuddet for Første verdenskrig, men også året da de største økonomiene i verden gikk bort fra gullstandarden og erstattet den med usunne statlige penger. Bare Sveits og Sverige, som forble nøytrale gjennom Første verdenskrig, beholdt gullstandarden til 1930-tallet. Etter dette startet epoken med statlige penger over hele verden, med grenseløst katastrofale konsekvenser.

Selv om gullstandarden på 1800-tallet kanskje var det nærmeste man kommer sunne penger som verden hadde sett, hadde den likevel noen svakheter. For det første utstedte statene og bankene hele tiden penger det ikke var dekning for i gullreservene. For det andre var det mange land som ikke bare hadde gull som reserver, men også andre lands valutaer. Storbritannia, den globale stormakten på den tiden, hadde fordelen av at pundet ble brukt som reserveva-

25 Mises, Ludwig von. *Human Action: The Scholar's Edition.* s. 472–473.

luta over hele verden, noe som førte til at gullreservene bare utgjorde en liten del av den utestående pengemengden. Med stadig mer internasjonal handel og oppgjør av store summer over hele verden, ble Bank of Englands sedler for mange ansett som «så gode som gull». Selv om gullet var harde penger, var de instrumentene som ble brukt til oppgjør mellom sentralbankene – selv om de var innløselige i gull – i praksis enklere å produsere enn gull.

Disse to svakhetene innebar at gullstandarden alltid var sårbar for kriser i land der omstendighetene kunne føre til at en stor nok andel av befolkningen ønsket å løse inn papirpengene sine i gull. Gullstandardens fatale feil, som er helt sentral i disse problemene, er at oppgjør i fysisk gull er tungvint, dyrt og usikkert. Dette betydde at gullreservene måtte sentraliseres på noen få steder – i banker og sentralbanker, med risiko for at stater ville få kloa i det. Ettersom det fysiske gullet som ble brukt til oppgjør utgjorde en ubetydelig andel av alle betalinger, hadde bankene og sentralbankene som kontrollerte gullet muligheten til å skape penger uten full dekning i de fysiske reservene. Oppgjørsnettverket ble så stort at eiernes kreditt ble akseptert som betalingsmiddel. Da det å drive en bank begynte å implisere pengetrykking, ville myndighetene naturligvis ta kontroll over banksektoren gjennom sentralbankvirksomhet. Fristelsen var alltid for stor, og den nesten uendelige finansielle rikdommen som fulgte med dette kunne ikke bare bringe motstanderne til taushet, men også finansiere propaganda for å fremme slike ideer. Gull hadde ingen mekanisme for å innskrenke statsmakten, og var avhengig av at ikke gullstandarden ble misbrukt, og at befolkningen konstant var på vakt mot slike misbruk. Dette var kanskje mulig da befolkningen var godt utdannet og hadde kunnskap om farene med usunne penger, men for hver generasjon med intellektuell latskap, som ofte ledsager økt velstand,[26] ble sirenesangen til svindlere og overbevisende økonomer med en agenda stadig mer uimotståelig for befolkningen. Bare en minoritet av kunnskapsrike økonomer og historikere kjempet et slag i motbakke for å overbevise befolkningen om at ekte velstand ikke kan skapes ved å tukle med pengemengden, at statlig kontroll over pengene bare vil gi staten mer kontroll over befolkningens liv, og at et liv i et sivilisert samfunn avhenger av sunne penger som et solid fundament for handel og kapitalakkumulering.

26 Glubb, John. *The Fate of Empires and Search for Survival.* Edinburgh, Scotland, William Blackwood and Sons, 1978.

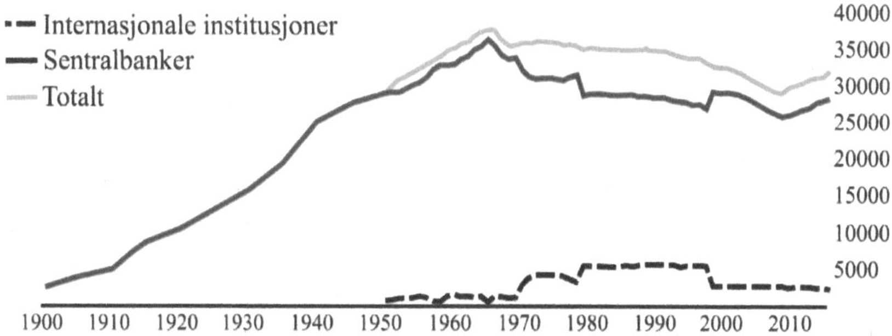

Figur 3.4: Sentralbankenes offisielle gullreserver, tonn.

At gullet var sentralisert gjorde det sårbart for fiendtlig overtakelse. Gullet hadde rett og slett for mange fiender, noe som også Mises forstod:

> *Nasjonalistene kjemper mot gullstandarden fordi de ønsker å skille landene sine fra verdensmarkedet og etablere autarki så langt som mulig. Intervensjonistiske myndigheter og pressgrupper kjemper mot gullstandarden fordi de anser den som den største hindringen mot å manipulere priser og lønninger. Men de mest fanatiske angrepene mot gullet kommer fra de som ønsker kredittvekst. For disse er kredittvekst en mirakelmedisin mot alle typer økonomisk uføre.*[27] *Gullstandarden fjerner bestemmelsen av endringer i kjøpekraft forårsaket av kontanter fra den politiske arenaen. En generell aksept for gullstandarden krever at man anerkjenner at det ikke er mulig å gjøre alle rikere ved å trykke penger. Avskyen mot gullstandarden bygger på overtroen om at allmektige stater kan skape velstand ut av små papirbiter. Statene var ivrige etter å ødelegge den på grunn av feiloppfatningen at kredittvekst er en god løsning for å senke rentene og «forbedre» handelsbalansen. Folk kjemper mot gullstandarden fordi de ønsker å erstatte frihandel med nasjonalt autarki, fred med krig, og frihet med totalitære, allmektige stater.*[28]

1900-tallet begynte med at statene tok kontroll over befolkningens gull gjennom oppfinnelsen av den moderne sentralbanken. Da Første verdenskrig startet, gjorde sentraliseringen av disse reservene at statene kunne øke pengemengden ut over gullreservene, noe som svekket valutaene. Sentralbankene fortsatte å konfiskere og bygge seg opp større gullreserver helt frem til 1960-

27 Mises, Ludwig von. *Human Action: The Scholar's Edition.* s. 473.
28 Ibid: s. 474.

tallet, da konturene av en global standard basert på amerikanske dollar begynte å ta form. Selv om gull tilsynelatende opphørte helt som penger i 1971, fortsatte sentralbankene å holde betydelige gullreserver, som de solgte gradvis, før de begynte å kjøpe gull igjen det siste tiåret. Til tross for at sentralbankene har uttalt at gullet har mistet sin rolle som penger, har de likevel beholdt reservene. Fra et monetært perspektiv er dette en helt rasjonell beslutning. Hvis man bare har reserver i form av andre lands statlige penger, vil verdien til landets egen valuta falle i takt med reservevalutaene, mens fortjenesten ved å utstede penger tilfaller utstederen av reservevalutaen, ikke landets egen sentralbank. I tillegg, dersom sentralbankene skulle selge alle gullreservene sine (som anslås til å utgjøre omtrent 20 % av alt gull i verden), er det mest sannsynlig at gullet, som på grunn av sin høye pris som følge av industrielt bruk og bruk som smykketøy, raskt vil bli kjøpt opp, med lite negativ innvirkning på prisen. Sentralbankene ville da stå igjen uten gullreserver. Den monetære konkurransen mellom myke statlige papirpenger og hardt gull vil sannsynligvis føre til at én av dem seirer på lang sikt. Selv i en verden hvor statlige penger dominerer, har ikke statene klart å frata gullet sin monetære rolle gjennom lovgivning, siden handlinger betyr mer enn ord. Se figur 3.4.[29]

29 *Kilde*: World Gold Council. Reserve Statistics, www.gold.org/goldhub/data/monthly-central-bank-statistics.

4

STATLIGE PENGER

Første verdenskrig markerte slutten på æraen der penger ble valgt av det frie markedet, og begynnelsen på æraen av statlige penger. Selv om gull fortsatt understøtter det globale pengesystemet i dag, er det først og fremst statlige reguleringer, beslutninger og pengepolitikk som i hovedsak kjennetegner dagens monetære virkelighet, i større grad enn individuelle valg.

Det vanlige navnet for statlige penger er *fiatpenger*, fra det latinske ordet for dekret, ordre eller autorisasjon. Når man snakker om statlige penger, er det to viktige fakta å forstå fra første stund. For det første er det en enorm forskjell på statlige penger som kan løses inn i gull, og penger som ikke kan løses inn i noen ting, selv om begge er utstedt av staten. Under en gullstandard er penger gull, og staten påtar seg bare ansvaret med å prege standardiserte enheter av metallet eller trykke papirsedler innløselige i gull. Staten har da ingen kontroll over mengden gull i økonomien, og befolkningen har mulighet til å løse inn sedlene sine mot fysisk gull når som helst, eller å handle direkte med gull i andre former, som gullbarrer og utenlandske mynter. Med statlige penger som ikke kan innløses i gull derimot, er det statens gjeld og/eller papir som er selve pengene, og staten kan øke pengemengden etter eget ønske. Hvis noen bruker andre typer penger som betalingsmiddel, eller selv prøver å skape mer av de statlige pengene, risikerer de å bli straffet.

Det andre og ofte oversette faktum er at, til tross for hva navnet antyder, har ingen fiatvaluta oppstått utelukkende gjennom statlig dekret; de var alle opprinnelig innløsbare i gull eller sølv, eller i andre valutaer som igjen var innløsbare i gull eller sølv. Kun gjennom muligheten til å bli innløst i salgbare former for penger fikk statlige penger sin salgbarhet. Selv om stater kan pålegge befolkningen å bruke deres papirer til betalinger gjennom lover, har ingen stat så langt innført denne typen papirpenger uten at disse papirene først har vært innløsbare i gull og sølv. Frem til den dag i dag har alle statlige sentralbanker reserver som sikrer deres nasjonale valutaers verdi. Majoriteten av verdens land har noe gull i reservene sine, og de landene som ikke har gullreserver opprettholder reserver i form av andre lands fiatvalutaer, som igjen er støttet av gullreserver. Det eksisterer ingen ren fiatvaluta som ikke understøttes av noe som helst. I motsetning til den ekstremt feilaktige og sentrale grunnsetning i statsteorien om penger, var det ikke staten som bestemte at gull skulle være penger; tvert imot, det var kun gjennom å holde gull at staten greide å få pengene de utstedte til å bli godtatt av folket i det hele tatt.

Det eldste dokumenterte eksempelet på en fiatpenge var *jiaozi*, en papirvaluta utstedt av Song-dynastiet i Kina på 900-tallet. Opprinnelig var jiaozi en kvittering for gull eller sølv, men over tid tok datidens herskere kontroll over utstedelsen av valutaen, avskaffet innløsbarheten, og økte mengden av valutaen helt til den mistet all verdi. I år 1260 utstedte også Yuan-dynastiet en fiatvaluta kalt *chao*. Også i dette tilfellet økte pengemengden mye mer enn det de hadde dekning for i metall, med forutsigbare katastrofale konsekvenser. Etter hvert som verdien av pengene kollapset, falt folket ned i total fattigdom. Fattigdommen var så dyp at mange bønder ble tvunget til selge sine egne barn inn i gjeldsslaveri.

Statlige penger ligner dermed på de primitive formene for penger diskutert i kapittel 2, og råvarer utenom gull, i den forstand at det er mulig å øke tilbudet raskt sammenlignet med den eksisterende pengemengden, noe som fører til et raskt tap av salgbarhet, ødeleggelse av kjøpekraft, og at de som sitter med pengene blir fattigere. I denne forbindelse skiller statlige penger seg fra gull, hvis mengde ikke lett kan økes takket være metallets grunnleggende kjemiske egenskaper. At staten krever at skatter betales i deres egen valuta kan bidra til å forlenge pengenes levetid. Men pengenes verdi kan kun bevares så lenge staten klarer å hindre en rask ekspansjon i pengemengden. Når vi sammenligner ulike nasjonale valutaer, ser vi at de store og mest brukte valutaene har en lavere årlig økning i pengemengden enn de små og mindre salgbare valutaene.

Monetær nasjonalisme og slutten på den frie verden

De mange fiendene til sunne penger, som Mises refererte til på slutten av det forrige kapittelet, skulle få sin seier over gullstandarden gjennom en liten krig som brøt ut i Sentral-Europa i 1914, men som utviklet seg til menneskehetens første verdenskrig. Ved krigens utbrudd kunne ingen ha forestilt seg at den skulle vare så lenge, og føre til så mange tap av menneskeliv som den gjorde. Britiske aviser kunngjorde for eksempel krigen som *August Bank Holiday War*, og forventet at krigen skulle forløpe seg som en enkel og triumferende sommerutflukt for sine britiske tropper. Det var en utbredt oppfatning om at det ville bli en begrenset konflikt. I tillegg hadde flere tiår med relativ fred over hele Europa skapt en ny generasjon europeere som ikke fullt ut forstod de potensielle konsekvensene av å gå til krig. Selv i dag har historikere fortsatt ingen overbevisende strategisk eller geopolitisk forklaring på hvordan en konflikt mellom Østerrike-Ungarn og serbiske separatister kunne utløse en verdensomspennende krig som krevde millioner av liv, og som drastisk endret mange av verdens landegrenser.

I ettertid er det lett å se at hovedforskjellen mellom Første verdenskrig og de tidligere, mer begrensede krigene ikke lå i det geopolitiske eller strategiske, men i det monetære. Da statene var på en gullstandard, hadde de direkte kontroll over store hvelv fulle av gull, mens befolkningen brukte sedler som kunne innløses mot gullet. I konfliktens hete fant statene det enklere å trykke mer penger enn å øke skattene. Få uker etter krigens start hadde alle de store krigførende nasjonene opphevet muligheten til å konvertere sedler til gull, og dermed i realiteten gått bort fra gullstandarden. Befolkningen ble dermed satt på en fiatstandard, der pengene de brukte var statlige utstedte sedler som ikke lenger kunne innløses i gull.

Gjennom det enkle tiltaket å oppheve muligheten for å innløse sedler i gull, var ikke lenger statenes krigsinnsats begrenset av pengene de hadde i statskassen, men ble i praksis utvidet til å omfatte hele befolkningens rikdom.

Så lenge staten kunne trykke mer penger som befolkningen aksepterte, kunne de fortsette å finansiere krigføringen. Tidligere, under et pengesystem der gull som penger var i hendene på folket, måtte statene finansiere krigsinnsatsen fra sin egen statskasse, sammen med eventuelle skatteinntekter og utstedelse av obligasjoner. Dette begrenset konfliktenes omfang, og er en viktig forklaring på de relativt lange periodene med fred rundt om i verden før 1900-tallet.

Hadde europeiske nasjoner forblitt på gullstandarden, eller dersom det europeiske folket hadde holdt sitt eget gull i egne hender, og dermed tvunget herskerne til å ty til beskatning i stedet for inflasjon, kunne historien sett annerledes ut. Det er sannsynlig at Første verdenskrig ville blitt avsluttet i løpet av noen få måneder med militær konflikt, som følge av at en av de stridende gruppene gikk tom for finansiering og ikke klarte å skaffe mer finansiering fra en befolkning uvillig til å gi fra seg sin velstand for å forsvare regimets overlevelse. Men med avviklingen av gullstandarden var det ikke lenger tilstrekkelig å gå tom for finansiering for å avslutte krigen. Krigen tok først slutt da en av de stridende partene hadde brukt opp hele folkets akkumulerte formue, ekspropriert gjennom inflasjon.

Siden landene i Europa devaluerte valutaene sine, kunne den blodige skyttergravskrigen fortsette i fire lange år, uten noen løsning eller fremdrift. Befolkningen forstod meningsløsheten i det hele, og soldatene på frontlinjen risikerte livene sine tilsynelatende uten annen grunn enn å tilfredsstille monarkers ubegrensede forfengelighet og maktambisjoner – monarker som vanligvis var i slekt og inngiftet seg imellom. Hendelsen som best illustrerer den absolutte meningsløsheten til hele krigen fant sted julaften 1914, da de franske, engelske og tyske soldatene sluttet å følge ordre om å kjempe, og heller la ned våpnene og forlot skyttergravene for å treffes og sosialisere seg med hverandre. Mange av de tyske soldatene hadde tidligere arbeidet i England og snakket derfor engelsk, og siden de fleste soldatene hadde en forkjærlighet for fotball oppsto det flere spontane kamper mellom de improviserte lagene.[30] Den korte våpenhvilen avslørte et forbløffende faktum: Soldatene hadde ikke noe imot hverandre, de hadde ingenting å vinne på krigen og så ingen grunn til å fortsette den. Et mye bedre utløp for nasjonenes rivalisering ville vært i fotball, et universelt populært spill der nasjonal stolthet kan spilles ut i fredelige former.

30 Malcolm Brown og Shirley Seaton. *Christmas Truce: The Western Front, December 1914*. PanMacmillan, 2014.

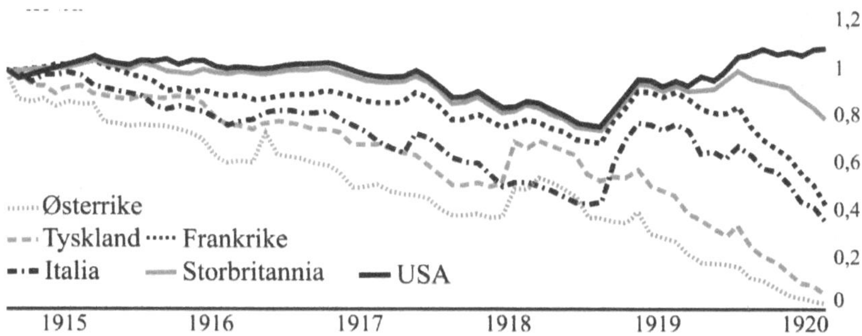

Figur 4.1: Viktige nasjonale valutakurser mot sveitsiske franc under Første verdenskrig. Valutakurs i juni 1914 = 1.

Krigen fortsatte i ytterligere fire år uten særlig fremgang, inntil USA grep inn i 1917 og tippet krigen til fordel for den ene parten på bekostning av den andre ved å bringe inn store ressurser som fienden ikke kunne svare på. Selv om inflasjon ble brukt av alle statene for å finansiere krigsinnsatsen, opplevde spesielt Tyskland og Østerrike-Ungarn i 1918 en kraftig svekkelse av valutaene sine, noe som gjorde nederlaget uunngåelig. En sammenligning av de krigførendes valutakurser mot sveitsiske franc, som fortsatt var på gullstandarden på den tiden, gir en god indikasjon på svekkelsen til de ulike valutaene, som vist i figur 4.1.[31]

Ved krigens slutt hadde valutaene til alle de større europeiske maktene falt i reell verdi. Valutaene til de tapende landene, Tyskland og Østerrike, hadde i gjennomsnitt tapt seg 51 % og 31 % i verdi fra juni 1914 til november 1918. Italias valuta opplevde et fall til 77 % av sin opprinnelige verdi, mens Frankrikes og Storbritannias valutaer bare falt til henholdsvis 91 % og 93 % av deres opprinnelige verdi. Den amerikanske valutaen holdt seg relativt stabil, og falt kun til 96 % av den opprinnelige verdien.[32] Se tabell 4.1.[33]

31 *Kilde*: Hall, George. «Exchange Rates and Casualties During the First World War.» *Journal of Monetary Economics, Elsevier*, vol. 51(8), november 2004, s. 1711–42.

32 Jeg har lurt på om Tysklands og Østerrikes nærhet til Sveits, og de nære relasjonene mellom disse befolkningene, kan ha ført til at tyskere og østerrikere i større grad vekslet valutaene sine mot sveitsiske franc, noe som fremskyndet kursfallet til disse valutaene. Dette kunne i så fall ha påvirket de økonomiske ressursene til statene så mye at det hadde en avgjørende rolle i utfallet av Første verdenskrig. Jeg har ennå ikke kommet over noen forskning på dette spørsmålet, men hvis du gjør det kjære leser, vennligst ta kontakt.

33 *Kilde*: Hall, George. «Exchange Rates and Casualties During the First World War.», *Journal of Monetary Economics, Elsevier*, vol. 51(8), november 2004, s. 1711–42.

Land	Endring i valutaens verdi
USA	-4,49 %
Storbritannia	-6,63 %
Frankrike	-9,40 %
Italia	-23,25 %
Tyskland	-49,17 %
Østerrike	-68,81 %

Tabell 4.1: Endring i verdien av den nasjonale valutaen mot sveitsiske franc under Første verdenskrig (juni 1914 til november 1918).

De geografiske endringene som fulgte i kjølvannet av krigen var neppe verdt blodbadet og de enorme ødeleggelsene, siden de fleste nasjonene vant eller mistet helt marginale landområder. Ingen seierherre kunne hevde å ha erobret store territorier som rettferdiggjorde de ofrene som ble gjort. Keiserriket Østerrike-Ungarn ble delt opp i mindre nasjoner, men disse fortsatte å bli styrt av sine egne folk, og ikke av krigens vinnere. Den største endringen som krigen medførte var at en rekke europeiske monarkier ble omgjort til republikker. Hvorvidt en slik overgang var til det bedre, blekner i forhold til de ødeleggelser som krigen hadde påført innbyggerne i disse landene.

Da muligheten for å innløse gull, samt bevegelsen av gull over landegrensene, enten ble forbudt eller strengt begrenset, kunne statene opprettholde fasaden om at valutaene deres hadde beholdt sin vekslingskurs mot gull, samtidig som prisene steg. Da krigen tok slutt, fantes det ikke lenger en fungerende internasjonal gullstandard. Alle landene sto nå overfor dilemmaet om de skulle gå tilbake til en gullstandard, og i så fall hvordan de skulle revaluere valutaene mot gull. En korrekt markedsvurdering av pengemengden i forhold til gullmengden ville vært en pinlig avsløring av hvor mye valutaen faktisk hadde tapt seg i verdi. En tilbakevending til de gamle valutakursene ville få innbyggerne til å kreve gull i stedet for de allestedsnærværende papirsedlene, og gullet ville til slutt finne veien ut av landet hvor det ble gitt en riktigere pris.

Dette dilemmaet fjernet pengene fra markedets hender og gjorde dem til en politisk styrt økonomisk beslutning. I stedet for at markedsaktørene fritt kunne velge hvilken vare som var mest salgbar og dermed best egnet som byttemiddel, var det nå staten som bestemte pengenes verdi, tilbud og rentesatser. Hayek kalte dette systemet for Monetær Nasjonalisme, beskrevet i en strålende bok med samme navn:

> *Med monetær nasjonalisme mener jeg doktrinen om at et lands andel av den globale pengemengden ikke bør bestemmes etter de samme prinsipper og mekanismer som de som bestemmer den relative pengemengden i de forskjellige regionene eller lokalitetene. Et virkelig internasjonalt monetært system ville være et der hele verden hadde en homogen valuta, akkurat som det fungerer innenfor en nasjons grenser i dag, og pengers flyt mellom ulike regioner er et resultat av samtlige individers sammenlagte handlinger.*[34]

Aldri igjen ville gull gjenvinne sin status som verdens homogene valuta, fordi sentralbankenes monopolstilling og restriksjoner på eierskap av gull tvinger folk til å bruke statlige penger. Introduksjonen av bitcoin, en valuta født på det internettet som ikke kjenner landegrenser og ikke kan kontrolleres av noen stater, tilbyr en spennende mulighet for fremveksten av et nytt internasjonalt pengesystem, som vi skal analysere nærmere i kapittel 9.

Mellomkrigstiden

Under den internasjonale gullstandarden fløt penger fritt mellom nasjoner, og kursene mellom ulike valutaer betydde i praksis kun konvertering mellom ulike vekter av gull. Med innføringen av monetær nasjonalisme var det i stedet internasjonale avtaler og møter som regulerte pengemengden i hvert land og vekslingskursene mellom de ulike valutaene. Tyskland opplevde hyperinflasjon etter Versailles-traktaten, som påla dem store erstatningskrav de forsøkte å tilbakebetale ved å trykke penger. Da Storbritannia forsøkte å opprettholde en gullstandard til en valutakurs som overpriset pundet og underpriset gull, fikk de problemer med at gullet strømmet ut av landet, til Frankrike og USA.

Den første store traktaten i århundret for monetær nasjonalisme var Genovatraktaten fra 1922. Traktaten fastsatte at den amerikanske dollaren og det britiske pundet skulle fungere som reservevalutaer, på samme måte som gull hadde gjort tidligere. Med dette håpte Storbritannia å løse problemene med det overvurderte pundet, ved at andre land ville bli tvunget til å anskaffe og holde

34 Hayek, Friedrich. *Monetary Nationalism and International Stability.* London, Longmans, Green and Company, 1937.

store mengder pund som reserver. Verdens stormakter forlot dermed gullstandardens stabilitet og tok heller i bruk inflasjonisme som en løsning på økonomiske problemer. Galskapen med denne ordningen var at statene forsøkte å øke pengemengden samtidig som vekslingskursen mot gull skulle holdes stabil, på samme nivåer som gjaldt før krigen. Dette skulle oppnås gjennom koordinering: Hvis alle landene devaluerte sine respektive valutaer, ville det ikke være noe sted for kapitalen å rømme. Men dette var et dødsdømt prosjekt som aldri kunne ha fungert, og gull fortsatte å strømme ut av Storbritannia til USA og Frankrike.

Tappingen av gull fra Storbritannia er en relativt ukjent historie som hadde vidtrekkende konsekvenser. Liaquat Ahameds bok *Lords of Finance* fokuserer på denne episoden, og gjør en god jobb med å diskutere de involverte personene og dramaet som fant sted, men har den aksepterte keynesianske innstillingen at gullstandarden pekes ut som synderen i dramaet. Til tross for sin omfattende forskning, klarer ikke Ahamed å forstå at problemet ikke var gullstandarden, men at statene etter Første verdenskrig ønsket å returnere til gullstandarden med de samme vekslingskursene som før krigen. Dersom statene hadde vært ærlige mot befolkningen sin angående omfanget av devalueringen som hadde funnet sted for å betale for krigen, måtte de ha fastsatt nye vekslingskurser mot gull. Sannsynligvis ville det da ha oppstått en kort finanskrise etterfulgt av en sterk opphenting under en sunn monetær standard.

En mer rettferdig beskrivelse av denne perioden, og dens forferdelige konsekvenser, finner du i Murray Rothbards bok *America's Great Depression*. Da det britiske gullet strømmet ut av landet, presset Bank of Englands sjef, Sir Montagu Normann, sine franske, tyske og amerikanske kolleger til å øke pengemengden for å devaluere papirvalutaene deres i håp om at dette ville stoppe gullstrømmen ut av England. De franske og tyske bankfolkene motstod presset, mens styrelederen i New York Federal Reserve, Benjamin Strong, ble med på samarbeidet gjennom inflasjonspolitikk på 1920-tallet. Denne politikken lyktes med å redusere strømmen av gull ut fra Storbritannia til et visst punkt, men samtidig blåste det de amerikanske aksje- og boligmarkedene opp til en gigantisk boble. Den amerikanske sentralbankens inflasjonspolitikk ble avsluttet i slutten av 1928, da den amerikanske økonomien var overmoden for kollapsen som uunngåelig følger når inflasjonismen stopper. Resultatet ble børskrakket i 1929, og reaksjonen fra den amerikanske regjeringen gjorde krakket til den lengste depresjonen i moderne tid.

Den allment aksepterte historien om Den store depresjonen antyder at president Hoover valgte å forholde seg passiv i møte med nedturen, basert på en feilaktig tro på at det frie markedet, sammen med gullstandarden, ville løse problemene. Den rådende oppfatningen er at først da Hoover ble erstattet av en mer aktiv Franklin Delano Roosevelt, som brukte en aktivistisk regjeringsrolle og opphevet gullstandarden, kunne økonomien gjenopprette seg. Dette er mildt sagt tull. Hoover økte ikke bare offentlige utgifter til statlige byggeprosjekter for å bekjempe depresjonen, men han støttet seg også på Federal Reserve for å øke pengemengden, og holdt hele tiden på det vanvittige målet om å opprettholde høye lønninger, mot markedets vilje. Videre ble det innført priskontroller for å holde spesielt landbruksprodukter på de høye nivåene som markedet anså rimelige før depresjonen. USA og alle de andre store globale økonomiene begynte å implementere proteksjonistisk handelspolitikk, noe som bare forverret problemene i hele verdensøkonomien.[35]

Det er et lite kjent faktum, omhyggelig fjernet fra historiebøkene, at i det amerikanske valget i 1932 stilte Hoover på en svært intervensjonistisk plattform, mens Franklin D. Roosevelt stilte på en plattform for finanspolitisk og monetær ansvarlighet. Det amerikanske folket stemte med andre ord mot Hoovers intervensjonisme, men da FDR kom til makten fant han det mer fordelaktig å tilfredsstille de samme interessene som hadde påvirket Hoover, og han videreutviklet den intervensjonistiske politikken gjennom det som ble kjent som New Deal. Det er viktig å forstå at det ikke var noe unikt eller nytt med New Deal. Det var rett og slett en opptrapping av den politikken som Hoover allerede hadde ført.

Alle med grunnleggende økonomisk forståelse vet at priskontroller alltid er kontraproduktive; de fører til overskudd og knapphet. Problemene som den amerikanske økonomien opplevde på 1930-tallet hadde en klar sammenheng med forsøkene på å innføre både faste lønninger og priser. Lønningene ble satt for høyt, noe som førte til en svært høy arbeidsledighet som tidvis kom opp i 25 %, mens priskontrollene skapte både knapphet og overskudd på ulike varer. Det gikk så langt at visse landbruksprodukter til og med ble brent for

35 En grundig redegjørelse for Hoovers intervensjonistiske politikk kan bli funnet i Murray Rothbards *America's Great Depression*.

å opprettholde de høye prisene. Dette førte til den vanvittige situasjonen der folk gikk sultne og desperate etter arbeid, mens produsentene ikke kunne ansette dem fordi de ikke hadde råd til å betale de høye lønningene, på samme tid som enkelte produsenter ble tvunget til å brenne avlingene sine for å holde prisene høye. Alt dette ble gjort for å holde prisene på et nivå tilsvarende høykonjunkturen før 1929, samtidig som man klamret seg til illusjonen om at dollarene fortsatt hadde beholdt sin verdi sammenlignet med gull. Inflasjonen på 1920-tallet hadde blåst opp store finansbobler i bolig- og aksjemarkedet, og forårsaket en kunstig økning i lønninger og priser. Etter at boblen sprakk, tilpasset markedsprisene seg gjennom en fallende dollar i forhold til gull, og en nedgang i reallønn og priser. Fordi sentralplanleggerne hadde et urokkelig ønske om å forhindre alle disse mekanismene, ble økonomien i stedet lammet: Dollaren, lønningene og prisene ble for høye, noe som førte til massiv arbeidsledighet, lavere produksjon og en befolkning som var ivrig etter å veksle sine dollar inn i gull.

Ingenting av dette ville selvfølgelig ha skjedd med sunne penger, alt som skjedde var en direkte konsekvens av en oppblåst pengemengde. Selv etter inflasjonen, ville konsekvensene vært langt mindre katastrofale hadde de revaluert dollaren til gull basert på en pris bestemt av markedet, og latt lønninger og priser justeres fritt. Men i stedet for å ta lærdom av det, konkluderte datidens økonomer at problemet ikke lå i inflasjonismen, men snarere i gullstandarden, som faktisk begrenset statens inflasjonisme. For å frigjøre inflasjonismen fra gullkjettingene, utstedte president Roosevelt en presidentordre som forbød privat eierskap av gull og tvang amerikanerne til å selge gullet sitt til den amerikanske statskassen til en kurs på 20,67 dollar per unse. Etter at befolkningen hadde blitt fratatt sine sunne penger og tvunget til å gjøre forretninger i dollar, revaluerte Roosevelt dollaren på det internasjonale markedet fra 20,67 dollar per unse til 35 dollar per unse, en reell devaluering på 41 % (målt i gull). Dette var den uunngåelige virkeligheten av år med inflasjonisme som startet i 1914 med opprettelsen av Federal Reserve, og som senere skulle finansiere USAs inntreden i Andre verdenskrig.

Gjennom overgangen fra sunne penger til fiatpenger utstedt av staten ble verdens ledende økonomier forvandlet til sentralstyrte økonomiske fiaskoer. Ettersom statene nå kontrollerte pengene, kontrollerte de også det meste av all økonomisk, politisk og kulturell virksomhet samt utdanning. John Maynard

Keynes, som aldri hadde studert økonomi, fornemmet tidsånden og leverte det den allmektige staten ønsket å høre. På et øyeblikk ble århundrer med akkumulert økonomisk kunnskap innen akademia feid bort og erstattet av komfortable konklusjoner av en art som passet totalitære stater og politikere med høy tidspreferanse: Økonomiens tilstand bestemmes av det samlede forbruket, og enhver økning i arbeidsledigheten eller nedgang i produksjonen har ingen underliggende årsaker i produksjonsstrukturen eller i sentralplanleggernes forvrengning av markedene; snarere var det hele en mangel på forbruk, og middelet for å øke forbruket var forvitring av valutaen og økning i det offentlige forbruket. Sparing reduserer forbruket, og siden forbruk er alt som betyr noe, må staten gjøre alt som står i dens makt for å avskrekke innbyggerne fra å spare. Ettersom import ikke skaper arbeidsplasser, må økningen i forbruk rettes mot innenlandske varer. Statene elsket dette budskapet, og Keynes selv visste det. Boken hans ble oversatt til tysk i 1937, midt under nazismens storhetstid, og i introduksjonen til den tyske utgaven skrev Keynes:

> *Teorien om samlet produksjon, som er poenget med denne boken, er mye lettere for en totalitær stat å ta i bruk enn teorien om produksjon og distribusjon i et marked med fri konkurranse og høy grad av laissez-faire.*[36]

Den keynesianske syndfloden, som verden ennå ikke har kommet seg etter, hadde nå begynt. Universitetene mistet sin uavhengighet og ble en del av statsapparatet. Økonomi som en akademisk disiplin studerte ikke lenger menneskelige valg i en verden med begrensede ressurser for å oppnå høyere levestandard. Økonomi ble i stedet en forlengelse av staten, med mål om å lede beslutningstakere mot den beste politikken for å styre økonomisk aktivitet. Forestillingen om at statlig kontroll over økonomien er helt nødvendig ble det udiskutable utgangspunktet for all moderne økonomisk utdanning, noe som bevises ved å se i enhver moderne økonomisk lærebok. Staten spiller samme rolle i økonomien som Gud spiller i religiøse skrifter: En allestedsnærværende, allvitende og allmektig kraft som bare trenger å identifisere et problem for å håndtere det på en tilfredsstillende måte. Staten er immun mot begrepet alternativkostnader, og de negative konsekvensene av statlig inngripen blir sjelden vurdert, og hvis de blir vurdert, er det bare for å rettferdiggjøre enda mer statlig intervensjon. Den klassiske liberale tradisjonen, som anså økonomisk frihet som grunnlaget

36 Sitat fra *The Failure of the New Economics*, Henry Hazlitt, s. 277.

for økonomisk velstand, ble brakt til taushet av statens propagandister forkledd som økonomer. Den store depresjonen – i virkeligheten forårsaket og forverret av statlig intervensjon – ble feilaktig brukt som et argument mot det frie markedet. Klassisk liberale tenkere, som var fiender av de politiske regimene på 1930-tallet, ble drept eller jaget bort fra land som Russland, Italia, Tyskland og Østerrike. I USA og Storbritannia fortsatte forfølgelsen i den akademiske sfæren; det ble vanskelig for dem å finne arbeid, og økonomistudiene ved universitetene ble i stedet fylt med pseudovitenskapen og den falske vissheten til mislykkede statistikere og byråkrater.

Statlig godkjente læreplaner i dag legger fortsatt skylden for Den store depresjonen på gullstandarden. Dette er den samme gullstandarden som ga mer enn fire tiår med praktisk talt uavbrutt global vekst og velstand mellom 1870 og 1914. Likevel ble den, ifølge disse læreplanene, plutselig ubrukelig på 1930-tallet, ettersom den begrenset statenes evne til å trykke penger som svar på depresjonen. Årsakene til depresjonen er sjeldent forklart av økonomer utover meningsløse keynesianske hentydninger til dyriske drivkrefter. Disse økonomene ser ikke ut til å merke seg at hvis gullstandarden virkelig var problemet, burde økonomien ha begynt å komme seg etter at den ble opphevet. I stedet tok det mer enn et tiår fra gullstandarden ble avviklet til veksten tok seg opp igjen. Den åpenbare konklusjonen for alle med en grunnleggende forståelse av penger og økonomi er at det store krakket i 1929 var et resultat av at man gikk bort fra gullstandarden i årene etter Første verdenskrig, og at forverringen av depresjonen skyldtes statens kontroll og sosialiseringen av økonomien som fant sted under Hoover- og FDR-årene. Verken avskaffelsen av gullstandarden eller krigstidens utgifter hadde noe lindrende effekt på Den store depresjonen.

Da de store økonomiene i verden gikk av gullstandarden, skulle den globale handelen snart strande på kysten av ustabile fiatpenger. Uten en felles verdistandard, en forutsetning for en internasjonal prismekanisme, og med stater som var stadig mer tiltrukket av impulser om isolasjonisme og mer statsmakt, dukket valutamanipulasjon opp som et verktøy i handelspolitikken. Nasjoner begynte aktivt å devaluere valutaene sine for å gi sine eksportører en fordel. Handelsbarrierer ble reist, og økonomisk nasjonalisme ble epokens etos, med forutsigbare katastrofale konsekvenser. De nasjonene som hadde blomstret sammen under en universell gullstandard for 40 år siden, sto nå splittet av penge- og handelsbarrierer, populistiske ledere som la skylden for sine feil på andre land, og en stigende bølge av hatefull nasjonalisme som ville lede til oppfyllelsen av Otto Mallerys profeti: «Hvis ikke varer krysser grensene, vil soldater gjøre det. Hvis handelens lenker ikke kan brytes, vil bomber slippes fra himmelen.»[37]

Andre verdenskrig og Bretton Woods

Fra himmelen falt bombene, ledsaget av drap og grusomheter som tidligere hadde vært utenkelige. Krigsmaskineriene som de statskontrollerte økonomiene bygde var langt mer avanserte enn noe verden hadde sett tidligere. Dette skyldtes populariteten til den farligste og mest absurde av alle keynesianske feilslutninger; forestillingen om at statlige utgifter til militær innsats vil bidra til en økonomisk opphenting. Alt forbruk er forbruk i keynesianernes naive økonomi, og det spiller ingen rolle om forbruket kommer fra enkeltpersoner som forsørger familien deres, eller fra stater som myrder mennesker fra andre land – alt kan summeres opp og måles i form av etterspørsel, og all etterspørsel, hevdes det, fører til lavere arbeidsledighet! Mens et økende antall mennesker sultet under depresjonen, satte alle de større statene i gang en sjenerøs opprustning, og gjentok dermed den meningsløse ødeleggelsen fra tre tiår tidligere.

For keynesianske økonomer var det krigen som skapte det økonomiske oppsvinget, og hvis man ser på livet kun gjennom en linse av statistiske beregninger samlet inn av statlige byråkrater, så finnes det en logikk i den konklusjonen. Med statlige krigsutgifter og verneplikt på vei opp, steg de samlede utgiftene samtidig som arbeidsledigheten falt. Alle land som deltok i Andre verdenskrig opplevde en økonomisk bedring som et resultat av krigen. Men for de som ikke er rammet av keynesiansk økonomi, er det tydelig at livet under Andre verdenskrig, selv i land som ikke opplevde krigen på sin egen jord, som USA, på ingen måte kan karakteriseres som «økonomisk opphenting». På toppen av all død og ødeleggelse, førte allokeringen av de krigførende lands kapital- og arbeidsressurser under krigen til en alvorlig nedgang i hjemlig produksjon, som igjen førte til rasjonering og priskontroller. I USA ble det for eksempel forbudt å bygge nye boliger og reparere eksisterende boliger.[38] Det

---

37 Mallery, Otto. *Economic Union and Durable Peace*. New York, Harper and Brothers, 1943, s. 10.

38 Higgs, Robert. *World War II and the Triumph of Keynesianism*. Independent Institute, 2001, www.independent.org/publications/article.asp?id=317.

er åpenbart at soldatene som kjempet og døde ved krigsfronten – og som utgjorde en stor andel av befolkningen i de krigførende nasjonene – ikke nøt noen økonomisk opptur, uansett hvor mye av det samlede forbruket som gikk til å produsere våpnene de bar på.

Et av de mest knusende slagene mot den keynesianske teorien om samlet etterspørsel som avgjørende for økonomiens tilstand, kom i kjølvannet av Andre verdenskrig, spesielt i USA. Flere samvirkende faktorer førte til at de daværende keynesianske økonomene spådde dårligere tider etter krigens slutt. En nedgang i militære konflikter vil uunngåelig føre til et dramatisk fall i det offentlige forbruket. Den mektige og populistiske FDR døde og ble erstattet av den saktmodige og mindre ikoniske demokraten Truman. Truman måtte forholde seg til en kongress kontrollert av republikanere, noe som førte til en politisk vranglås som forhindret en fornyelse av New Deal-politikken. Når disse faktorene kombineres, tegnet de ifølge keynesianske økonomer et bilde av en nært forestående økonomisk katastrofe. En av disse økonomene var Paul Samuelson, mannen bak økonomilærebøkene fra etterkrigstiden, som i 1943 skrev følgende:

> *Den endelige konklusjonen som kan trekkes fra erfaringene fra krigens slutt er åpenbar – dersom denne krigen skulle ende plutselig i løpet av de neste 6 månedene, og vi igjen planløst og i en hast skulle avsluttet krigsinnsatsen og kalle hjem troppene, avvikle priskontrollene, og gå fra astronomiske underskudd til de enda større underskuddene vi så på trettitallet – da ville vi bli kastet inn i den største perioden med arbeidsledighet og industriproblemer som en økonomi noen gang har sett.*[39]

Slutten på Andre verdenskrig og avviklingen av New Deal betydde at USA kuttet utgiftene sine med forbløffende 75 % mellom 1944 og 1948, samtidig som de fleste priskontrollene ble avskaffet. Til tross for disse kuttene opplevde den amerikanske økonomien et ekstraordinært oppsving i løpet av disse årene. De rundt ti millioner mennene som ble demobilisert etter krigen, ble nesten sømløst absorbert inn i arbeidsstyrken. Ettersom den økonomiske produksjonen blomstret, stikk i strid med alle keynesianske økonomers spådommer, ble den latterlige forestillingen om at pengebruken er det avgjørende for en velstående økonomi fullstendig utslettet. Så snart den statlige sentralstyringen

39 Samuelson, Paul. «Full Employment After the War.» *Postwar Economic Problems*, redigert av Seymour Harris, McGraw-Hill, 1943, s. 27–53.

hadde avtatt for første gang siden krakket i 1929, og så snart prisene fikk lov til å justere seg fritt, kunne prisene spille sin rolle som den koordinerende mekanismen for økonomisk aktivitet. Selgere og kjøpere fant hverandre, noe som skapte insentiver for produksjonen av varer etterspurt av forbrukerne, samtidig som arbeiderne ble kompensert for sin innsats. Situasjonen var imidlertid langt fra perfekt. Ettersom verden ikke var på gullstandarden, oppsto det stadig nye forstyrrelser i pengemengden, som med jevne mellomrom førte til globale finanskriser.

Det er et velkjent faktum at historien skrives av seierherrene, men i statlige pengers tidsalder får seierherrene også bestemme over de monetære systemene. Ved slutten av Andre verdenskrig innkalte USA sine allierte til Bretton Woods i New Hampshire for å forme det nye globale handelssystemet. Historien har ikke vært spesielt snill mot arkitektene bak dette systemet. Storbritannias representant var ingen ringere enn John Maynard Keynes, hvis økonomiske teorier skulle havarere i møte med realitetene i tiårene etter krigen. USAs representant, Harry Dexter White, skulle senere bli avdekket som en kommunist som var i kontakt med sovjetregimet i mange år.[40] I kampen for en sentralt planlagt global økonomi, var det Whites forslag som seiret, et forslag som kunne få selv Keynes til å fremstå som moderat. USA ble navet i et globalt pengesystem der dollaren fungerte som en global reservevaluta for sentralbanker. Andre lands

40 Etter å ha blitt etterforsket og etter at han vitnet for Kongressen, fikk White to hjerteinfarkt og døde av en overdose av medisiner, som kan ha vært selvmord. Benn Steils skriver om denne episoden i *The Battle of Bretton Woods*, og fremmer synet om at White var en sovjetisk spion. En alternativ lesning av situasjonen kan gi et mer nyansert perspektiv, men neppe mer smigrende. Forbindelsene mellom amerikanske progressive og russiske kommunister går forut for det russiske kuppet i 1917, og inkluderte betydelig amerikansk finansiering til bolsjevikene for å avskaffe det russiske monarkiet, som er grundig beskrevet av den britisk-amerikanske historikeren Antony Sutton. De progressive amerikanske wilsonianere, som stod bak Folkeforbundet og senere FN, hadde søkt en global, demokratisk, progressiv og teknokratisk verdensregjering, og søkte samarbeid med globale krefter som ville støtte dette målet og avsette reaksjonære monarkier som ikke ville samarbeide med denne verdensordenen. Derfor spilte amerikanske interesserer en ledende rolle i å støtte bolsjevikene og hjelpe dem til makten. Dette spesielt gjennom Leon Trotskij, som var i New York under revolusjonen, og kanaliserte finansiering og våpen til kameratene i Russland. Trotskij var en internasjonalistisk sosialist som ville ha samarbeidet med amerikanske interesser, men han fikk aldri makten i Russland. Lenins etterfølger skulle i stedet bli Stalin, som prioriterte sosialisme hjemme fremfor globalt samarbeid. Fra da av opprettholdt de amerikanske progressive kontakt med russiske interesser, og forsøkte å lokke Russland tilbake til samarbeid, dog uten hell. Vi kan dermed bedre forstå White, ikke som en kommunistisk spion, men heller som en amerikansk progressiv som søkte samarbeid med russiske bolsjeviker for det store prosjektet med den økonomiske ordenen de amerikanske progressive søkte for etterkrigstiden.

valutaer skulle kunne konverteres til dollar etter faste valutakurser, mens dollaren selv skulle kunne konverteres til gull etter en fast vekslingskurs. For å muliggjøre dette systemet ville USA kreve gull fra andre lands sentralbanker.

Mens det fortsatt var forbudt for det amerikanske folk å eie gull, forpliktet den amerikanske regjeringen seg til at utenlandske sentralbanker skulle få løse inn sitt gull mot amerikanske dollar til en fast vekslingskurs, og åpnet det som ble kjent som gullvekslingsvinduet. I teorien var det globale pengesystemet fortsatt basert på gull, og hvis den amerikanske staten rett og slett hadde latt være å utvide pengemengden utover gullreservene sine, og andre land ikke hadde økt pengemengdene utover sine dollarreserver, ville pengesystemet i realiteten vært likt gullstandarden fra tiden før Første verdenskrig. Selvfølgelig skjedde ikke det, og i praksis var valutakursene alt annet enn faste, og omfattende tiltak ble iverksatt for å korrigere «grunnleggende ubalanser».[41]

For å kunne håndtere dette globale systemet med relativt faste valutakurser, og adressere enhver potensiell fundamental ubalanse, etablerte Bretton Woods-konferansen Det internasjonale pengefondet, IMF. IMF skulle fungere som et globalt koordinerende organ mellom sentralbanker, med det uttrykkelige målet om å oppnå stabilitet i valutakurser og finansstrømmer. I hovedsak forsøkte Bretton Woods gjennom sentralplanlegging å oppnå det som den internasjonale gullstandarden på 1800-tallet hadde oppnådd spontant. Under den klassiske gullstandarden var pengeenheten gull, mens kapital og varer fløt fritt mellom nasjoner, med priser som justerte seg naturlig uten noen sentral intervensjon. Siden bevegelsen av penger og varer over grensene skjedde etter eierens vilje, oppstod det aldri noen kriser knyttet til betalingsbalansen, og makroøkonomiske problemer var fraværende.

Under Bretton Woods-systemet, derimot, dominerte keynesianske økonomer som anså aktivistisk finans- og pengepolitikk som en essensiell del av statens styringsverktøy. Den stadige aktive styringen av finans- og pengepolitikken førte naturligvis til store valutasvingninger, noe som igjen førte til ubalanser i handel og kapitalstrømmene. Når et lands valuta devalueres, blir varer produsert i landet billigere i utlandet, noe som fører til at flere varer forlater landet. Samtidig vil den som sitter med valutaen ønske å kvitte seg med den, for å beskytte seg mot ytterligere verdifall. Siden devaluering ofte ledsa-

41 *Proceedings and Documents of the United Nations Monetary and Financial Conference.* vol. 1, Bretton Woods, NH, US Department of State, 1944.

ges av kunstig lave renter, søker kapitalen seg ut av landet i søken etter høyere avkastning, noe som forsterker devalueringen av valutaen. På den annen side vil land som opprettholder valutaen sin bedre oppleve en tilstrømming av kapital når nabolandene devaluerer, noe som fører til at valutaen deres styrker seg ytterligere. Devaluering gir mer devaluering, mens styrking av en valuta fører til ytterligere styrking, noe som skaper en problematisk dynamikk mellom de ulike landene. Disse problemene var ikke-eksisterende under gullstandarden, siden valutaenes verdi var basert på gull, og derfor forble konstant. Flyten av varer og kapital inn og ut av landene påvirket ikke verdien av valutaene i det hele tatt.

Gullstandardens selvjusterende mekanismer skapte en konstant målestokk som all verdens økonomiske aktivitet ble målt opp mot, mens de flytende valutaene skapte ubalanser i økonomien. IMF fikk den umulige oppgaven å prøve å skape en slags stabilitet i dette rotet. Dette skulle oppnås ved å prøve å holde valutakursene innenfor et vilkårlig område av forhåndsbestemte verdier mens handel og kapitalstrømmer hele tiden forsøkte å endre dem. Uten en stabil regneenhet for den globale økonomien, var dette en oppgave like håpløs som å bygge et hus med et elastisk målebånd der lengden varierer for hver gang det brukes.

Sammen med etableringen av Verdensbanken og IMF i Bretton Woods, ønsket USA og deres allierte å etablere enda en internasjonal finansinstitusjon, denne gangen for å spesialisere seg på å koordinere handelspolitikk. Det første forsøket på å etablere en internasjonal handelsorganisasjon (ITO) mislyktes da Kongressen i USA nektet å ratifisere traktaten. Et nytt forsøk ble lansert i 1948 gjennom GATT – General Agreement on Trade and Tariffs. GATT var ment å hjelpe IMF i den umulige oppgaven med å balansere nasjonale budsjetter og handel for å sikre finansiell stabilitet. Med andre ord skulle global handel samt finans- og pengepolitikk nå sentralplanlegges for å alltid være i balanse, som om noe slikt var mulig.

Et viktig, men ofte oversett, aspekt ved Bretton Woods-systemet var at de fleste medlemslandene hadde flyttet store deler av gullreservene til USA i bytte mot amerikanske dollar, til en kurs på 35 dollar per unse gull. Logikken bak dette var at amerikanske dollar skulle være den globale reservevalutaen, og all handel ville da foregå med den, og behovet for fysisk transport av gull ville opphøre. Dette systemet liknet en global gullstandard, med den amerikanske sentralbanken som verdens sentralbank, og alle verdens sentralbanker som regionale banker. Hovedforskjellen fra en ekte gullstandard var at kontrollfunksjonen som forhindret pengemengden i å utvide seg forsvant, ettersom befolkningen ikke lenger kunne innløse sine statlige penger i gull. Bare stater kunne veksle inn dollar til gull, men det skulle vise seg langt mer komplisert enn forventet. I dag er hver unse gull, som utenlandske sentralbanker mottok 35 dollar for, verdt over 1200 dollar.

Monetær ekspansjon ble den nye globale normen, og systemets svake kobling til gull viste seg maktesløs for å stoppe devalueringen av nasjonalvalutaene og den konstante betalingsbalansekrisen som påvirket de fleste land. USA ble imidlertid plassert i en bemerkelsesverdig posisjon, som minner om hvordan Romerriket under sin storhetstid manipulerte og inflaterte datidens pengemengde, bare på en mye større skala. Med sin valuta distribuert over hele verden, og sentralbanker som måtte holde dollar som reserve for å handle med hverandre, kunne den amerikanske staten akkumulere betydelige overskudd fra å utvide dollarpengemengden, og hadde heller ingen grunn til å bekymre seg for underskudd på handelsbalansen. Den franske økonomen Jacques Reuff myntet uttrykket «underskudd uten tårer» for å beskrive den nye økonomiske virkeligheten i USA. USA kunne kjøpe hva de ville fra resten av verden og betale med lån som ble finansiert ved i tilsvarende grad å inflatere den valutaen som hele verden brukte.

I årene etter Andre verdenskrig ble den relative finanspolitiske tilbakeholdenheten snart erstattet av den politisk uimotståelige fristelsen til å kjøpe en gratis lunsj, og betale med inflasjon. Dette var spesielt tydelig i krigførings- og velferdsstatene. Militærindustrien, som hadde blomstret under Andre verdenskrig, vokste til det president Eisenhower kalte det militærindustrielle komplekset – et enormt konglomerat av industrier mektig nok til å kreve stadig mer finansiering og skyve den amerikanske utenrikspolitikken mot en endeløs rekke av kostbare konflikter uten rasjonelle sluttmål. Den keynesianske doktrinen om voldelig militarisme hevdet at pengene brukt på dette ville være bra for økonomien, noe som gjorde det lettere for de amerikanske velgerne å akseptere at millioner av mennesker ble drept.

Denne krigsmaskinen ble også lettere å tolerere for det amerikanske folket fordi den kom fra de samme politikerne som styrket den statlige velferden i ulike former. Fra det velferdspolitiske reformprogrammet The Great Society, initiert av president Lyndon B. Johnson i 1964, til rimelige boliger, utdanning og helsetjenester, gjorde fiatpenger at det ble mulig for de amerikanske velgerne å ignorere økonomiske lover og begynne å tro at den gratis lunsjen på en eller annen måte var mulig. Uten mulighet for å veksle dollar i gull, og med muligheten til å spre kostnadene ved inflasjon til resten av verden, besto den eneste vinnende politiske formelen av å øke offentlige utgifter, finansiert gjennom inflasjon. Siden slutten av Andre verdenskrig har hver eneste presidentperiode hatt økende offentlige utgifter, økende statsgjeld og fallende kjøpekraft for dollaren. I et system der fiatpenger kan finansiere staten, forsvinner de politiske forskjellene mellom partiene, siden de ikke trenger å gjøre økonomiske avveininger – alle kandidater kan kjempe for alle saker.

Statlige pengers merittliste

Det faktum at pengene fortsatt hadde en svak tilknytning til gull irriterte den amerikanske staten, og det manifesterte seg på to måter. For det første forsøkte det globale gullmarkedet alltid å gjenspeile virkeligheten til inflasjonen gjennom en høyere gullpris. Dette problemet ble løst ved etableringen av London Gold Pool, som forsøkte å senke prisen på gull ved å dumpe deler av gullreservene som statene holdt på det åpne markedet. Dette fungerte til å begynne med, men i 1968 begynte den amerikanske dollaren å svekke seg i verdi sammenlignet med gull, for å kompensere for alle årene med inflasjon. Det andre problemet oppstod da noen land innså at papirpengene deres mistet kjøpekraft, og derfor forsøkte å hente tilbake gullreservene sine fra USA. Den franske presidenten Charles de Gaulle sendte til og med et militært hangarskip til New York for å hente nasjonens gull tilbake. Da Tyskland senere forsøkte å ta tilbake gullet sitt, hadde USA fått nok. Gullreservene var i ferd med å bli lave, og 15. august 1971 kunngjorde president Richard Nixon at konvertibiliteten av amerikanske dollar i gull offisielt var avviklet. Med andre ord hadde USA misligholdt sin forpliktelse til å løse inn dollar til gull. De faste kursene mellom verdens valutaer, som IMF hadde fått i oppgave å opprettholde, ble nå frisluppet for å bestemmes av bevegelsen av varer og kapital over landegrensene i det stadig mer sofistikerte valutamarkedet.

Da den amerikanske staten ikke lenger var begrenset av hindringene som en teoretisk forpliktelse til å løse inn dollar mot gull innebar, kunne landets pengepolitikk utvides på en enestående måte. Som et resultat falt kjøpekraften til dollaren, og prisene steg overalt. Alt og alle fikk skylden for de stigende prisene, alt utenom den egentlige grunnen til prisøkningen: nemlig at pengemengden økte. De fleste andre valutaer gikk det enda verre med, ettersom de var offer for både inflasjonen i dollaren som støttet den lokale valutaen, og inflasjonen som deres egen sentralbank sto for.

Denne beslutningen av president Nixon fullførte prosessen som startet under Første verdenskrig, med å endre verdensøkonomien fra en global gullstandard til en standard basert på en kurv av statlige valutaer. I en verden som ble stadig mer globalisert på grunn av fremskritt innen transport og telekommunikasjon, utgjorde fritt svingende valutakurser det Hoppe kalte «et system med delvis byttehandel».[42] Transaksjoner mellom mennesker som levde på forskjellige sider av imaginære grenser krevde nå bruk av flere byttemidler og gjenopplivet det eldgamle problemet med manglende sammenfall av interesser. Selgeren ønsket ikke å ha valutaen som kjøperen kunne tilby, og kjøperen måtte derfor først kjøpe en annen valuta, med kostnadene det medførte. Fremskritt innen transport og telekommunikasjon gjør den globale økonomien mer og mer sammenvevd, og kostnadene ved disse ineffektivitetene blir dermed stadig tydeligere. Valutamarkedet, med et daglig volum på 5000 milliarder dollar, eksisterer utelukkende som et resultat av fraværet av en global, homogen internasjonal valuta.

Mens de fleste stater produserte sine egne valutaer, var USA alene om å produsere valutaen som de andre statene støttet opp sine egne valutaer med. Dette var første gang i menneskehetens historie at hele verden brukte statlige penger. Til tross for at en slik idé anses som normal og ukontroversiell i de fleste akademiske kretser i dag, er det vel verdt å undersøke hvor sunn denne formen for penger faktisk er.

Det er teoretisk mulig å kunstig skape en knapp ressurs for å gi den en monetær rolle. Det var akkurat det stater over hele verden gjorde etter å ha forlatt gullstandarden, og det samme gjorde skaperen av bitcoin, med diametralt motsatte resultater. Etter at koblingen mellom fiatpenger og gull ble brutt, har mengden av papirpenger hatt en større vekst enn gull, og følgelig har verdiene deres kollapset i forhold til gull. Den totale mengden amerikanske dollar målt

42 Hoppe, Hans-Hermann. «How Is Fiat Money Possible?» *Review of Austrian Economics*, vol. 7, no. 2, 1994.

Figur 4.2: Årlig prosentvis økning i den brede pengemengden for 167 valutaer, 1960–2015.

i M2 var på 600 milliarder i 1971, mens den i dag er på over 12 000 milliarder dollar, og vokser med en gjennomsnittlig årlig rate på 6,7 %. I samme periode har gullprisen gått fra 35 dollar per unse til mer enn 1200 dollar.

En gjennomgang av merittlisten til statlige penger gir et blandet bilde av lager/tilførsel-forholdet, avhengig av hvilken valuta og hvilken periode man ser på. De relativt stabile valutaene i de utviklede landene har vanligvis hatt vekstrater på noen få prosent i året. Men disse valutaene har også opplevd betydelige variasjoner, og til og med perioder med fallende pengemengde under resesjoner.[43] Valutaer fra utviklingsland har derimot ofte opplevd så høy økning i pengemengden at man kan snakke om hyperinflasjon, noe som selvfølgelig er katastrofalt for de som holder disse pengene. Verdensbanken har publisert statistikk over den brede pengemengden for 167 land i perioden mellom 1960 og 2015. Statistikken for årsgjennomsnittet for alle land er plottet i figur 4.2. Selv om dataene ikke er fullstendige for alle land og alle år, er gjennomsnittlig vekst i pengemengden på 32,16 % per år per land.

Tallet 32,16 % inkluderer ikke de valutaene som kollapset fullstendig som et resultat av flere år med hyperinflasjon, og deretter blitt erstattet med en ny valuta. Resultatene av denne analysen kan derfor ikke fortelle oss eksakt hvilke valutaer det gikk dårligst med, siden noen av de viktigste dataene ikke er sammenlignbare. Men ved å se på hvilke land som har hatt den høyeste gjennomsnittlige økningen, kan man få en indikasjon på hvilke valutaer som

43 Dette er et viktig, men ofte undervurdert aspekt ved statlige penger. Når lån betales tilbake – eller når låntaker går konkurs – synker faktisk pengemengden. Pengemengden kan med andre ord både øke og minke som følge av ulike beslutninger fra sentralbanker og regjeringer.

Land	Gjennomsnitt
Nicaragua	480,24
Den demokratiske rep. Kongo	410,92
Angola	293,79
Brasil	266,57
Peru	198,00
Bolivia	184,28
Argentina	148,17
Ukraina	133,84
Aserbajdsjan	109,25
Armenia	100,67

Tabell 4.2: De ti landene med høyest gjennomsnittlig årlig vekst i den brede pengemengden, 1960–2015.

har hatt perioder med store inflasjonsproblemer. Tabell 4.2[44] viser de ti landene med høyest årlig gjennomsnittlig økning i pengemengden.

I perioder med hyperinflasjon i utviklingsland, reagerer befolkningen ofte med å selge den nasjonale valutaen i bytte mot bestandige gjenstander, varer, gull og utenlandsk valuta. Internasjonale reservevalutaer som dollar, euro, yen og sveitsiske franc er tilgjengelige de fleste steder i verden, om så på svartebørsen, og dekker en betydelig del av den globale etterspørselen etter et verdilager. Årsaken til det blir tydelig når man undersøker vekstratene for pengemengden deres, som har vært relativt lave over tid. For de fleste mennesker rundt om i verden er den mest tilgjengelige måten å bevare verdier på å holde disse valutaene. Det er derfor interessant å se nærmere på vekstratene for disse mer stabile valutaene separat fra de mindre stabile. De ti nåværende største valutaene i valutamarkedene er oppført i tabell 4.3, sammen med deres årlige økning i den brede pengemengden for periodene 1960–2015 og 1990–2015. Den gjennomsnittlige økningen i pengemengden for de ti mest internasjonalt likvide valutaene er 11,13 % for perioden 1960–2015, og 7,79 % for perioden 1990–2015.[45] Dette viser at de valutaene som er mest utbredt på verdensbasis, og som har høyest global salgbarhet, har et høyere lager/tilførsel-forhold enn de andre valutaene, noe som er akkurat slik denne bokens analyse ville forutsi.

44 *Kilde*: Verdensbanken. www.worldbank.org/en/home.
45 *Kilde*: Organisasjon for økonomisk samarbeid og utvikling. stats.oecd.org.

	Årlig vekst i pengemengde (%)	
Land/Region	1960–2015	1990–2015
USA	7,42	5,45
Eurosonen (19 land)		5,55
Japan	10,27	1,91
Storbritannia	11,30	7,28
Australia	10,67	9,11
Canada	11,92	10,41
Sveits	6,50	4,88
Kina	21,82	20,56
Sverige	7,94	6,00
New Zealand	12,30	6,78

Tabell 4.3: Gjennomsnittlig årlig prosentvis økning i den brede pengemengden for de ti største valutaene i verden.

Perioden på 1970- og 1980-tallet, da valutakursene begynte å flyte fritt, var perioden da de fleste land opplevde høy inflasjon. Situasjonen forbedret seg etter 1990, og den gjennomsnittlige vekstraten avtok noe. Data fra OECD viser at i disse landene vokste pengemengden i gjennomsnitt med 7,17 % mellom 1990 og 2015.

Vi kan se at pengemengden til verdens viktigste nasjonale valutaer generelt har en lav og forutsigbar vekstrate. De utviklede økonomiene har hatt langsommere økninger i tilbudet av sine valutaer enn i utviklingsøkonomier, som har opplevd raskere prisstigninger og flere episoder av hyperinflasjon i nyere tid. De utviklede økonomiene har generelt hatt en inflasjonsrate på mellom 2 % og 8 %, i gjennomsnitt rundt 5 %, og har sjelden klatret opp til et tosifret nivå eller falt til negativt territorium. Utviklingsland har derimot hatt mer uberegnelige vekstrater, med svingninger opp til tresifrede, og noen ganger til og med firesifrede rater, men perioder med deflasjon har også forekommet, noe som gjenspeiler den høyere økonomiske ustabiliteten i disse landene og deres valutaer. Se figur 4.3.[46]

En årlig vekst på 5 % kan kanskje virke ubetydelig, men det betyr at et lands pengemengde vil dobles på bare 15 år. Dette var grunnen til at sølv tapte

46 *Kilde*: Organisasjonen for økonomisk samarbeid og utvikling. stats.oecd.org

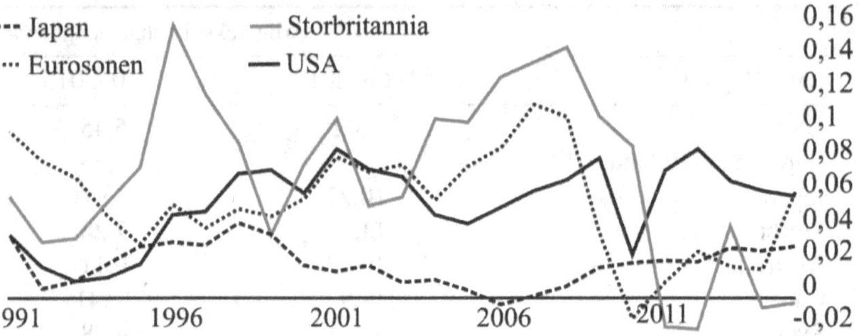

Figur 4.3: Årlig vekst i den brede pengemengden i Japan, Storbritannia, USA og eurosonen.

pengekonkurransen mot gull; gull hadde en lavere vekstrate i tilbudet, noe som førte til en langt langsommere erosjon av kjøpekraften.

Hyperinflasjon er en form for økonomisk katastrofe som utelukkende oppstår i systemer med statlige penger. Det finnes ingen eksempler på hyperinflasjon i økonomier som har vært på en gull- eller sølvstandard. Selv når penger som skjell og perler mistet sin monetære rolle, mistet de den vanligvis sakte, ved at de nye formene for penger gradvis tok over mer og mer av kjøpekraften. Med statlige penger, som har en produksjonskostnad tilnærmet lik null, har det blitt fullt mulig for et helt samfunn å se alle sparepengene forsvinne i løpet av noen måneder, eller til og med uker.

Hyperinflasjon har imidlertid betydelig verre konsekvenser enn at mange mennesker mister økonomiske verdier. Hyperinflasjon representerer et fullstendig sammenbrudd av den økonomiske infrastrukturen samfunnet har bygget opp gjennom århundrer og årtusener. Når penger kollapser blir det umulig å handle, produsere eller drive med noe annet enn å kjempe for livets nødvendigheter. Når forbrukere, produsenter og arbeidere ikke lenger kan betale hverandre, bryter handelen og produksjonen sammen, og varer som folket før tok for gitt blir mangelvarer. Kapital blir ødelagt og solgt for å finansiere forbruk. Først ryker luksusvarene, deretter forsvinner det livsnødvendige, noe som tvinger innbyggerne tilbake til en barbarisk tilstand hvor de må klare seg selv og kjempe for å dekke de mest grunnleggende behovene for å overleve. En så drastisk reduksjon i livskvalitet kan raskt omskape fortvilelse til sinne, og folk begynner å lete etter en syndebukk. De mest demagogiske og opportunistiske politikerne utnytter denne situasjonen, og tirrer folkets sinne for å ta makten.

Det mest åpenbare eksempelet på dette er inflasjonen i Weimarrepublikken på 1920-tallet, som ikke bare førte til ødeleggelsen og sammenbruddet av en av verdens mest avanserte og velstående økonomier, men også til at Adolf Hitler kunne komme til makten.

Selv om de påståtte fordelene med statlig styring av pengemengden hadde vært korrekte, ville ulempene fra bare én enkelt episode med hyperinflasjon hvor som helst i verden langt oppveie disse fordelene. Og i løpet av det siste århundret, i tiden med statlige penger, har vi sett langt mer enn én av disse katastrofale episodene.

I skrivende stund er det Venezuelas tur til å oppleve denne parodien og grusomhetene som følger når en valuta kollapser. Ifølge forskning av Steve Hanke og Charles Bushnell, som definerer hyperinflasjon som en månedlig økning i prisnivået på 50 %, er dette en prosess som har skjedd 56 ganger siden slutten av Første verdenskrig. Hanke og Bushnell har vært i stand til å bekrefte 57 episoder med hyperinflasjon gjennom historien,[47] hvorav bare én fant sted før den monetære nasjonalismens æra. Dette eneste eksempelet var inflasjonen i Frankrike i 1795 som kom i kjølvannet av Mississippi-boblen, som for øvrig også ble skapt med statlige penger, og konstruert av de statlige pengers far, nemlig John Law.

Problemet med statlige penger er at hardheten avhenger helt av styresmaktenes evne og vilje til ikke å øke pengemengden. Bare politiske beslutninger begrenser dette, for det finnes ingen fysiske, økonomiske eller naturlige begrensninger på hvor mye penger staten kan produsere. I motsetning krever storfe, sølv, gull og skjell alle en betydelig arbeidsinnsats for å produseres, og store mengder kan aldri skapes bare med et tastetrykk. Statlige penger, derimot, kan skapes med et tastetrykk. Den stadig økende pengemengden fører til kontinuerlig devaluering av valutaen, som suger ut velstanden fra de som hol-

47 Steve Hanke og Charles Bushnell. «Venezuela Enters the Record Book: The 57th Entry in the Hanke-Krus World Hyperinflation Table.» *Studies in Applied Economics* nr. 69, desember 2016.

der pengene, til fordel for de som trykker dem og de som mottar dem først.[48] Historien har gjentatte ganger vist at stater alltid faller for fristelsen til å blåse opp pengemengden. Enten det er på grunn av ren grådighet, en «nasjonal krise» eller infiltrering fra inflasjonistiske økonomiske skoler, vil stater alltid finne en grunn og en måte å trykke mer penger på. Resultatet er mer makt til statene og utarming av velstanden til de som holder valutaen. Dette fungerer på nøyaktig samme måte som når kobberprodusentene utvinner mer kobber som svar på den monetære etterspørselen etter kobber; produsentene av den monetære varen belønnes, mens de som velger å legge sparepengene sine i kobber straffes.

Hvis en valuta på en troverdig måte kan vise at tilbudet ikke kan utvides, vil valutaens verdi umiddelbart styrke seg. Da USA invaderte Irak i 2003, ødela amerikanske bomber den irakiske sentralbanken, og med det den irakiske regjeringens evne til å trykke nye irakiske dinarer. Dette førte til at dinaren steg drastisk i verdi over natten, siden irakerne innså at sentralbanken ikke lenger kunne trykke dem.[49] Noe lignende skjedde med somaliske shilling etter at sentralbanken deres ble ødelagt.[50] Penger er mer etterspurt når de er beviselig begrenset, enn når det er en fare for at de vannes ut.

Det er flere forklaringer på at statlige penger fortsatt er den typen penger som er mest utbredt. For det første krever statene at skattene betales i statlige penger. Det betyr en høy sannsynlighet for at enkeltpersoner godtar dem, noe som gir disse pengene et forsprang når det kommer til salgbarhet. For det andre betyr statlig kontroll og regulering av banksystemet at bankene kun kan åpne kontoer og gjøre transaksjoner med statlig sanksjonerte penger, noe som gjør statlige penger mye mer salgbare enn en hvilken som helst mulig konkurrent. For det tredje gjør bestemmelser om lovlige betalingsmidler at det er ulovlig

48 Dette kalles Cantillon-effekten, etter den fransk-irske økonomen Richard Cantillon, som først beskrev det på 1700-tallet. Ifølge Cantillon er de som tjener på at pengemengden økes de som først får tak i de nye pengene, og dermed klarer å bruke dem før de har fått prisene til å stige. De som i neste rekke mottar pengene, kan da bruke de til litt økte priser. Etter hvert som pengene brukes mer, stiger prisnivået, helt til mottakerne som står sist i rekken har fått en reduksjon i sin reelle kjøpekraft. Dette er den beste forklaringen på hvordan inflasjonen skader de fattigste og hjelper de rikeste i vår moderne økonomi. De som nyter størst fordel er de som har best tilgang til offentlig kreditt, og de som rammes mest er de med fast inntekt eller minstelønn.

49 Anderson, William. «Dollar or Dinar?» *Mises Daily Articles* Mises Institute. 4. mar. 2003. mises.org/library/dollar-or-dinar.

50 J. P. Koning. «Orphaned Currency: Odd Case of Somali Shillings.» *Moneneyss: The Blog of J. P. Koning.* 1. mar. 2013. jpkoning.blogspot.com/2013/03/orphaned-currency-odd-case-of-somali.html.

i mange land å bruke andre former for penger til betaling. For det fjerde er alle statlige penger fortsatt støttet av gullreserver, eller støttet av andre valutaer som igjen er støttet av gullreserver. Ifølge data fra World Gold Council har sentralbankene i dag rundt 33 000 tonn gull i reservene sine. Sentralbankenes gullreserver steg raskt på begynnelsen av 1900-tallet da mange regjeringer konfiskerte innbyggernes og bankenes gull, og tvang dem til å bruke statlige penger i stedet. På slutten av 1960-tallet, da den økte pengemengden fikk hele Bretton Woods-systemet til å knake i sammenføyningene, begynte sentralbankene å selge ut deler av gullbeholdningen. Denne trenden snudde i 2008, og sentralbankene begynte å kjøpe gull igjen. Det er ironisk, og veldig avslørende, at i æraen av statlige penger eier staten selv langt mer gull i sine offisielle reserver enn de noen gang gjorde under den internasjonale gullstandarden fra 1871 til 1913. Gull har åpenbart ikke mistet sin monetære rolle, den beholder sin status som den eneste definitive kuren mot gjeld; den eneste typen penger der verdien ikke er en fordring på noen andre, og den viktigste globale eiendelen som ikke har noen motpartsrisiko. Tilgangen til gullets monetære rolle har imidlertid bare blitt gitt til sentralbankene, mens vanlige folk har blitt henvist til å bruke statlige penger.

Sentralbankenes store reserver kan brukes som nødforsyning for å selge eller leie ut gull på gullmarkedet. Dette kan være et forsøk på å forhindre en prisøkning på gull i perioder med høy etterspørsel, og slik beskytte monopolstatusen til statlige penger. Som Alan Greenspan en gang forklarte: «Sentralbanker står klare til å låne ut gull i økende mengder dersom prisen skulle stige.»[51] Se figur 3.4 i kapittel 3.[52]

Etter hvert som teknologiutviklingen har muliggjort stadig mer sofistikerte former for penger, inkludert papirpenger som er enkle å ta med seg, har et nytt problem med salgbarhet oppstått; selgerens evne til å selge varene sine uten innblanding fra en tredjepart som kan legge begrensninger for pengenes salgbarhet. Dette problemet eksisterte ikke da råvarepenger ble brukt, siden verdien kom fra markedet og ikke kunne dikteres av en tredjepart; storfe, salt, gull og sølv hadde alle et marked med villige kjøpere. Men med den ubetydelige råvareverdien til statlig utstedte penger, kan salgbarheten i prinsippet avskaffes

51 The Regulation of OTC Derivatives. Vitneforklaring fra styreleder Alan Greenspan for Committee on Banking and Financial Services, US House of Representatives, 24. juli 1998.

52 *Kilde*: World Gold Council. Reserve Statistics, www.gold.org/data/gold-reserves.

fullstendig av myndighetene som utstedte dem, ved at staten opphever pengenes status som lovlig betalingsmiddel. De indere som våknet 8. november 2016 til nyheten om at myndighetene hadde opphevet statusen som lovlig betalingsmiddel for 500 og 1000 rupi-sedlene forstår trolig hva det handler om. Sedler som før hadde svært høy salgbarhet mistet verdien sin på et blunk og måtte veksles i banker med svært lange køer. I en verden hvor stadig færre bruker kontanter, blir mer og mer av folks penger plassert i banker underlagt statlig overvåkning, noe som gjør dem sårbare for konfiskering eller kapitalkontroll. At slike hendelser ofte inntreffer i økonomiske krisetider, når folk trenger pengene mest, påvirker i betydelig grad salgbarheten til statlige penger.

Statens kontroll over penger har forvandlet penger fra å være en belønning for å produsere noe av verdi, til en belønning for lydighet mot staten. Det er blitt svært vanskelig for noen som ikke har statens velsignelse å samle opp verdier i form av statlige penger. Stater har makt til å konfiskere penger fra bankmonopolene de kontrollerer, øke pengemengden for å devaluere eiernes sparepenger og overføre verdien til de mest lojale av sine undersåtter, pålegge drakoniske skatter og straffe dem som unngår dem, og til og med konfiskere sedler.

Under den østerrikske økonomen Mengers tid dreide kriteriene for å avgjøre hva som er de beste pengene seg om å forstå salgbarheten og hva markedet ville velge som penger. I løpet av 1900-tallet har statlig kontroll over pengene gitt et nytt og veldig viktig kriterium for salgbarheten; pengenes salgbarhet basert på eierens behov, ikke en tredjeparts. Ved å kombinere disse kriteriene får vi en helhetlig forståelse av begrepet *sunne penger*; penger som fritt velges av markedet og som er helt under kontroll til personen som tjente dem lovlig på det frie markedet.

Selv om Ludwig von Mises var en trofast forsvarer av gullets rolle som penger, innså han likevel at denne monetære rollen ikke kom fra noen iboende egenskap i gull. Som en av de store navnene i den østerrikske skolen forstod Mises godt at verdi ikke eksisterer utenfor menneskets bevissthet, og at metaller eller andre stoffer ikke hadde noen spesielle magiske egenskaper som ga dem en monetær rolle. For Mises handlet gullets monetære status om hvor godt det oppfylte kriteriene for sunne penger, slik han forstod dem:

Prinsippet om sunne penger har to aspekter. Det fungerer bekreftende overfor markedets valg av betalingsmiddel, og det forhindrer statens tendens til å blande seg inn i valutasystemet.[53]

Ifølge Mises var altså sunne penger det markedet fritt valgte som penger, og som kunne kontrolleres av sine eiere, uten innblanding fra eksterne parter. Så lenge pengene ble kontrollert av noen andre enn eieren, ville den som kontrollerte dem alltid ha et sterkt insentiv til å stjele verdien av pengene gjennom inflasjon eller konfiskering, eller til å bruke dem som et politisk verktøy for å nå politiske mål. I realiteten betyr det at verdien frarøves de som produserer, og overføres til folk som spesialiserer seg på kontroll av penger, uten å faktisk produsere ting som er verdsatt av samfunnet. Det var akkurat det samme som skjedde da europeiske handelsmenn kunne stjele fra afrikanske samfunn ved å oversvømme dem med billige perler, som nevnt i kapittel 2. Ingen samfunn kan blomstre når slike snarveier til rikdom eksisterer på bekostning av de som jobber hardt og driver produktivt arbeid. Med sunne penger, derimot, kan man kun berike seg selv ved å yte verdifulle tjenester til sine omgivelser, og dermed konsentreres samfunnets innsats mot produksjon, samarbeid, akkumulering av kapital og handel.

1900-tallet var de usunne pengers og den allmektige statens århundre. Det var århundret da statlig dekret nektet et fritt markedsvalg av penger, og statlig utstedte papirpenger ble påtvunget mennesker med trusler om vold. Over tid beveget statene seg stadig lengre bort fra ideen om sunne penger, siden forbruket og underskuddene deres økte, valutaer kontinuerlig ble devaluert, og en stadig større del av nasjonalproduktet ble kontrollert av staten. Staten begynte å blande seg inn i flere og flere aspekter av livet, og gjennom kontrollen over utdanningssystemet ble den fantasifulle oppfatningen om at økonomiens regler ikke gjaldt for staten innprentet i folks sinn, i den forstand at mest mulig forbruk er bra. Økonomer som John Maynard Keynes underviste ved moderne universiteter i ideen om at offentlig forbruk bare har fordeler, aldri kostnader, og at staten aldri stod overfor noen reelle begrensninger i pengebruken siden den alltid kunne trykke mer penger.

Denne monetære ordningen var en gave fra himmelen for de som forguder statlig makt og gleder seg over totalitær kontroll, slik som de mange totalitæ-

53 Mises, Ludwig von. *The Theory of Money and Credit*. 2. utgave, Foundation for Economic Education, 1971, s. 414–416.

re regimene på 1900-tallet, regimer som begikk massemord. Men for de som verdsetter frihet, fred og samarbeid mellom mennesker, var det en deprimerende tid med stadig blekere utsikter for økonomiske reformer, og hvor ideen om en tilbakevending til monetær fornuft ble en stadig fjernere drøm. Friedrich Hayek sa det slik:

> *Jeg tror ikke vi noen gang kommer til å ha sunne penger igjen før vi tar pengene ut av statens hender, det vil si, vi kan ikke ta de ut av statens hender med makt, det eneste vi kan gjøre er å på en slu og utspekulert måte innføre noe som de ikke kan stoppe.*[54]

Da Friedrich Hayek skrev dette i 1984, var han helt uvitende om hvilken form dette «noe som de ikke kan stoppe» skulle ta, noe som gjør hans fremsynthet helt enestående. Tre tiår senere, og et helt århundre etter at herskerne ødela den siste rest av sunne penger som var gullstandarden, har enkeltpersoner over hele verden nå muligheten til å spare og handle med en ny helt ny form for penger, valgt fritt av markedet og utenfor statlig kontroll. Bitcoin, som fortsatt er i sin spede begynnelse, ser allerede ut til å oppfylle alle kravene satt av Menger, Mises og Hayek: Et svært salgbart alternativ på det frie markedet, som er motstandsdyktig mot statlig manipulasjon.

---

54 Hayek, Friedrich. «Monetary Policy, the Gold Standard, Deficits, Inflation, and John Maynard Keynes.» Intervju av James U. Blanchard III, Freiburg Universitet, Tyskland, *Libertarianism*, 1984, www.libertarianism.org/media/video-collection/interview-f-hayek.

5

Penger og tidspreferanse

Et fritt marked vil alltid velge sunne penger fremfor usunne på grunn av deres salgbarhet. Sunne penger beholder sin verdi over tid, kan overføres effektivt over hele kloden og deles opp i ulike mengder. Dette er penger som en autoritet ikke kan manipulere mengden av, eller påtvinge andre å bruke. Fra foregående kapitler, og fra forståelsen av monetær økonomi vi har fått fra den østerrikske økonomiske skolen, kan viktigheten av sunne penger forklares ut fra tre grunnleggende forhold: For det første beskytter de verdi over tid, noe som gir folk et større insentiv til å tenke på fremtiden, og som dermed gir en lavere tidspreferanse. Reduksjonen av tidspreferansen er startskuddet til menneskelig sivilisasjon, og gjør det mulig for oss å samarbeide, gjøre fremskritt og leve i fred med hverandre. For det andre åpner sunne penger for at handel kan baseres på en stabil måleenhet, som tilrettelegger for stadig større markeder, fri for statlig kontroll og tvang. Med fri handel følger fred og velstand. Videre er alle former for økonomisk beregning og planlegging avhengig av en regneenhet for å fungere, og usunne penger gjør økonomiske beregninger upålitelige og er hovedårsaken til økonomisk tilbakegang og kriser. Til slutt er sunne penger et vesentlig krav for å sikre individuell frihet fra despoti og undertrykkelse. En undertrykkende stats evne til å skape penger kan gi den altfor stor makt over innbyggerne, en makt som av natur vil tiltrekke seg de minst verdige og mest umoralske individene.

Sunne penger spiller en avgjørende rolle i å forme individets *tidspreferanse*, et enormt viktig, men ofte forsømt aspekt ved individuell beslutningstaking. Tidspreferanse er et begrep som beskriver hvordan mennesker verdsetter nåtiden i forhold til fremtiden. Mennesker lever ikke evig, døden kan komme når som helst, og denne erkjennelsen gjør at fremtiden alltid er usikker. Og fordi forbruk er nødvendig for å overleve, verdsetter folk alltid nåværende forbruk mer enn fremtidig forbruk, siden mangel på det vi forbruker her og nå, kan gjøre at fremtiden aldri kommer. Tidspreferansen er med andre ord positiv for alle mennesker; fremtiden verdsettes alltid lavere enn nåtiden.

Videre, fordi flere varer kan produseres med tid og ressurser, vil rasjonelle personer alltid foretrekke å ha en viss mengde ressurser i dag heller enn i fremtiden, siden disse kan brukes til å produsere mer. For at en person skal være villig til å vente et år lenger for å motta en vare, må hun tilbys en større mengde av varen i fremtiden. Økningen som er nødvendig for å friste personen til å motta varen på et senere tidspunkt, er det som bestemmer hennes tidspreferanse. Alle rasjonelle personer har en tidspreferanse som er større enn null, men den varierer fra person til person.

Dyr har en betydelig høyere tidspreferanse enn mennesker. Siden dyr nesten utelukkende lever i nåtiden og har liten eller ingen oppfatning av fremtiden, handler de stort sett instinktivt for å tilfredsstille impulser som oppstår. Noen få dyr er i stand til å bygge reir eller hjem som kan vare, og disse har en lavere tidspreferanse enn dyr som kun reagerer for å tilfredsstille umiddelbare behov som sult og aggresjon. Menneskers lavere tidspreferanse tillater oss å dempe våre instinktive og dyriske impulser, tenke på hva som er best for fremtiden og handle rasjonelt i stedet for impulsivt. I stedet for å bruke all vår tid på å produsere varer for umiddelbart forbruk, kan vi fokusere på å lage varer som er betydelig bedre, men som tar lengre tid å produsere. Når mennesker reduserer sin tidspreferanse, utvikler de evnen til å utføre oppgaver over lengre tidshorisonter, for å tilfredsstille behov som ligger lenger frem i tid. Dermed utvikler de den mentale kapasiteten til å skape varer, ikke til umiddelbart forbruk, men til produksjon av fremtidige varer. Med andre ord, å skape *kapitalvarer*.

Mens både dyr og mennesker kan jakte, utviklet mennesker seg videre fra dyr ved å bruke tid på å utvikle verktøy til jakt. Mens noen få dyr kan bruke verktøy sporadisk, har de ikke kapasiteten til å eie, vedlikeholde eller forbedre dem over tid. Bare gjennom en lavere tidspreferanse kan et menneske bestemme seg for å gjøre andre ting enn å jakte, og benytte den tiden til å lage et spyd eller en fiskestang, som ikke i seg selv er mat som kan spises, men som gjør at han jakter mer effektivt. Dette er essensen av investeringer: Når mennesker utsetter umiddelbar tilfredsstillelse, investerer de sin tid og ressurser i produksjon av kapitalvarer, noe som vil gjøre produksjonen mer sofistikert eller teknologisk avansert, og utvider den over en lengre tidshorisont. Den eneste grunnen til at et individ velger å utsette tilfredsstillelsen for å ta risikoen ved å produsere over lengre tid, er at disse lengre prosessene vil gi mer produksjon og bedre varer. Med andre ord, *investeringer øker produktiviteten til produsenten.*

Økonomen Hans-Hermann Hoppe forklarer at når tidspreferansen faller så mye at det blir mulig å spare, akkumulere kapital eller lage varige forbruksvarer, har tidspreferansen en tendens til å falle ytterligere fordi en «sivilisasjonsprosess» settes i gang.[55]

Fiskeren som lager en fiskestang er i stand til å fange mer fisk i timen enn fiskeren som jakter med bare hendene. Men den eneste måten å lage fiskestangen på, er å først bruke tid på arbeid som ikke produserer spiselig fisk, men i stedet produserer en fiskestang. Dette er en usikker prosess, for fiskestangen kommer kanskje ikke til å fungere, og fiskeren vil dermed ha kastet bort tiden sin til ingen nytte. Investeringer krever ikke bare utsatt tilfredsstillelse, de medfører også alltid en risiko for å mislykkes, noe som betyr at en investering bare blir gjort når man forventer at det lønner seg. Jo lavere en persons tidspreferanse er, desto mer sannsynlig er det at han investerer, utsetter tilfredsstillelse og akkumulerer kapital. Jo mer kapital som akkumuleres, jo høyere blir produktiviteten til arbeidskraften, og jo lengre blir produksjonens tidshorisont.

For å forstå forskjellen mer inngående, tenk på to hypotetiske personer som starter med to tomme hender, og med ulike tidspreferanser: Harry har en høyere tidspreferanse enn Linda. Harry velger å bare bruke tiden sin på å fange fisk med hendene, og trenger omtrent åtte timer om dagen for å fange nok fisk til å brødfø seg selv hver dag. Linda, som har en lavere tidspreferanse, bruker bare seks timer på å fange fisk, og må dermed klare seg med mindre mat, men

55 Hoppe, Hans-Hermann. *Democracy: The God That Failed.* Rutgers, NJ, Transaction Publishers, 2001, s. 6.

bruker de to andre timene på å lage en fiskestang. Etter en uke har Linda lyktes med å lage en fungerende fiskestang. I den andre uken kan hun på åtte timer fange dobbelt så mye fisk som Harry. Lindas investering i fiskestangen gjør at hun kan jobbe bare fire timer om dagen, og fortsatt spise like mye fisk som Harry, men siden hun har en lavere tidspreferanse, vil hun ikke hvile på laurbærene. Hun vil i stedet bruke fire timer på å fange like mange fisk som Harry fanger på åtte timer, og deretter bruke ytterligere fire timer på å akkumulere kapital, for eksempel ved å bygge seg en fiskebåt. En måned senere har Linda fiskestang og en båt som lar henne dra lengre ut til havs, for å fange fisk som Harry aldri har sett før. Lindas produktivitet er ikke bare høyere per time; fisken hun fanger er forskjellig fra, større enn og av bedre kvalitet enn den Harry fanger. Hun trenger nå bare å fiske i en times tid for å sikre maten for en dag, og hun kan derfor bruke resten av tiden til å akkumulere enda mer kapital, lage bedre og større fiskestenger, garn og båter, som igjen øker produktiviteten og forbedrer livskvaliteten hennes ytterligere.

Hvis Harry og hans etterkommere fortsetter å jobbe og konsumere med samme tidspreferanse, vil de fortsette å leve det samme livet han levde, med samme forbruksnivå og produktivitet. Hvis Linda og hennes etterkommere fortsetter med samme lave tidspreferanse, vil de kontinuerlig forbedre livskvaliteten over tid, og kapitalbeholdningen vil fortsette å vokse. Arbeidet deres kommer stadig til å øke i produktivitet, gjennom prosesser som tar lengre og lengre tid å fullføre. Dagens etterkommere av Linda ville vært tilsvarende eierne av Annelies Ilena, verdens største fisketråler. Det tok tiår å unnfange, designe og bygge dette formidable fartøyet, før det ble ferdigstilt i år 2000. Dette fartøyet vil være i bruk i flere tiår, og gi investorene med lav tidspreferanse avkastning på kapitalen de investerte i tråleren for mange tiår siden. Prosessen med å produsere fisk har for Lindas etterkommere blitt så lang og sofistikert at det tar flere tiår å fullføre, mens Harrys etterkommere fortsatt fullfører prosessen på noen få timer hver dag. Forskjellen er selvfølgelig at Lindas etterkommere har langt høyere produktivitet enn Harrys, og derfor er det verdt å bruke en lengre prosess.

Viktigheten av tidspreferanse ble demonstrert i det berømte marshmallow-eksperimentet fra Stanford University,[56] utført på slutten av 1960-tallet. Psykologen Walter Mischel etterlot barn i et rom med en marshmallow eller en kjeks, og fortalte barna at de kunne spise søtsaken hvis de ville, men hvis de ikke hadde spist den når han kom tilbake 15 minutter senere, ville de få en ekstra søtsak som belønning. Barna hadde med andre ord valget mellom umiddelbar tilfredsstillelse av én søtsak, eller å utsette tilfredsstillelsen og dermed få to. Dette er en enkel måte å teste barns tidspreferanse på: Barna med lavere tidspreferanse var villige til å vente på den andre søtsaken, mens barna med høyere tidspreferanse ikke kunne motstå fristelsen. Mischel fulgte opp barna tiår senere og fant signifikant sammenheng mellom å ha en lav tidspreferanse målt med marshmallow-testen og gode akademiske prestasjoner, høy SAT-score, lav BMI og fravær av narkotikamisbruk.

Som økonomiprofessor sørger jeg alltid for å undervise i marshmallow-eksperimentet hver gang jeg står foran nye elever, siden jeg tror det er den viktigste leksjonen en person kan lære av økonomifaget. Jeg er derfor forbløffet over at universitetenes læreplaner i økonomi nesten fullstendig har ignorert dette, slik at mange akademiske økonomer i dag overhodet ikke er kjent med begrepet tidspreferanse eller dets betydning.

Mens mikroøkonomi har fokusert på transaksjoner mellom individer, og makroøkonomi på statens rolle i økonomien, er realiteten at de viktigste økonomiske beslutningene for en persons velvære, er de avveininger de tar mellom deres nåværende og fremtidige selv. Hver dag vil en person gjennomføre noen få økonomiske transaksjoner med andre mennesker, men vil delta i et langt større antall transaksjoner med sitt fremtidige selv. Det finnes utallige eksempler på dette: Bestemme seg for å spare penger i stedet for å bruke dem, investere tid i en utdanning for å tilegne seg kompetanse til et fremtidig yrke, i motsetning til å ta en lavere betalt jobb i dag, kjøpe en funksjonell og rimelig bil i stedet for å sette seg i gjeld for en dyr bil, jobbe overtid i stedet for å gå på fest med venner, eller, mitt favoritteksempel når jeg underviser; bestemme seg for å studere pensum hver uke i semesteret, i stedet for å pugge kvelden før eksamen.

56 Mischel, Walter, Ebbe Ebbesen og Antonette Raskoff Zeiss. «Cognitive and Attentional Mechanisms in Delay of Gratification.» *Journal of Personality and Social Psychology* vol. 21, nr. 2, 1972, s. 204–218.

I hvert av disse eksemplene er det ingen som tvinger avgjørelsen på personen, og den som i hovedsak vinner eller taper på konsekvensene av valgene er personen selv. Hovedfaktoren som bestemmer en persons valg i livet er hans eller hennes tidspreferanse. Mens folks tidspreferanse og evne til selvkontroll vil variere fra en situasjon til en annen, kan man generelt finne en sterk sammenheng mellom alle aspekter ved beslutningstaking. Den harde realiteten er at menneskers lodd i livet i stor grad bestemmes av disse byttehandlene mellom hans nåværende og fremtidige selv. Uansett hvor mye man ønsker å skylde på andre for det man gjør galt, eller gi andre æren for det man lykkes med, vil det uendelige antallet byttehandler man gjør med seg selv sannsynligvis ha mer å si enn alle ytre omstendigheter. Uansett hvor mye de ytre omstendighetene går imot en person med lav tidspreferanse, vil han sannsynligvis finne en måte å fortsette å prioritere sitt fremtidige jeg på frem til målet hans er oppnådd. Og uansett hvor heldig en person med høy tidspreferanse skulle være, vil han alltid finne en måte å fortsette å sabotere og bedra sitt fremtidig jeg på. De mange historiene om mennesker som har seiret mot alle odds under ugunstige omstendigheter, står i sterk kontrast til historiene om mennesker som til tross for å være rikelig velsignet med både talent og ferdigheter fortsatt klarer å sløse bort alt dette talentet, og derfor ikke oppnådde noe som var varig. Mange profesjonelle idrettsutøvere og artister, begavet med talenter og som tjente gode penger, endte likevel opp med å dø lutfattig, fordi deres høye tidspreferanse tok overhånd. På den annen side er det mange vanlige mennesker, uten spesielle talenter, som har jobbet iherdig, spart og investert gjennom hele livet, og dermed klart å oppnå økonomisk trygghet og etterlatt mer til barna sine enn det de selv arvet fra sine foreldre.

Det er kun gjennom å senke tidspreferansen at personer begynner å verdsette langsiktige investeringer og prioritere fremtidige resultater. Et samfunn der du etterlater mer til barna dine enn du arvet fra foreldrene dine, er et sivilisert samfunn. Det er et sted der livet blir bedre, og folk finner mening i å gjøre livene til neste generasjon bedre. Etter hvert som samfunnets kapitalnivå fortsetter å øke, øker produktiviteten og med det også livskvaliteten. Når de grunnleggende behovene er dekket og farene fra omgivelsene er avverget, retter folk oppmerksomheten mot dypere ting i livet enn materiell velstand og slitet ved å arbeide. De vil hegne om familien og sosiale bånd, gjennomføre kulturelle, kunstneriske og litterære prosjekter, og søke etter å gi varige bidrag til lokalsamfunnet og verden for øvrig. Sivilisasjon handler ikke om kapitalakkumulering i seg selv; det handler heller om hva kapitalakkumulering lar mennesker oppnå, om utvikling og frihet til å søke en høyere mening i livet når de grunnleggende behovene er dekket og de mest presserende farene er avverget.

Det er mange faktorer som sammen bestemmer en persons tidspreferanse.[57] Personlig sikkerhet og privat eiendomsrett er uten tvil to av de viktigste. Folk som bor i områder med konflikter og høy kriminalitet har en betydelig risiko for å miste livet og vil derfor sannsynligvis verdsette fremtiden lavere, noe som gjør at de har en høyere tidspreferanse enn de som lever i fredelige samfunn. Privat eiendomsrett er en viktig faktor som påvirker individers tidspreferanse: I samfunn der staten eller tyver vilkårlig kan ekspropriere privat eiendom, vil folk ha høyere tidspreferanse, fordi trusselen gjør at de prioriterer å bruke ressursene på umiddelbar tilfredsstillelse, i stedet for å investere dem i eiendom de kan bli fratatt når som helst. Hvor mye folk betaler i skatt vil også påvirke tidspreferansen negativt: Jo høyere skatter, jo mindre av inntekten får den enkelte beholde. Dette fører til at folk både jobber og sparer mindre, fordi det er mer sannsynlig at skatter reduserer sparing enn forbruk, spesielt for de med lav inntekt, der det meste av inntekten går til å dekke det som er nødvendig for overlevelse.

Den viktigste faktoren i den enkeltes tidspreferanse, som også er svært relevant for denne boken, er den forventede fremtidige verdien av penger. I et fritt marked hvor folk fritt kan velge hva de bruker som penger, vil de velge den formen for penger som mest sannsynlig vil beholde verdien over tid. Jo bedre pengene bevarer verdien sin, jo større insentiv har folk til å utsette forbruket, og i stedet bruke ressursene til fremtidig produksjon. Dette fører til kapitalakkumulering og forbedring av levestandarden, samtidig som det gir folk en lav tidspreferanse i andre ikke-økonomiske aspekter av livet. Når økonomiske beslutningstakinger er rettet mot fremtiden, er det naturlig at alle slags beslutningstakinger også er rettet mot fremtiden. Folk blir mer fredelige og samarbeidsvillige, og forstår at samarbeid er en langt mer givende langsiktig strategi enn noen kortsiktig gevinst gjennom konflikt. Folk utvikler en sterk følelse av

57 Leseren henvises til det første kapittel i Hoppes *Democracy: The God That Failed* for en utmerket diskusjon av disse faktorer. Mer grunnleggende og tekniske diskusjoner kan finnes i kapittel 6 av Murray Rothbards *Man, Economy, and State*, kapittel 18 og 19 i Mises' *Human Action*, og Eugen von Böhm-Bawerks *Capital and Interest*.

moral, og prioriterer de moralske valgene som vil gi de beste langsiktige resultatene for dem selv og deres barn. Belønningen for å jukse, lyve eller stjele kan være positiv på kort sikt, men negativ og svært ødeleggende i det lange løp. En person som tenker langsiktig, er mindre tilbøyelig til å utføre slike handlinger.

Man kan tenke på pengenes reduksjon av kjøpekraft som en ekstra skatt eller ekspropriasjon, som reduserer den reelle verdien av pengene, selv om den nominelle verdien forblir konstant. I moderne økonomier er statlig utstedte penger uløselig knyttet til kunstig lave renter, noe som moderne økonomer anser som det ønskelige målet siden det oppmuntrer til låneopptak og investeringer. Men effekten av denne manipulasjonen av kapitalprisen fører til kunstig lave renter for både sparere, investorer og låntakere. Den naturlige konsekvensen av denne prosessen er en reduksjon i sparing, og økte låneopptak. Folk vil bruke mer av inntekten sin og belåne fremtiden mer. Dette vil ikke bare ha konsekvenser for deres tidspreferanse i økonomiske beslutninger; det vil sannsynligvis gjenspeiles over alt i livene deres.

Skiftet fra penger som holder seg eller stiger i verdi, til penger som taper seg i verdi, har store konsekvenser i det lange løp: samfunnet sparer mindre, akkumulerer mindre kapital, og kan til og med begynne å bruke opp kapitalen. Arbeidernes produktivitet forblir konstant eller synker, noe som fører til at reallønningene stagnerer, selv om de nominelle lønningene kan økes gjennom den magiske evnen til å trykke stadig mer papirpenger. Denne økte tilførselen av nye penger får pengenes verdi til å falle. Etter hvert som folk begynner å forbruke mer og spare mindre, blir de mer nåtidsorienterte i alle beslutninger, noe som fører til moralsk forfall og økt sannsynlighet for å involvere seg i konflikt og annen destruktiv og selvdestruktiv atferd.

Dette er med på å forklare hvorfor sivilisasjoner blomstrer under et sunt pengesystem, men går i oppløsning når pengesystemene deres blir ødelagt, slik tilfellet var med Romerriket, Det bysantiske riket, og de moderne europeiske samfunnene. Kontrasten mellom 1800-tallet og 1900-tallet forstås best som en konsekvens av overgangen bort fra sunne penger, og alle problemene det har medført.

Monetær inflasjon

Virkeligheten er, som historien tydelig viser, at alle som finner en måte å skape penger på, vil prøve å gjøre det. Fristelsen kan ikke motstås. Men å skape flere enheter av penger er ikke en aktivitet som er produktiv for samfunnet, siden enhver mengde penger er tilstrekkelig for en økonomi, uavhengig av dens størrelse. Jo mer en form for penger begrenser denne driften til å skape mer av den, jo bedre fungerer den som byttemiddel og verdilager. I motsetning til alle andre varer, er pengenes funksjon som betalingsmiddel, verdilager og regneenhet helt uavhengig av pengemengden. Det som betyr noe er kjøpekraften, ikke mengden. Og derfor er enhver mengde penger nok til å tilfredsstille de monetære funksjonene, så lenge de er delbare nok til å tilfredsstille brukernes transaksjons- og lagringsbehov. Enhver mengde økonomiske transaksjoner kan utføres med en pengemengde, av hvilken som helst størrelse, så lenge enhetene er delbare nok.

Teoretisk sett vil det ideelle pengesystemet bestå av et fast antall enheter, som ingen kan produsere mer av. Den eneste ikke-kriminelle måten å skaffe penger på i et slikt samfunn, vil være å produsere noe av verdi for andre og deretter bytte det mot penger. Ettersom alle vil forsøke å skaffe mer penger, vil alle jobbe og produsere mer, noe som vil føre til at alle får det bedre materielt, som igjen lar folk akkumulere mer kapital og øke produktiviteten ytterligere. En slik pengeform ville også fungere utmerket som verdilager. Siden ingen kan øke pengemengden, kommer ikke verdien som er lagret i pengene til å svekke seg over tid, noe som vil oppmuntre folk til å spare, og lar dem i tillegg planlegge for fremtiden. Med økende velstand og produktivitet, og økt evne til å fokusere på fremtiden, kan folk redusere tidspreferansen sin og begynne å forbedre de ikke-materielle delene av livet, som åndelige, sosiale og kulturelle aktiviteter.

Gjennom historien har det vist seg umulig å finne en form for penger det ikke kan skapes mer av. Uansett hva som blir valgt som betalingsmiddel, vil det øke i verdi, noe som fører til at flere og flere vil prøve å produsere mer av det. Historisk sett har den beste formen for penger vært den der tilførselen av nye penger har vært liten sammenlignet med den allerede eksisterende pengemengden, noe som gjør det mindre lønnsomt å produsere mer penger. Siden gull ikke kan ødelegges, er det det eneste metallet som har hatt et voksende lager helt siden de første menneskene begynte å utvinne det. Siden utvinningen av gull har pågått i tusenvis av år, og alkymi ennå ikke har vist seg lønnsomt i stor skala, fortsetter ny tilførsel av gull å utgjøre bare en liten brøkdel av det eksisterende gullageret.

Denne egenskapen er grunnen til at gull har blitt synonymt med sunne penger: Takket være de uforanderlige lovene i fysikk og kjemi er det ikke mulig å utvide den totale mengden av gull i stor grad. I hundrevis av år har mennesker forsøkt, men mislyktes, i å produsere en form for penger som er hardere enn gull. Derfor har gull vært den viktigste formen for penger som har blitt brukt av de fleste sivilisasjoner gjennom menneskehetens historie. Selv om verden har gått over til statlige penger som verdilager, betalingsmiddel og regneenhet, fortsetter stater selv å holde en betydelig prosentandel av sine reserver i gull. Dette gullet utgjør en betydelig andel av den totale gullmengden.

Keynes klagde på at gullgruvedrift var en dyr og ressurskrevende prosess som ikke bidro til økt reell velstand. Det er en viss sannhet i kritikken hans, i den forstand at en økning i pengemengden ikke øker velstanden i samfunnet der pengene brukes. Men han går glipp av det faktum at gullets overlegne monetære rolle er et resultat av at det er det metallet som tiltrekker seg *minst* kapital og ressurser av alle til sin utvinning. Siden tilbudet av gull bare kan økes med svært små mengder, selv når prisen stiger raskt, og siden gull er svært sjeldent og vanskelig å finne, blir utvinning av gull mindre lønnsomt enn utvinningen av andre metaller. En naturlig konsekvens av dette er at færre ressurser vil bli brukt på videre utvinning av gull. Hvis noe annet metall skulle bli brukt som penger og tidspreferansen i samfunnet samtidig gikk ned, ville det ført til at flere kjøpte opp dette metallet for å bevare verdier for fremtiden. Dette ville ført til at prisen på metallet stiger, noe som ville gitt gode muligheter til å tjene penger på å produsere mer av metallet. Siden metallet er mindre holdbart enn gull, ville den nye produksjonen alltid utgjøre en mye større prosentandel (i forhold til gull) av det eksisterende tilbudet. Som i eksempelet fra kapittel 1 med kobber, fører dette til at prisene faller og at verdien av brukernes sparepenger devalueres. I et slikt samfunn vil sparepenger i realiteten bli stjålet fra sparerne for å belønne folk som driver med utvinning av metaller. Lite sparing og nyttig produksjon ville finne sted i et slikt samfunn. Besettelsen av å produsere mer av pengene vil føre til fattigdom, og samfunnet vil sannsynligvis bli utkonkurrert av et annet mer produktivt samfunn eller land der innbyggere har bedre ting å gjøre enn å produsere mer penger.

I realiteten har den monetære konkurransen stadig belønnet personer og samfunn som investerte sparepengene i gull, mens de som investerte verdiene i andre metaller kom dårligere ut. Dette er fordi gull er et metall som er krevende å produsere mer av, og dermed tvinges folk til å bruke energien sin på å produsere nyttige varer og tjenester, i stedet for å produsere penger. Dette bidrar til å forklare hvorfor den arabiske allviteren Ibn Khaldun omtalte utvinning av gull og gruvedrift som det minst respektable yrket, kun overgått av kidnapping for løsepenger.[58] Keynes mener gull er en dårlig løsning som penger, fordi gullutvinning er en sløsing med ressurser, men dette er et bomskudd, siden gull er det *minst* sløsende av alle metaller brukt som penger. Men Keynes' dårskap får en ekstra dimensjon når han foreslår å bruke en fiat-pengestandard som «løsningen» på gullets mangler – da dette har ført til at mye mer tid, arbeid og ressurser har gått med på å administrere pengemengden og profittere på det. Gjennom gullets historie som penger har det aldri vært sysselsatt så mange mennesker i gruvedrift og produksjon som det sentralbankene, bankene og selskapene med nær tilgang til seddelpressen sysselsetter. Dette skal vi se nærmere på i kapittel 7.

Når ny tilførsel er ubetydelig sammenlignet med den eksisterende pengemengden, bestemmes markedsverdien av folks villighet til å holde på pengene og deres ønske om å bruke dem. Disse faktorene vil variere betydelig over tid for hver enkelt, ettersom folks liv endrer seg. I noen perioder prioriterer folk å spare, mens de i andre perioder forbruker mer. Men samlet sett vil det være små variasjoner for samfunnet som helhet, siden penger er den varen der den marginale nytten avtar tregest. En av de grunnleggende lovene i økonomi er loven om fallende marginal nytte, som betyr at for anskaffelse av hver ekstra enhet av en vare, synker nytteverdien sammenlignet med tidligere enheter. Penger, som ikke holdes for sin egen skyld, men kun for å byttes mot andre varer, vil ha en marginal nytte som avtar saktere enn alle andre varer, fordi de alltid kan byttes mot andre varer. Etter hvert som folk eier flere og flere hus, biler, TV-er, epler eller diamanter, vil verdien de tillegger én ekstra gjenstand reduseres, noe som fører til et synkende ønske om å akkumulere mer av disse

58 Ibn Khaldun og Abd Alrahman. *The Muqaddimah*. 1377.

tingene. Men med penger er det annerledes, siden penger lett kan veksles til den varen som eieren ønsker seg mest. Penger har riktignok fallende marginal nytte, noe som lett kan illustreres ved at en lønnsøkning på 1 dollar betyr mye mer for en person som tjener 1 dollar dagen enn for en person som tjener 1000 dollar dagen. Men pengenes marginale nytte faller mye saktere enn andre varer, siden nytten faller i takt med nytten til en hvilken som helst vare, ikke én spesifikk vare.

Den langsomt fallende marginale nytten ved å holde penger betyr at den marginale etterspørselen etter penger ikke varierer så mye. Dette, i kombinasjon med en tilnærmet konstant pengemengde, gir en relativt stabil markedsverdi for penger målt i varer og tjenester. Dette betyr at pengenes kjøpekraft neppe vil øke eller svekke seg i vesentlig grad, noe som gjør det til en elendig langsiktig investering, men bra for å bevare verdi. En investering forventes å ha et betydelig potensial for verdistigning, men også en betydelig risiko for tap eller verdifall. Avkastning på en investering er en belønning for å ta risiko, men sunne penger har minst risiko og gir derfor ingen belønning.

Samlet sett vil etterspørselen etter penger sannsynligvis bare variere med endringen i tidspreferansen. I takt med at folks tidspreferanse blir lavere, vil sannsynligvis flere mennesker ønske å holde på pengene sine, noe som fører til en økning i markedsverdien sammenlignet med andre varer og tjenester, noe som belønner sparerne ytterligere. Et samfunn som utvikler en høyere tidspreferanse, vil derimot ha en tendens mot en lavere mengde sparepenger, noe som betyr at pengenes markedsverdi faller. I begge tilfeller vil det å spare penger totalt sett være det minst risikable, og på samme tid minst belønnende, noe som i hovedsak er selve grunnen til at etterspørselen etter penger er så høy.

Denne analysen hjelper til med å forklare gullets bemerkelsesverdige evne til å bevare verdien sin over år, tiår og århundrer. Prisene på landbruksvarer i Romerriket, målt i gram gull, er bemerkelsesverdig like med prisene i dag. Ved å undersøke priser fra år 301 e.Kr. skrevet ned i Diokletians kunngjøring av priser[59] og omregne gullprisene til dagens dollarkurs, finner vi at et kilo med storfekjøtt kostet rundt 9 dollar, en halvliter øl kostet rundt 2 dollar, en flaske vin av høy kvalitet rundt 13 dollar, og en billigere vin 9 dollar, mens en halv liter med olivenolje kostet rundt 20 dollar. Sammenligninger av ulike datakilder

59 Kent, R. «The Edict of Diocletian Fixing Maximum Prices.» *University of Pennsylvania Law Review* vol. 69, 1920, s. 35.

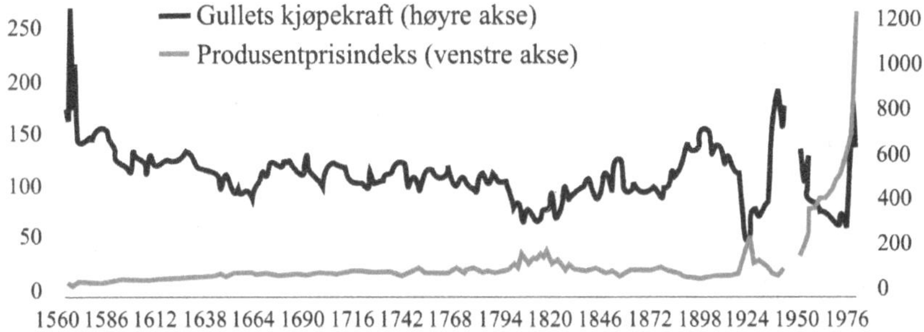

Figur 5.1: Gullets kjøpekraft og produsentprisindeksen, 1560–1976.

viser at lønn i visse yrker viser et lignende mønster, men disse datapunktene, selv om de gir oss en indikasjon, kan ikke tas som endelige sannheter.

Roy Jastram har laget en systematisk studie av gullets kjøpekraft over de lengste sammenhengende datasettene som er tilgjengelige.[60] Ved å studere engelske data fra 1560 til 1976, som viser endringene i gullets kjøpekraft, fant Jastram ut at kjøpekraften falt i løpet av de første 140 årene, men var deretter relativt stabil fra 1700 til 1914 – året da Storbritannia forlot gullstandarden. I mer enn to århundrer, der Storbritannia først og fremst brukte gull som penger, holdt kjøpekraften seg relativt konstant, og det samme gjorde produsentprisene på råvarer. Etter at Storbritannia i realiteten gikk av gullstandarden i kjølvannet av Første verdenskrig, steg gullets kjøpekraft, og det samme gjorde produsentprisene på råvarer, som vist i figur 5.1.[61]

Det er viktig å forstå at det ikke er teoretisk mulig for en penge å beholde en helt konstant verdi over tid. Varer og tjenester som kan kjøpes for penger vil endre seg over tid, etter hvert som ny teknologi introduserer nye varer som erstatter eldre modeller. Tilbud og etterspørsel av varer varierer også over tid. En av hovedfunksjonene til penger er å fungere som en måleenhet for varer og tjenester i økonomien, hvis verdi er i konstant endring. Det er derfor ikke mulig å måle den nøyaktige prisen på penger på en tilfredstillende måte, selv om studier over lange tidshorisonter, slike som Jastrams, kan gi en indikasjon på at et byttemiddel har en tendens til å bevare verdien sin over lengre tid, spesielt sammenlignet med andre former for penger.

60 Jastram, Roy. *The Golden Constant: The English and American Experience 1560–2007*, Cheltenham, UK, Edward Elgar, 2009.
61 *Kilde*: Jastram, *The Golden Constant.*

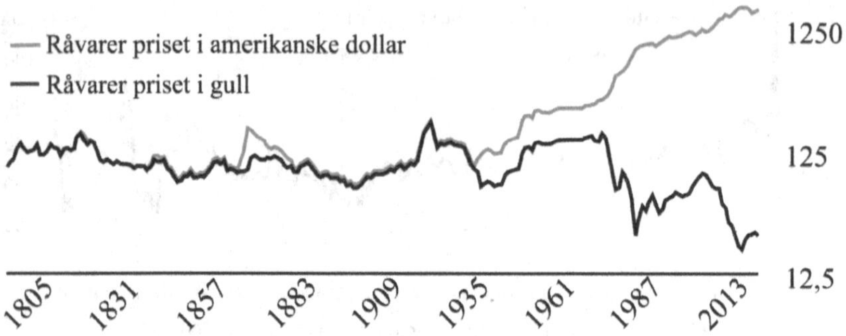

Figur 5.2: Råvarepriser målt i gull og amerikanske dollar i logaritmisk skala, 1792–2016.

Nyere data fra USA for de siste to århundrene, som hadde en raskere økonomisk vekst enn perioden Jastrams data dekket, viser at gull har økt i verdi i forhold til råvarer til tross for at prisene deres har steget kraftig i amerikanske dollar. Dette er akkurat hva man kan forvente når gull er den hardeste formen for penger som er tilgjengelig. Det er lettere å fortsette å øke tilbudet på alle andre råvarer enn på gull, og derfor vil alle disse andre råvarene over tid øke mer i total mengde enn gull, noe som fører til økning i gullets kjøpekraft over tid. Som vi ser i figur 5.2,[62] økte den amerikanske dollaren også i verdi mot råvarer hver gang den var knyttet til gull, men sank betydelig i verdi da tilknytningen til gull ble brutt, slik tilfellet var under den amerikanske borgerkrigen (1861–1865) da dollarsedler ble trykket opp, samt i perioden etter 1934 da dollaren ble devaluert og innbyggernes gull konfiskert.

I perioden mellom 1931 og 1971 var penger nominelt knyttet til gull, men bare gjennom ulike statlige ordninger som tillot bytte av gull mot papirpenger under uklare forhold. Denne perioden var preget av ustabilitet i verdien av både statlige penger og gull, som et resultat av de politiske endringene. Når vi sammenligner gull og statlige fiatpenger er det mer nyttig å se på perioden fra 1971 frem til i dag, hvor flytende nasjonale valutaer har vært omsatt i markeder kontrollert av sentralbanker som har som jobb å garantere valutaenes kjøpekraft. Se figur 5.3.[63]

62 *Kilde*: Federal Reserve Economic Data. Historical Statistics of the United States, Series E 52–63 og E 23–3. fred.stlouisfed.org.

63 *Kilde*: US Federal Reserve Statistics. fred.stlouisfed.org. Prisdata for gull, World Gold Council. www.gold.org.

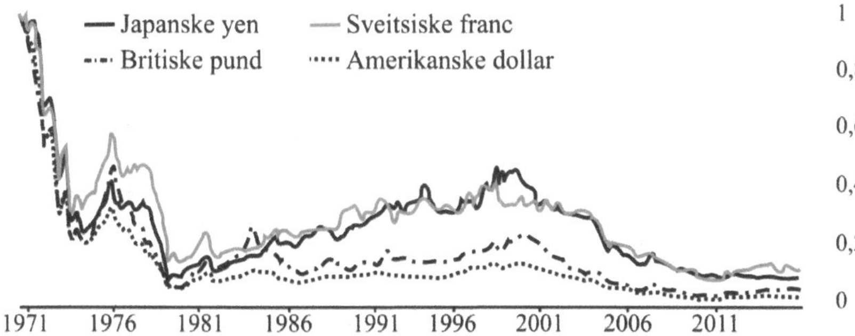

Figur 5.3: Større valutaer priset i gull, 1971–2017.

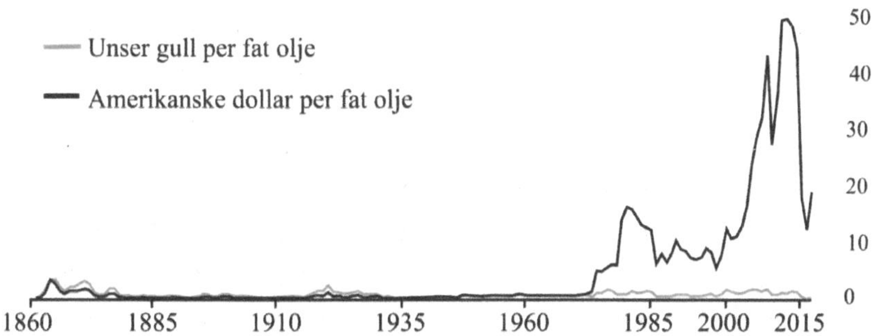

Figur 5.4: Olje priset i USD og unser gull, 1861–2017, som multiplum av prisen i 1971.

Selv de beste og mest stabile statlige formene for penger har fått verdien sin desimert sammenlignet med gull. Verdien deres er for tiden omtrent 23 % av verdien de hadde i 1971, da de alle mistet tilknytningen til gull. Dette representerer ikke en økning i gullets markedsverdi, men i stedet en svekkelse av fiatvalutaene. Når vi sammenligner prisene på varer og tjenester med verdien av statlige penger og gull, finner vi en betydelig økning i prisene uttrykt i statlige penger, mens prisene har vært relativt stabile målt i gull. Prisen på et fat olje for eksempel, som er en av de viktigste råvarene i det moderne industrisamfunnet, har vært relativt konstant målt i gull siden 1971, mens den har økt med flere størrelsesordener målt i statlige penger. Se figur 5.4.[64]

Harde penger, hvis mengde ikke lett kan økes, vil sannsynligvis være mer stabil i verdi enn myke penger, siden pengemengden stort sett er uelastisk, mens samfunnets etterspørsel etter penger bare har små variasjoner over tid,

64 *Kilde*: BP Statistical Review & World Gold Council. www.gold.org.

i takt med endringene i tidspreferanse. Med myke penger vil derimot etterspørselen variere mye mer, nettopp på grunn av produsentenes evne til å øke eller redusere pengemengden i større skala. Dermed vil også disse pengenes pålitelighet som verdilager variere tilsvarende.

Relativ verdistabilitet er ikke bare viktig for å bevare kjøpekraften til befolkningens sparepenger, men er også svært viktig for å bevare integriteten til pengeenheten som en regneenhet. Når penger er forutsigbart stabile i verdi på grunn av den lave variasjonen i tilbud og etterspørsel, kan de fungere som et pålitelig signal for endringer i prisene på andre varer og tjenester, slik tilfellet var med gull.

Når det gjelder statlige penger, økes derimot pengemengden av sentralbanken og de kommersielle bankene, og reduseres i resesjoner, noe som fører til deflasjon og konkurser. I tillegg varierer etterspørselen etter penger på en uforutsigbar måte, som avhenger av forventningene til verdien til den respektive valutaen og sentralbankens pengepolitikk. Denne svært volatile kombinasjonen fører til at verdien på statlige penger er uforutsigbar på lang sikt. Sentralbankenes oppdrag om å sikre stabile priser gjør at de igjen og igjen endrer pengemengden gjennom ulike verktøy, noe som får mange store valutaer til å fremstå mindre volatile på kort sikt sammenlignet med gull. Men på lang sikt vil den konstante økningen av mengden statlige penger, sammenlignet med den jevne og langsomme økningen i gullmengden, gjøre gullets verdi mer forutsigbar.

Sunne penger, som det frie markedet velger nettopp fordi de holder seg i verdi over tid, vil naturlig nok være mer stabile enn usunne penger som stater, gjennom tvang, pålegger sine innbyggere. Hvis statlige penger hadde vært overlegne som regneenhet og for å bevare verdi, ville det ikke vært nødvendig med lover om hva som skal være lovlig betalingsmiddel. Det ville heller ikke vært nødvendig for staten å konfiskere store mengder gull eller å ha gullreserver i sentralbanken. Det faktum at sentralbanker beholder gullet sitt, og til og med har begynt å øke gullreservene, sier noe om hvilken tillit de har til sine egne valutaer på lang sikt. Det forteller også noe om gullets uunngåelige monetære rolle, mens papirpengene faller til nye dybder.

Sparing og kapitalakkumulering

Et av hovedproblemene med en valuta som synker i verdi, er at det blir mindre attraktivt for folk å spare til fremtiden. Tidspreferanse er universelt positiv: Gitt valget mellom den samme varen i dag eller i fremtiden, vil enhver rasjonell person foretrekke å ha varen i dag. Bare ved å øke avkastningen i fremtiden vil folk vurdere å utsette tilfredsstillelsen. Sunne penger er penger som styrker seg over tid, noe som betyr at dersom du sparer og utsetter forbruket, vil kjøpekraften sannsynligvis øke. Usunne penger, slik som fiatpenger, som blir kontrollert av sentralbanker hvis uttrykkelige oppgave er å sørge for inflasjon, gir ikke folk noen grunn til å spare. Sannsynligvis vil de bruke pengene eller låne mer.

Når det gjelder investeringer, skaper sunne penger et økonomisk klima der enhver positiv avkastning er gunstig for investoren, siden pengeenheten kan forventes å bevare eller styrke kjøpekraften sin, og dette gjør det mer attraktivt å investere. Med usunne penger vil derimot bare en avkastning som utligner valutaens svekkelse være en positiv realavkastning, og dette oppfordrer til investeringer med høy forventet avkastning og høy risiko, samt forbruk. Videre vil økninger i pengemengden bety lavere renter, noe som igjen gjør det mindre attraktivt å spare og investere, mens insentivet for å ta opp lån øker.

Resultatet av dette eksperimentet med usunne penger, som har pågått siden 1971, taler for seg selv. Sparingen har falt betydelig i industrilandene, samtidig som personlig, kommunal og statlig gjeld har økt til nivåer som tidligere ville vært utenkelige. Se figur 5.5.[65]

Kun Sveits, som beholdt en offisiell gullstandard frem til 1936, og fortsatte å støtte sin valuta med store gullreserver frem til begynnelsen av 1990-tallet, har klart å opprettholde høye, tosifrede sparerater blant befolkningen, og står dermed igjen som den siste vestlige bastionen med lav tidspreferanse blant befolkningen. I alle andre vestlige økonomier har spareratene falt til ensifrede prosenttall, og er til og med negative i enkelte tilfeller. Gjennomsnittlig sparerate for de syv største økonomiene[66] var 12,66 % i 1970, men har sunket til 3,39 % i 2015, et fall på nesten tre fjerdedeler.

65 *Kilde*: Organization for Economic Co-operation and Development. stats.oecd.org.
66 Disse er USA, Japan, Tyskland, Storbritannia, Frankrike, Italia og Canada.

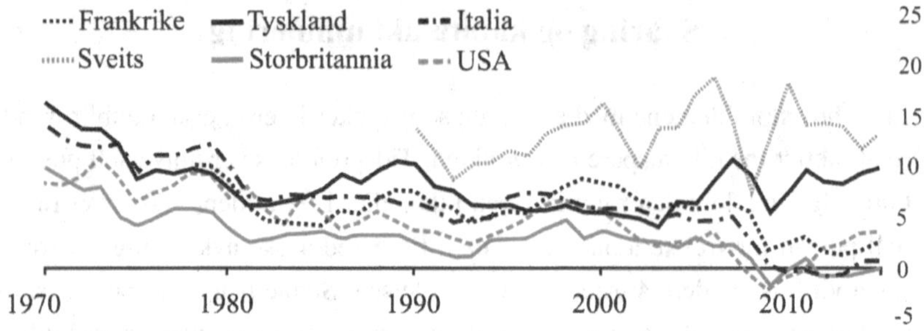

Figur 5.5: Nasjonal sparerate i de største økonomiene, 1970–2016, %.

Mens spareratene har falt over hele den vestlige verden, fortsetter gjelden å øke. Den gjennomsnittlige husholdningen i vestlige land har en gjeld på mer enn 100 % av årsinntekten, mens den totale gjeldsbyrden til de ulike statlige institusjonene og husholdningene overstiger BNP mange ganger. Dette har store konsekvenser. Slike tall har blitt normalisert ettersom keynesianske økonomer forsikrer innbyggerne om at gjeld er bra for vekst og at sparing vil føre til resesjoner. En av de mest løgnaktige fantasiene som gjennomsyrer keynesiansk økonomisk tankegang, er ideen om at statsgjelden «ikke spiller noen rolle, fordi vi skylder oss selv den». Bare en disippel av Keynes med høy tidspreferanse kan unngå å forstå at denne «oss selv» ikke er én homogen klump, men er mennesker differensiert over flere generasjoner, der de nåværende generasjonene forbruker hensynsløst, på bekostning av de fremtidige. For å gjøre vondt verre, blir dette gjerne etterfulgt av en slags følelsesmessig utpressing i stil med «vi ville ødelagt for oss selv hvis vi ikke lånte for å investere i fremtiden vår».

Mange later som om dette er en mirakuløs moderne oppdagelse fra Keynes, at forbruk er alt som betyr noe, og at ved å sikre høyt forbruk, kan gjelden fortsette å vokse i det uendelige og sparing elimineres. I virkeligheten er det ikke noe nytt i denne politikken, som også ble praktisert av de dekadente keiserne i Roma under Romerrikets fall, med den forskjellen at det nå benyttes statlig utstedte papirpenger. Papirpenger er absolutt lettere å håndtere og gjør inngrepene mindre åpenbare sammenlignet med metallmynter. Men resultatet blir det samme.

1900-tallets overdrevne forbruksfest må sees i lys av ødeleggelsen av sunne penger, og inntoget av den keynesianske tankegangen om at høy tidspreferanse er å foretrekke – noe som fordømmer sparing og guddommeliggjør forbruk som nøkkelen til økonomisk velstand. Det reduserte insentivet til å spare gjenspeiles i et sterkere insentiv for å sløse, og når rentene regelmessig manipuleres lavere og bankene kan utstede mer kreditt enn noen gang, blir lån en måte å finansiere ikke bare investeringer på, men også forbruk. Kredittkort og forbrukslån lar enkeltpersoner låne for forbrukets skyld, uten noen som helst intensjoner om å investere for fremtiden. Ironisk nok får kapitalismen – et økonomisk system basert på *kapitalakkumulering* gjennom sparing – skylden for det overdrevne forbruket. Altså det stikk motsatte av kapitalakkumulering. Dette viser dybden av den moderne økonomiens uvitenhet, fremkalt av keynesiansk økonomisk tankegang. Kapitalisme er det som skjer når folk senker sin tidspreferanse, utsetter umiddelbar tilfredsstillelse og investerer i fremtiden. Gjeldsdrevet masseforbruk er like mye en normal del av kapitalismen, som kvelning er en normal del av det å puste.

Dette bidrar også til å forklare en av de sentrale misforståelsene i keynesiansk økonomi, nemlig at å utsette nåværende forbruk gjennom sparing vil føre til arbeidsledighet og at den økonomiske produksjonen stopper opp. Keynes så på forbruksnivået som den bestemmende faktoren for økonomiens tilstand til enhver tid. Fordi han ikke hadde studert økonomi, hadde han ikke noe forståelse for kapitalteori eller for hvordan sysselsetting ikke bare produserer sluttprodukter, men også kan produsere kapitalvarer som vil produsere ferdige produkter i fremtiden. Etter å ha levd av familiens betydelige formue uten å måtte ha en ekte jobb, hadde Keynes ingen forståelse for den sentrale rollen sparing og kapitalakkumulering har for økonomisk vekst. Keynes observerte at når økonomien opplevde en resesjon, så sank forbruket mens sparingen økte, og konkluderte med at det var den økte sparingen som var årsaken til det fallende forbruket, som igjen forårsaket resesjonen. Hadde han studert kapitalteori nærmere, ville han ha forstått at det lavere forbruket var en naturlig reaksjon på konjunktursyklusene, som igjen er et resultat av økning i pengemengden, noe vi skal drøfte i kapittel 6. Han ville også ha forstått at den eneste kilden til økonomisk vekst i første omgang er utsatt tilfredsstillelse, sparing og investeringer, som fører til lengre produksjonssykluser og mer effektive produksjonsmetoder, noe som igjen fører til en høyere levestandard. Han ville ha innsett at den eneste grunnen til at han ble født inn i en rik familie i et rikt samfunn, var at hans forfedre over århundrer hadde akkumulert kapital, utsatt tilfredsstillelse og investert i fremtiden. Men, som de romerske keiserne under

Romerrikets fall, kunne han aldri forstå arbeidet og offeret som var nødvendig for å bygge den velstanden han selv nøt. Han levde i troen på at forbruk skaper velstand, i stedet for å være en konsekvens av det.

Gjeld er det motsatte av sparing. Mens sparing skaper mulighet for kapitalakkumulering og sivilisasjonens fremgang, er gjeld det som kan reversere det, gjennom reduksjon av kapitalbeholdninger over generasjoner, lavere produktivitet og fallende levestandard. Uansett om det er boliggjeld, trygdeforpliktelser eller statsgjeld, som vil kreve stadig høyere skatter og sentralbankenes oppkjøp av gjeld for å refinansieres, kan dagens generasjon være den første i den vestlige verden siden Romerrikets fall (eller i hvert fall siden den industrielle revolusjonen) som kommer til verden med mindre kapital enn foreldrene deres. I stedet for å oppleve at sparepengene deres akkumuleres og kapitalbeholdningen økes, må denne generasjonen jobbe for å betale ned de økende rentene på gjelden, jobbe hardere for å finansiere velferdsprosjekter de knapt vil få glede av, samtidig som de betaler høyere skatter og knapt klarer å spare til alderdommen.

Denne overgangen fra sunne penger til penger der verdien forvitrer har ført til at flere generasjoners akkumulerte formue har blitt sløst bort på overdrevet forbruk i løpet av bare én eller to generasjoner. Gjeld har blitt den nye løsningen for å finansiere store utgifter. Mens de fleste for 100 år siden kunne betale for hus, utdanning eller ekteskap med det de selv tjente og kunne spare, virker det helt utenkelig for folk i dag. Selv de velstående lever ikke av egne oppsparte midler, men bruker i stedet formuen sin som sikkerhet for lån for å finansiere større kjøp. Denne ordningen kan vare en stund, men den må ikke misforstås som bærekraftig. Låneopptak er ikke annet enn systematisk tapping av samfunnets kapitalbeholdning, eller med andre ord, spising av neste års såkorn.

Da penger ble nasjonalisert, kom de under kontroll av politikere som opererer med en kort tidshorisont på noen få år, der de gjør sitt beste for å bli gjenvalgt. Det er helt naturlig at en slik prosess vil føre til en kortsiktig pengepolitikk, der politikere misbruker valutaen for å finansiere valgkampen for å bli gjenvalgt, på bekostning av fremtidige generasjoner. Som H. L. Mencken skrev: «Enhver folkeavstemning er en sofistikert auksjon over tyvegods».[67] I et samfunn med frie og sunne penger må folk bruke kapitalen til å ta beslutninger

67 Mencken, H. L. *A Carnival of Buncombe,* Redigert av Malcolm Moos. Johns Hopkins Press, 1956, s. 325.

som påvirker familiene deres i det lange løp. Selv om det er sannsynlig at noen vil ta uansvarlige avgjørelser som påvirker etterfølgerne, vil de som ønsker å ta ansvarlige avgjørelser ha muligheten til det. Med nasjonaliserte penger har det blitt stadig vanskeligere å ta ansvarlige avgjørelser ettersom statlig kontroll over pengemengden uunngåelig ødelegger insentivet til å spare, samtidig som insentivet til å låne øker. Uansett hvor forsiktig en person er, vil barna hans fortsatt være vitne til at sparepengene deres taper seg i verdi, og de må betale skatt for å dekke statens inflasjonsdrivende stormannspolitikk.

Etter hvert som neste generasjon har begynt å arve mindre fra den forrige, og dette har svekket familieenheten, har statens utømmelige sjekkhefte gjort det enklere å styre og forme innbyggernes liv, og gitt den en mer sentral rolle på alle arenaer i privatlivet. Familiens evne til å finansiere den enkelte har blitt vingeklippet av statens storhet, noe som har gjort det mindre attraktivt å ta vare på familieenheten.

Folk i tradisjonelle samfunn er klar over at de er avhengige av barna til å forsørge seg i fremtiden, og vil derfor ønske å starte en familie mens de ennå er unge og sterke, og investere i å gi barna et best mulig liv. Men hvis insentivene for langsiktige investeringer forsvinner, og sparing blir kontraproduktivt når pengene faller i verdi, vil familiens investeringer bli mindre lønnsomme. Videre serverer politikerne løgnen om at evige velferds- og pensjonsytelser er mulig gjennom pengetrykkingens magi, og derfor blir en investering i en familie mindre og mindre verdifullt. Over tid forsvinner derfor insentivet til å stifte familie, og flere og flere mennesker ender opp med å leve et liv som enslige. Flere ekteskap vil sannsynligvis gå i oppløsning ettersom partene i mindre grad vil gjøre de nødvendige emosjonelle, moralske og økonomiske investeringene som kreves for å få ekteskapet til å fungere, mens ekteskap som overlever gir færre barn. De usunne pengers rolle er en viktig brikke i puslespillet som trengs for å forstå den moderne familieenhetens sammenbrudd. De har gjort det mulig for staten å overta store deler av rollen som den tradisjonelle familien har hatt gjennom tusenvis av år, og dermed redusert insentivet for alle familiemedlemmer til å investere i langsiktige familierelasjoner.

Å erstatte familien med statlige velferdsordninger har uten tvil hatt negative konsekvenser for mange. Flere studier viser at livstilfredshet i stor grad avhenger av å etablere intime langsiktige familiære bånd med partner og barn.[68] Mange studier viser også at antall depresjoner og psykiske lidelser øker etter hvert som familien som institusjon går i oppløsning, spesielt blant kvinner.[69] Tilfeller av depresjon og psykiske lidelser har svært ofte familieoppløsning som en av hovedårsakene.

Det er ingen tilfeldighet at familiens oppløsning har skjedd gjennom implementeringen av Keynes økonomiske lære, en mann som aldri hadde noen interesse for langsiktige vurderinger. Som sønn i en velstående familie som hadde akkumulert betydelig kapital gjennom generasjoner, var Keynes en hedonistisk libertiner som kastet bort det meste av sitt voksne liv med seksuelle forhold med barn, inkludert å reise rundt i Middelhavet for å besøke barnebordeller.[70] Mens det viktorianske Storbritannia var et samfunn med lav tidspreferanse, med en sterk følelse av moral, få mellommenneskelige konflikter og stabile familier, var Keynes en del av en generasjon som motsatte seg disse tradisjonene og så på dem som en undertrykkende institusjon som burde rives ned. Det er umulig å forstå Keynes' økonomiske lære uten å forstå hva slags moral han ønsket å se i et samfunn han i økende grad trodde han kunne forme etter sin vilje.

Innovasjoner: «Null til én» vs. «Én til mange».

Sunne pengers effekt på tidspreferanse og hvordan folk orienterer seg i forhold til fremtiden, kan observeres både i nivået på sparingen og i typen prosjekter et samfunn investerer i. Under et sunt pengeregime, likt det verden hadde på slutten av 1800-tallet, er sannsynligheten mye større for at folk investerer langsiktig. Man har også store mengder kapital tilgjengelig for å finansiere prosjekter som først vil lønne seg på lang sikt. Konsekvensen av dette er at noen av de

68 Vaillant, George. *Triumphs of Experience: The Men of the Harvard Grant Study.* Cambridge, MA, Harvard University Press, 2012.

69 Stevenson, Betsy og Justin Wolfers. «The Paradox of Declining Female Happiness.» *American Economic Journal: Economic Policy*, vol. 1, nr. 2, 2009, s. 190–225.

70 Se Michael Holroyd, *Lytton Strachey: The New Biography,* vol. I, s. 80, hvor Keynes skriver i et brev til vennen Lytton Strachey i Bloomsbury-gruppen at de skulle reise til Tunis «hvor seng og gutt ikke var dyrt». Se også David Felix, *Keynes: A Critical Life*, s. 112, som siterer et annet brev fra Keynes der han informerer vennen sin: «Jeg drar til Egypt... Jeg har nettopp lært at seng og gutter forberedt». I et annet brev anbefaler han Strachey å reise til Tunis og Sicilia «hvis du vil dra dit de nakne guttene danser».

viktigste oppfinnelsene i menneskehetens historie så dagens lys nettopp under gullæraen på slutten av 1800-tallet.

I deres banebrytende arbeid, *The History of Science and Technology*, samler Bunch og Hellemans en liste over de 8583 viktigste innovasjonene og oppfinnelsene i vitenskapens og teknologiens historie. Fysiker Jonathan Huebner[71] analyserte alle disse hendelsene sammen med årene de skjedde og hvor mange mennesker det var på jorden på den tiden, og målte forekomsten av disse hendelsene per år per innbygger helt tilbake til den mørke middelalderen. Huebner fant at mens det totale antallet innovasjoner steg på 1900-tallet, toppet antallet innovasjoner per innbygger seg på 1800-tallet.

En nærmere analyse av innovasjonene før 1914 gir støtte til Huebners data. Det er ingen overdrivelse å si at vår moderne verden ble oppfunnet i årene før Første verdenskrig, da pengesystemet var knyttet til gull. 1900-tallet var århundret som foredlet, forbedret, optimaliserte, økonomiserte og populariserte oppfinnelsene fra 1800-tallet. Underverkene fra 1900-tallets forbedringer gjør det lett å glemme at de faktiske oppfinnelsene – de transformative og verdensendrende oppfinnelsene – nesten utelukkende stammer fra gullæraen.

I sin populære bok, *Zero to One*, diskuterer Peter Thiel virkningene av de visjonære oppfinnelsene – de første vellykkede eksemplene på ny teknologi som endret verden. Steget fra «null til én», som han kaller det, er det vanskeligste og mest betydningsfulle trinnet i en oppfinnelse, mens overgangen fra «én til mange» er et spørsmål om skalering, markedsføring og optimalisering. For de av oss som elsker konseptet fremskritt, kan det være vanskelig å akseptere at de virkelige oppfinnelsene, null til én, ble gjort før 1914, under gullstandarden. Tiden etter 1914, med statlige fiatpenger, har først og fremst handlet om inkrementelle forbedringer; fra én til mange. Det er ikke noe galt med overgangen fra én til mange, men det gir oss absolutt grunn til ettertanke rundt hvorfor det har vært så få banebrytende null-til-én-oppfinnelser i løpet av tiden under vårt moderne pengesystem.

Mesteparten av teknologiene vi bruker i vårt moderne liv ble oppfunnet på 1800-tallet, under gullstandarden. De ble finansiert av den stadig voksende kapitalbeholdningen akkumulert av sparere som lagret formuen sin i sunne

71 Huebner, Jonathan. «A Possible Declining Trend for Worldwide Innovation.» *Technological Forecasting and Social Change* vol. 72, nr. 8, Elsevier, oktober 2005, s. 980–986.

penger som beholdt sin verdi over tid. Her er en oversikt over noen av de viktigste oppfinnelsene fra denne perioden:

- Varmt og kaldt rennende vann, innendørs toalett, innendørs rør og avløp, kloakkrenseanlegg og sentralvarme: Disse oppfinnelsene, som vi tar for gitt i dag, er forskjellen på liv og død for de fleste av oss. De har vært hovedfaktoren for å bli kvitt de fleste smittsomme sykdommer, og har muliggjort vekst i urbane områder uten den evige tilstedeværelsen av sykdommer.

- Elektrisitet, forbrenningsmotor, masseproduksjon: Vårt moderne industrisamfunn ble bygget rundt den økende bruken av hydrokarbonbasert energi, og uten den ville det meste som kjennetegner vårt moderne samfunn vært umulig. Disse grunnleggende energi- og industriteknologiene ble oppfunnet på 1800-tallet.

- Bil, fly, T-bane og elektrisk heis: Vi har *la belle époque* å takke for at byenes gater ikke er strødd med hestemøkk, og for vår mulighet til å reise verden rundt. Bilen ble oppfunnet av Karl Benz i 1885, flyet av Wrightbrødrene i 1906, T-banen av Charles Pearson i 1843, og den elektriske heisen av Elisha Otis i 1852.

- Hjerteoperasjon, organtransplantasjon, fjerning av blindtarm, strålebehandling, kuvøse, anestesi, aspirin, blodtyper og blodoverføringer, vitaminer, EKG, stetoskop: De største fremskrittene innen kirurgi og moderne medisin kom også under *la belle époque*. Innføringen av moderne sanitæranlegg og pålitelig energi fra hydrokarboner hadde enormt mye å si for hvordan leger kunne behandle pasientene sine, etter århundrer med stort sett kontraproduktive metoder.

- Petroleumsbaserte kjemikalier, rustfritt stål og nitrogenbasert gjødsel: De industrielt fremstilte stoffene og materialene som muliggjorde masseindustrialiseringen, det moderne landbruket, og som gjør vårt moderne liv mulig, stammer fra de transformative innovasjonene i *la belle époque*. Plast, og alt det brukes til, er et produkt av petroleumsbaserte kjemikalier.

- Telefon, trådløs telegrafi, stemmeopptak, fargefotografering og film: Selv om vi liker å tenke på vår moderne tid som selve æraen for massekommunikasjon, har vi i virkeligheten mest av alt forbedret oppfinnelsene fra 1800-tallet. Den første datamaskinen var Babbage-datamaskinen, designet i 1833 av Charles Babbage, og ferdigstilt av sønnen Henry i 1888. Selv om det kan virke som en overdrivelse å betrakte internett og alle de ting det muliggjør som kun forbedringer av telegrafen fra 1843, ligger det en viss sannhet i dette. Det var telegrafen som fundamentalt forvandlet samfunnet ved å muliggjøre kommunikasjon uten behov for fysisk transport av brev eller andre budbringere. Dette var telekommunikasjonens null-til-én-øyeblikk, og alle underverkene som har kommet til senere, har vært én-til-mange forbedringer.

Kunstnerisk oppblomstring

De sunne pengers bidrag til menneskelig utvikling er ikke bare begrenset til vitenskapelige og teknologiske fremskritt, men kan også tydelig sees i kunstens verden. Det er ingen tilfeldighet at kunstnere fra Firenze og Venezia var ledende figurer i renessansen, da dette var de to byene i spissen for Europas innføring av sunne penger. Skolene for de store stilartene – barokken, nyklassisismen, romantikken, realismen og postimpresjonismen – var alle finansiert av velstående støttespillere med sunne penger, som hadde en svært lav tidspreferanse og tålmodighet til å vente i årevis, eller til og med tiår, på at mesterverk ment å overleve i århundrer skulle fullføres. De vakre kuplene på Europas kirker, bygd og dekorert over flere tiår med nitidig og inspirert arbeid av eksepsjonelle arkitekter og kunstnere som Filippo Brunelleschi og Michelangelo, ble alle finansiert med sunne penger fra skytsherrer med svært lav tidspreferanse. Den eneste måten å imponere disse skytsherrene på, var å bygge kunstverk som ville vare lenge nok til å udødeliggjøre navnene deres som eiere av storslåtte kunstsamlinger og støttespillere for store kunstnere. Dette er grunnen til at den mektige Medici-slekten i Firenze kanskje huskes bedre for deres kunstfinansiering enn for deres innovasjoner innen bank og finans, selv om sistnevnte sannsynligvis har ført til langt større konsekvenser for ettertiden.

På samme måte får verkene til Bach, Mozart, Beethoven og andre komponister fra renessansen, klassisismen og romantikken dagens skapere av dyriske lyder, som studioene spytter ut i tusenvis, til å rødme av skam. Deres forretningsmodell er å spille på menneskets mest basale instinkter. Mens musikken fra gullæraen talte til menneskesjelen og vekket den til et høyere kall enn det dagligdagse hverdagslivet, taler dagens musikalske ulyder til menneskets mest dyriske instinkter og distraherer oss fra livets realiteter ved å invitere til å hengi seg til umiddelbar sensuell nytelse, uten tanke for langsiktige konsekvenser eller dypere mening. Harde penger finansierte *Brandenburgkonsertene* til Bach, mens myke penger finansierte twerkingen til Miley Cyrus.

I tider med sunne penger og lav tidspreferanse jobbet kunstnere med å perfeksjonere håndverket sitt, slik at de kunne produsere verdifulle kunstverk som holdt seg over tid. De brukte årevis på å lære de intrikate detaljene og teknikkene i arbeidet sitt. Ved å videreutvikle og perfeksjonere teknikken kunne de største talentene utmerke seg over sine konkurrenter, til glede for sine velgjørere og publikum. Ingen kunne regne med å engang bli kalt kunstner uten årevis med hardt arbeid med å utvikle sitt håndverk. Kunstnere holdt ikke nedlatende foredrag for offentligheten om hva kunst er og hvorfor deres kunstverk, som tok én dag å lage, er unike og dyptgripende. Bach hevdet aldri at han var et geni eller skrøt av at musikken hans var bedre enn andres; i stedet brukte han livet på å perfeksjonere håndverket sitt. Michelangelo brukte fire år på å henge fra taket i Det sixtinske kapell, der han jobbet mesteparten av dagen med lite mat, for å male mesterverket sitt. Han skrev til og med et dikt for å beskrive prøvelsen:[72]

> Jeg føler meg som flådd, skrelt nesten naken
> på det stillas som tok mot loftet opp
> min ribbensharpe, sammenkrøkte kropp
> og struma-magen like under haken.
> Skjegget til værs og resten av meg maken.
> Jeg svimler ved å se at tå blir topp.
> Og penselen drypper farver, knopp for knopp
> så fjeset blomstrer, pannen, nesen, kjaken.
> Lendene mine inn mot buken trenger,
> til motvekt for min buk min rumpe tjener.

72 Symonds, John Addington. *The Sonnets of Michael Angelo Buonarroti.* London, Smith Elder & Co., 1904. Norsk oversettelse av Kristen Gundelach, *Michelangelos sonetter*, 1971.

Mitt skinn blir foran lasket og forlenges,
men bakutbøyd det strammer sine sener,
slik at jeg spennes som en syrisk bue.
Med føttene jeg vimrer som en flue.
Et idiotisk skue!
Fra vettet stiger litt sund sans som før.
Men malerkunsten dør.
Forsvar meg, akk Giovanni, og min ære!
Nei, maler, *jeg!* Og her er vondt å være.

Bare med en så grundig og dedikert innsats gjennom mange tiår lyktes disse geniene med å produsere mesterverkene og udødeliggjøre sine navn som mestere i sitt håndverk. I vår tid med usunne penger har ingen kunstnere den lave tidspreferansen som kreves for å jobbe så hardt og så lenge som Michelangelo eller Bach gjorde for å lære håndverket ordentlig, eller til å bruke så mye tid på å perfeksjonere det. Moderne kunstgallerier viser gjerne frem kunstverk hvis produksjon ikke krever mer innsats eller talent enn en 6-åring som kjeder seg. Moderne kunstnere har erstattet håndverk og timevis med øvelse med pretensjon, sjokkverdi, provosering og eksistensiell angst som måter å få publikum til å sette pris på kunsten deres, som ofte er krydret med politiske idealer, vanligvis en slags barnslig marxistisk variant for å gi inntrykk av en dypere mening. Hvis det kan sies noe godt om moderne «kunst», så er det at det fungerer godt som en vits eller en praktisk spøk. Det er ingenting vakkert eller beundringsverdig med resultatet eller prosessen til det meste av moderne kunst, siden den er laget på noen timer av late, talentløse amatører som ikke gidder å sette av tiden som kreves for å mestre håndverket sitt. Attraktiviteten til moderne kunst er basert på høye pretensjoner, uanstendighet og sjokkverdi, og det rettes heftig kritikk mot de som ikke forstår denne edle kunsten.

Ettersom statlige penger har erstattet sunne penger, har velgjørere med lav tidspreferanse og raffinert smak blitt erstattet av byråkrater med politiske agendaer like grove som deres kunstneriske smak. En naturlig konsekvens er at verken skjønnhet eller lang levetid lenger spiller noen rolle. Dette har blitt erstattet med politisk pjatt og evnen til å imponere de som kontrollerer finansieringskildene til de store galleriene og museene, som etter hvert har blitt et statlig beskyttet monopol rundt kunstutdanning og det som regnes som god smak i kunsten. Fri konkurranse mellom kunstnere og givere er nå erstattet med sentralplanlegging av byråkrater som ikke må stå til ansvar for sine valg, med forutsigbart katastrofale resultater. I frie markeder er vinnerne alltid de som leverer varene som anses som best av publikum. Når staten er ansvarlig for å plukke ut vinnere og tapere, er det den typen mennesker som ikke har noe bedre å gjøre med livene sine enn å jobbe som statlige byråkrater som blir dommere over smak og skjønnhet. I stedet for at verdien av kunst bestemmes av menneskene som har klart å oppnå rikdom gjennom generasjoner av intelligens og lav tidspreferanse, blir den i stedet bestemt av menneskene som opportunistisk klarer å klatre oppover i det politiske og byråkratiske systemet. Et kort bekjentskap med denne typen mennesker er nok til å forklare hvem som helst hvordan vi kan ende opp med dagens kunstneriske monstrositeter.

I deres rike med stadig økende kontroll, drevet av fiatpenger, har nesten alle stater et eget kulturbudsjett som finansierer kunst og kunstnere i ulike medier. Etter hvert har også bisarre og uvirkelige historier dukket opp om skjult statlig innblanding i kunst for å fremme politiske agendaer. Mens sovjeterne finansierte og sto bak kommunistisk «kunst» for å oppnå politiske mål og spre propaganda, har det nylig kommet frem at CIA svarte med samme mynt gjennom å finansiere og promotere skjending av madrasser og pappbiter via abstrakte ekspresjonister som Mark Rothko og Jackson Pollock.[73] Bare gjennom usunne penger har denne kunstneriske katastrofen kunne skjedd, der de to største økonomiske, militære og politiske gigantene i verden aktivt fremmet og finansierte smakløst søppel, valgt av folk hvis kunstneriske smak kvalifiserte dem til karrierer i spionbyråene og byråkratiene i Washington og Moskva.

Nå som Medici-familien har blitt erstattet av inkompetente byråkrater, vrimler kunstverdenen av visuelt frastøtende søppel, produsert på få minutter av late, talentløse opportunister på jakt etter rask økonomisk vinning, ved å lure verdens aspiranter til den kunstneriske klassen med oppdiktede meningsløse historier om at verket symboliserer noe mer enn den fullstendige fordervelsen til skurken som utgir seg for å være en kunstner som laget det. Mark Rothkos «kunstverk» tok bare timer å produsere, men ble solgt til godtroende samlere for millioner av dagens usunne penger, noe som helt klart befestet moderne kunst som den mest lukrative bli-rik-raskt-svindelen i vår tidsalder. Det kreves

73 Saunders, Frances Stonor. *The Cultural Cold War: The CIA and the World of Arts and Letters.* New York, The New Press, 2000.

ikke noe talent, hardt arbeid eller innsats fra en moderne kunstner, bare et godt pokerfjes og en snobbete holdning når han forteller de nyrike hvorfor malingssprutens på lerretet er noe mer enn en stygg og tankeløs malingssprut, og at kundens manglende evne til å forstå seg på virkelig fin kunst på en merkelig måte kan kureres med en fet sjekk.

Det som er forbløffende er ikke bare overvekten av søppel som Rothkos i den moderne kunstverden, men det er også det iøynefallende fraværet av store mesterverk som kan måle seg med fortidens store verk. Man kan ikke unngå å legge merke til at det er få sixtinske kapell som bygges i dag. Det er heller ikke mange mesterverk som kan sammenlignes med de store maleriene til Leonardo, Rafael, Rembrandt, Caravaggio eller Vermeer. Dette virker enda mer merkelig når man innser at fremskritt innen teknologi og industrialisering burde ha gjort produksjonen av slike kunstverk langt enklere å gjennomføre enn det var i gullæraen.

Det sixtinske kapell fyller betrakteren med ærefrykt, og enhver ytterligere forklaring av innholdet, metoden og historien bak vil forvandle ærefrykten til en beundring av dybden i tankevirksomheten, håndverket og det harde arbeid som ble lagt ned i det. Før de ble berømte, kunne selv den mest pretensiøse av kunstkritikere fort ha gått forbi et Rothko-maleri som var gjenglemt på et fortau og ikke lagt merke til det, langt mindre tatt seg bryet med å plukke det opp og ta det med hjem. Først etter at en krets av kunstkritikere har brukt endeløse timer på å promotere dette verket, vil de nyrike og etterdilterne begynne å late som det er en dypere mening knyttet til det, og kjøpe det opp for store mengder usunne fiatpenger.

En rekke historier har dukket opp gjennom årene om skøyere som etterlater seg tilfeldige gjenstander i moderne kunstmuseer, bare for å se moderne kunstelskere sverme rundt dem i beundring. Dette illustrerer den fullstendige tomheten i vår tids kunstneriske smak. Men den mest passende hyllesten til verdien av moderne kunst er kanskje de mange vaktmesterne på kunstutstillinger over hele verden, som viser en beundringsverdig sans og dedikasjon til arbeidet sitt ved å gjentatte ganger kaste dyre kunstinstallasjoner i søppelkassene. Der de hører hjemme. Noen av de mest ikoniske «kunstnerne» i vår tid, som Damien Hirst, Gustav Metzger, Tracey Emin og den italienske duoen Sara Goldschmied og Eleonora Chiara, har alle fått en slik kritisk vurdering av vaktmestere, som har vist seg langt mer skarpsindige enn de nyrike som brukte millioner av dollar på det vaktmestrene kastet.

Man kan argumentere for å bare ignorere alle disse verdiløse skribleriene som bare en statlig finansiert pinlighet i vår tidsalder, og legge det bak oss og fokusere på noe mer givende og meningsfylt. Ingen vil tross alt dømme et land som USA for at de har inkompetente ansatte som både sover på jobb og tar ut frustrasjonen sin på uheldige kunder. Kanskje vi heller ikke burde dømme vår tidsalder fordi offentlige ansatte dikter opp historier om hauger av verdiløs papp, som om de var kunstneriske prestasjoner. Uansett blir det som kan måle seg med fortiden, stadig sjeldnere. I boka *From Dawn to Decadence*, en knusende kritikk av moderne forenklet kultur, konkluderer Jacques Barzun: «Alt det tyvende århundre har bidratt med og skapt, er foredling ved ANALYSE, eller kritikk ved imitasjoner og parodi.» Barzuns arbeid har gitt gjenklang hos mange, fordi det inneholder en stor grad av deprimerende sannhet: Når man først har overvunnet sin iboende forutinntatthet til å tro på fremskrittets uunngåelighet, er det umulig å ikke konkludere med at vår generasjon er underlegne våre forfedre når det kommer til kultur og finesse, på samme måte som de romerske undersåttene til Diokletian, som livnærte seg på hans inflasjonsdrivende forbruk og beruset seg på Colosseums barbariske underholdning, ikke kunne måle seg med de romerne som levde på Cæsars tid, og som tjente sine aureus-mynter gjennom hardt arbeid og måtehold.

6

KAPITALISMENS INFORMASJONSSYSTEM

«Årsaken til bølger med arbeidsløshet er ikke «kapitalisme», men stater som nekter bedriftene retten til å produsere gode penger.»

– Friedrich Hayek[74]

Pengers primære funksjon som byttemiddel er det som gjør det mulig for aktørene i en økonomi å utføre økonomisk planlegging og økonomiske beregninger. Når økonomisk produksjon blir mer sofistikert, blir det vanskeligere for folk å fatte beslutninger om produksjon, forbruk og handel, uten et referansepunkt for å sammenligne verdien til ulike gjenstander med hverandre. Denne egenskapen – regneenhet – er pengenes tredje funksjon, etter å være et byttemiddel og verdilager. For å forstå hva denne egenskapen betyr i et økonomisk system, må vi gjøre det som alle intelligente mennesker gjør for å forstå økonomiske problemstillinger: belage oss på verkene fra døde økonomer av den østerrikske skole.

Man kan hevde at «The Use of Knowledge in Society», av Friedrich Hayek, er en av de viktigste økonomiske artiklene som noen gang er skrevet. I motsetning til smal, teoretisk, uvesentlig og esoterisk moderne akademisk forskning, som nesten ingen leser, blir denne artikkelen på elleve sider fortsatt lest av mange, 70 år etter at den ble utgitt. Artikkelen har hatt betydning for mennes-

74 Hayek, Friedrich. *Denationalisation of Money: The Argument Refined.* Londen, Institute of Economic Affairs, 1976.

ker og bedrifter over hele verden, kanskje først og fremst gjennom rollen den spilte i dannelsen av et av de viktigste nettstedene på internett – den største kunnskapsbasen i menneskets historie. Jimmy Wales, grunnleggeren av Wikipedia, har sagt at han fikk ideen til Wikipedia etter å ha lest denne artikkelen fra Hayek, med hans beskrivelse av kunnskap.

Hayek forklarte, i strid med den utbredte oppfatningen, at den grunnleggende problemstillingen innen økonomi ikke bare er hvordan ressurser og produkter generelt skal fordeles, men mer spesifikt hvordan de skal fordeles ved bruk av kunnskap som ikke finnes samlet hos ett enkelt individ, eller hos noe enkeltmenneske, eller i én enkelt institusjon. Kunnskap om økonomi og produksjon, den relative tilgjengeligheten og tilgangen til produksjonsfaktorer samt individuelle preferanser, er ikke objektiv kunnskap som noen enkelt enhet kan vite alt om. Kunnskap om økonomiske forhold er av natur *distribuert*, og innehas av mennesker som tar stilling til sine individuelle valg. Alle mennesker er opptatt av å lære og forstå den økonomiske informasjonen som er relevant for dem. Intelligente og hardtarbeidende mennesker kan bruke flere tiår på å lære seg de økonomiske realitetene i bransjene sine, for å beherske produksjonsprosessene til én enkelt vare. Det er urimelig å tro at alle individuelle beslutninger kan erstattes ved å samle all informasjon hos ett individ som skal gjøre beregninger for alle. Et slikt vanvittig prosjekt, der all kunnskap skal sentraliseres hos én beslutningstaker, er heller ikke nødvendig.

I et fritt marked er prisen kunnskapen og signalet som formidler informasjon. Hver enkelt beslutningstaker kan bare fatte beslutninger ved å se på *prisen* til den aktuelle varen, som er et destillat av alle markedsforhold og faktorer – samlet i én enkelt variabel av betydning for beslutningstakeren. Slik vil hver enkelt beslutning spille en rolle i prisdannelsen. Det vil aldri være mulig for en sentral myndighet å fange opp all informasjonen som bidrar til prisdannelsen, eller å erstatte denne.

For å forstå Hayeks poeng, forestill deg et scenario der et jordskjelv fører til store skader på infrastrukturen i et land som er verdens største produsent av en råvare, for eksempel jordskjelvet i 2010 i Chile, som er verdens største kobberprodusent. Da jordskjelvet rammet en region med mange kobbergruver, forårsaket det skader i disse gruvene og i havnen der kobberet ble eksportert fra. Dette rammet verdensmarkedets tilgang til kobber og førte til en umiddelbar prisøkning på 6,2 %.[75] Alle i verden som hadde noe med kobbermarkedet å gjøre ble berørt, men de trengte ikke å vite noe om jordskjelvet, om Chile, eller om situasjonen i markedet for å bestemme seg for hva de skulle gjøre. Prisøkningen i seg selv inneholdt all den relevante informasjonen de trengte. Alle bedrifter som trengte kobber fikk nå en grunn til å kjøpe mindre mengder, utsette innkjøp som ikke var helt nødvendige, og å finne erstatninger. Prisøkningen ga også alle selskaper som produserte kobber hvor som helst i verden, et insentiv for å produsere mer for å tjene på prisøkningen.

Med den enkle prisøkningen har alle i kobberindustrien over hele verden nå et insentiv for å opptre på en måte som demper de negative konsekvensene av jordskjelvet: andre produsenter øker produksjonen, mens kundene etterspør mindre. Som et resultat av dette blir ikke kobbermangelen etter jordskjelvet så ødeleggende som den kunne blitt, og ekstrainntektene fra prisøkningen kan hjelpe gruveselskapene med å gjenoppbygge infrastrukturen. Etter noen dager var prisen tilbake til normalen. Etter hvert som markedene har blitt større og mer integrerte, har slike enkelthendelser fått mindre betydning enn før, siden prisstillerne har dybden og likviditeten som kreves for å normalisere situasjonen raskt, med minst mulig konsekvenser.

For å forstå prisenes betydning som en metode for å kommunisere kunnskap, forestill deg at hele den globale kobberindustrien dagen før jordskjelvet sluttet å være en markedsinstitusjon, men i stedet ble underlagt kommandoen til et spesialistbyrå, slik at produksjonen allokeres uten hensyn til prisene. Hvordan ville et slikt byrå reagert på jordskjelvet? Ut av alle kobberprodusentene i verden, hvordan skulle de bestemme hvilke produsenter som skulle øke produksjonen, og med hvor mye? I et prissystem vil ledelsen i hvert enkelt selskap se på kobberprisen, og på prisene til alle innsatsfaktorene i produksjonen, og finne svaret på hva som er den mest effektive nye produksjonstakten. Mange jobber i flere tiår i et selskap for å komme frem til disse svarene ved hjelp av priser, og de kjenner selskapet sitt mye bedre enn sentralplanleggere, som ikke har prisene å basere seg på. Og videre; hvordan skal planleggerne bestemme hvilke kobberforbrukere som skal redusere forbruket, og med hvor mye, når de ikke har priser som viser forbrukernes preferanser?

75 Rooney, Ben. «Copper Strikes After Chile Quake.» *CNN Money*, 1. mars 2010.

Uansett hvor mye objektive data og kunnskap byrået innhenter, kan det aldri ha viten om all kunnskapen som hver enkelt aktør baserer beslutningene sine på – og det omfatter preferansene deres, og hvordan de verdsetter ulike varer. Priser er derfor ikke bare et verktøy som kapitalister bruker for å tjene penger; de er et informasjonssystem for økonomisk produksjon som formidler kunnskap mellom ulike steder i verden og koordinerer komplekse produksjonsprosesser. Alle økonomiske systemer som tar prisene ut av ligningen vil skape et fullstendig sammenbrudd i den økonomiske aktiviteten, og sende samfunnet tilbake til en primitiv tilstand.

Priser er den eneste mekanismen som gjør handel og spesialisering mulig i en markedsøkonomi. Uten priser ville vi ikke hatt nytte av arbeidsdeling og spesialisering, bortsett fra på et veldig primitivt sett, i liten skala. Handel gjør det mulig for produsentene å øke levestandarden sin gjennom spesialisering på varer der de har et *komparativt fortrinn* – varer de kan produsere til en lavere relativ kostnad. Det er bare med riktige priser, oppgitt i form av et felles byttemiddel, at det er mulig for folk å finne sitt komparative fortrinn og spesialisere seg innenfor disse varene og tjenestene. Spesialisering, styrt av prissignaler, vil i seg selv føre til at produsentene fortsetter å effektivisere produksjonen av slike varer og tjenester gjennom praktiske erfaringer, og enda viktigere; akkumulere kapital spesifikk for denne spesialiseringen. Selv om vi ser bort fra forskjellene i relative kostnader, vil spesialisering gjøre det mulig for hver enkelt produsent å akkumulere kapital som er relevant for det de produserer, noe som øker marginalproduktiviteten, reduserer produksjonens marginalkostnad, og som lar dem handle med aktører som akkumulerer kapital for å spesialisere seg på andre varer.

Kapitalmarkedssosialisme

Selv om de fleste forstår hvor viktig et prissystem er for arbeidsdeling, er det de færreste som skjønner hvor viktig det er for kapitalakkumulering og kapitalallokering. For å forstå dette, må vi gå til Mises. I boken *Socialism* fra 1922 forklarte Mises hovedgrunnen til at sosialistiske systemer vil kollapse, og det er *ikke* på grunn av den brede oppfatningen om at sosialisme bare har et insentivproblem (hvorfor vil noen jobbe, hvis alle får samme belønning, uavhengig av innsats?). Siden unnasluntring i jobben ofte ble straffet med offentlig henrettelse eller fengsel, kan man si at sosialismen løste insentivproblemet, selv om det kunne bli en blodig affære. Etter et århundre der ca. 100 millioner mennesker ble myrdet av sosialistiske regimer på verdensbasis,[76] ser vi tydelig at slik straff ikke bare var en ren teoretisk mulighet, og at insentivene for å jobbe sannsynligvis var sterkere enn i et kapitalistisk system. Vi trenger flere faktorer for å forklare sosialismens mangler enn bare insentiver, og Mises var den første som tydelig gjorde rede for hvorfor sosialistiske systemer vil kollapse, selv om man løser insentivproblemet ved å skape «den nye sosialistiske mann».

Sosialismens fatale mangel, som Mises beskrev, var at uten et fritt marked der en prismekanisme kunne oppstå, vil ikke økonomiske beregninger være mulig – først og fremst knyttet til allokering av kapitalvarer.[77] Som vi gjennomgikk tidligere, omfatter kapitalproduksjon stadig mer sofistikerte produksjonsmetoder, lengre tidshorisonter, og et større antall varer som brukes som innsatsfaktorer i produksjonsprosessen. Sofistikerte produksjonsstrukturer oppsto fra et intrikat nett av individuelle beregninger fra produsenter av kapital- og forbruksvarer som handlet med hverandre.[78] Den mest effektive allokeringen kan bare finnes ved hjelp av prismekanismen, der de som bruker kapitalvarene mest effektivt kan by den høyeste prisen for dem. Tilbud og etterspørsel etter kapitalvarer er et produkt av samspillet mellom produsenter og konsumenter, og av valgene deres.

I et sosialistisk system er det staten som eier og kontrollerer produksjonsmidlene, noe som gjør den til den eneste kjøperen og selgeren av alle kapitalvarer i økonomien. Sentraliseringen ødelegger dynamikken i et marked, og gjør det umulig å fatte gode beslutninger basert på priser. Uten et marked for kapital der uavhengige aktører kan by på den, kan det ikke finnes noen generell pris for kapitalen, eller for individuelle kapitalvarer. Uten priser på kapitalvarer som gjenspeiler det relative forholdet mellom tilbud og etterspørsel, er det ikke mulig på en rasjonell måte å finne den mest produktive utnyttelsen av kapitalen. Det vil heller ikke være mulig å rasjonelt vurdere hvor mye som skal produseres av hver kapitalvare. I en verden der staten eier stålfabrikken,

---

76 Courtois, Stéphane, Nicolas Werth, Karel Bartosek, Andrzej Paczkowski, Jean-Louis Panné, and Jean-Louis Margolin. *The Black Book of Communism: Crimes, Terror, Repression*. Harvard University Press, 1997.

77 Mises, Ludwig von. *Socialism: An Economic and Sociological Analysis* Auburn, AL, Ludwig von Mises Institute, 1922.

78 Det er mye galt med keynesiansk økonomi, men kanskje ingenting er så latterlig som det fullstendige fraværet av en oppfatning av hvordan strukturen i kapitalproduksjonen fungerer.

i tillegg til fabrikkene som skal bruke stålet i produksjon av ulike forbruks- og kapitalvarer, kan det ikke oppstå noen prisdannelse for stål, eller for varene som produseres med stål. Det vil derfor ikke være mulig å vite til hvilke formål stålet er viktigst og mest verdifullt. Hvordan skal staten kunne vite om stålet den har til disposisjon skal brukes til å produsere biler eller tog, gitt at den også eier bil- og togfabrikkene og dikterer hvor mange biler og tog innbyggerne skal ha? Uten et prissystem som lar innbyggerne velge mellom tog og biler, er det ikke mulig å vite hva som er den optimale allokeringen, eller hvor det er størst behov for stålet. Å spørre innbyggerne i en spørreundersøkelse er meningsløst, siden folks valg er helt irrelevante uten en pris som gjenspeiler den reelle alternativkostnaden når man avveier alternativene. En spørreundersøkelse uten priser vil vise at alle vil ha en Ferrari, men når folk må betale for det, er det veldig få som velger en Ferrari. Sentralplanleggere kan aldri vite preferansene til hvert enkelt individ eller allokere ressurser på den måten som best oppfyller den enkeltes behov.

Når staten eier alle innsatsfaktorene i alle produksjonsprosessene i økonomien, blir det uten en prismekanisme så å si umulig å samordne produksjonen av ulike kapitalvarer i riktige mengder til at alle fabrikkene skal kunne fungere. Knapphet er utgangspunktet for all økonomi, og det er ikke mulig å produsere ubegrensede mengder av alle innsatsfaktorer; avveininger må gjøres, så allokering av kapital, land og arbeidskraft til stålproduksjon vil måtte gå på bekostning av kobberproduksjon. I et fritt marked, der fabrikker konkurrerer om tilgang til kobber og stål, oppstår det knapphet og overflod, og prisene lar kobber- og stålprodusentene konkurrere om ressursene som brukes i produksjonen. En sentralplanlegger har null innsikt i dette nettet av preferanser og alternativkostnader for tog, biler, kobber, stål, arbeidskraft, kapital og land. Uten priser er det ikke mulig å beregne hvordan ressursene skal allokeres for å produsere optimale produkter, og resultatet blir at produksjonen bryter fullstendig sammen.

Likevel er dette bare én side av beregningsproblemet, og gjelder kun produksjonen av eksisterende varer i et statisk marked. Problemet blir mye større når man tar hensyn til at ingenting er statisk i samfunnet, der folk alltid ønsker å forbedre sin økonomiske situasjon, produsere nye varer, og finne flere og bedre produksjonsmetoder. Menneskets uopphørlige trang til å fikle med ting, forbedre og innovere, stiller sosialismen overfor sitt vanskeligste problem. Selv om sentralplanleggingssystemet skulle lykkes med å styre en statisk økonomi, vil de være maktesløse når det gjelder å legge til rette for endring eller støtte opp om entreprenørskap. Hvordan kan et sosialistisk system lage beregninger for teknologier og innovasjoner som ikke finnes ennå, og hvordan kan produksjonsfaktorer allokeres til disse, når man ennå ikke vet om disse produktene vil fungere?

> *«De som forveksler entreprenørskap og styring, lukker øynene for det økonomiske problem.... Det kapitalistiske systemet er ikke et administrativt system; det er et entreprenørsystem.»*
>
> – Ludwig von Mises[79]

Poenget med denne redegjørelsen er ikke å argumentere mot det sosialistiske økonomiske system, som ingen rasjonell voksen person tar på alvor i disse tider, etter den katastrofale, blodige og enorme fiaskoen det har vært i alle samfunn det har vært prøvd gjennom det siste århundret. Poenget er heller å tydelig forklare forskjellen mellom to måter å allokere kapital og fatte produksjonsbeslutninger på: priser og planlegging. Selv om de fleste av verdens land i dag ikke har et «økonomiplanleggingsutvalg» med ansvar for direkte allokering av kapitalvarer, er tilfellet i alle verdens land likevel at det viktigste markedet av alle – kapitalmarkedet – har et slikt planleggingsutvalg. Et fritt marked er et marked der kjøpere og selgere står fritt til å handle med hverandre på vilkår de selv avtaler, og der det er gratis å gå inn og ut av markedet; ingen tredjepart som begrenser kjøpernes og selgernes muligheter til å entre markedet, og ingen tredjeparter som subsidierer kjøpere og selgere som ikke kan delta i markedet. Ingen land i verden har et kapitalmarked med disse egenskapene i dag.

Kapitalmarkedene i en moderne økonomi består av markeder for lånbare midler. Når produksjonsstrukturen blir mer komplisert og får en lengre tidshorisont, vil ikke folk lenger investere sparepengene sine i seg selv, men låne dem ut gjennom ulike institusjoner til bedrifter som spesialiserer seg på produksjon. Renten er prisen som långiveren får for å låne ut midlene sine, og prisen som låntakeren betaler for å få tilgang til dem.

I et fritt marked for lånbare midler vil de tilgjengelige midlene øke i takt med renteøkningen, slik funksjonen er i alle tilbudskurver. Med andre ord kan man si at når renten stiger, vil flere være villige til å spare og tilby sparepenge-

79 Mises, Ludwig von. *Human Action*. s. 703–704.

ne sine til entreprenører og bedrifter. Låneetterspørselen er derimot en negativ funksjon av renten, i den forstand at entreprenører og bedrifter vil ønske å låne mindre når renten stiger.

Renten i et fritt kapitalmarked er positiv, fordi folks positive tidspreferanse betyr at ingen ønsker å gi fra seg pengene med mindre de får mer tilbake i fremtiden. Et samfunn der mange har en lav tidspreferanse vil sannsynligvis ha høy sparing, noe som gir en lavere rente og gir bedriftene rikelig tilgang til investeringskapital, som igjen skaper høy økonomisk vekst. Etter hvert som tidspreferansen i samfunnet blir høyere, er det mindre sannsynlig at folk vil spare, og rentene blir høye, samtidig med at det blir vanskeligere for produsentene å finne lånekapital. I et samfunn der folk lever i fred og fordragelighet, med gode eiendomsrettigheter og stor økonomisk frihet, vil folk sannsynligvis ha en lavere tidspreferanse, siden insentivene er sterke for å verdsette fremtiden høyere. En annen østerriksk økonom, Eugen von Böhm-Bawerk, mente at renten i et land gjenspeiler dets kulturelle nivå; desto høyere intelligens og moral, jo mer sparer man, og jo lavere blir renten.

Men det er ikke slik et kapitalmarked fungerer i dagens moderne økonomier, noe vi kan takke den moderne sentralbanken og dens uopphørlige intervensjonistiske innblanding i det viktigste markedet av alle for. Sentralbanker bestemmer renten og tilbudet av lånbare midler gjennom ulike pengepolitiske verktøy, og styrer gjennom kontrollen de har over banksystemet.[80]

Et grunnleggende faktum om det moderne finanssystemet, er at bankene skaper penger når de driver med utlånsvirksomhet. I et banksystem som opererer ut fra fraksjonsreserveprinsippet, som banksystemene vi har over hele verden i dag, låner ikke bankene bare ut kundenes sparepenger, men også likvide innskudd. Med andre ord har penger som innskyteren kan kreve utbetalt når som helst blitt lånt ut til en låntaker. Ved å gi pengene til låntakeren samtidig som de er tilgjengelige for innskyteren, skaper banken i praksis nye penger,

80 Sentralbankenes viktigste verktøy er: Sette styringsrenten, bestemme bankenes kapitalkrav, bruke markedsoperasjoner, og bestemme utlånskriteriene. En detaljert forklaring av hvordan disse verktøyene fungerer, finner du i en hvilken som helst lærebok i makroøkonomi. Oppsummert: Sentralbanken kan føre en ekspansiv pengepolitikk ved å (1) redusere renten, noe som stimulerer til utlån og øker pengemengden, (2) senke kapitalkravet, slik at bankene kan låne ut mer penger, noe som øker pengemengden, (3) kjøpe statsobligasjoner eller finansielle aktiva, noe som også øker pengemengden, og (4) sette lavere utlånskriterier, slik at bankene kan øke utlånene, noe som igjen øker pengemengden. En kontraktiv pengepolitikk kan føres ved å reversere disse trinnene, og fører til en reduksjon i pengemengden, eller i det minste en lavere vekst i pengemengden.

noe som fører til en økning i pengemengden. Dette er grunnlaget for forholdet mellom pengemengde og renter; når rentene faller, øker utlånene, noe som fører til en økning i pengemengden. En renteøkning fører på den andre siden til lavere utlån og en reduksjon i pengemengden, eller i det minste en lavere pengemengdevekst.

Konjunkturer og finanskriser

Mens tilbudet av lånbare midler i et fritt marked bestemmes av markedsaktørene, som velger om de skal låne ut penger basert på renten, bestemmes tilbudet av lånbare midler i en økonomi med en sentralbank og et banksystem som opererer ut fra fraksjonsreserveprinsippet av en komité av økonomer som er under innflytelse fra politikere, bankfolk, TV-personligheter og noen ganger, kanskje mest oppsiktsvekkende, generaler i militæret.

Med kun et minimum av økonomisk kunnskap er farene med priskontroller både tydelige og innlysende. Dersom statene velger å sette en fast pris på epler, blir resultatet enten for mye eller for lite epler i markedet, og store kostnader for samfunnet fra overproduksjon eller underproduksjon. Noe lignende skjer i kapitalmarkeder, men konsekvensene er mye mer ødeleggende, siden de berører alle sektorer i økonomien, siden kapital er en faktor i produksjonen av alle økonomiske varer.

Først er det viktig å forstå skillet mellom lånbare midler og kapitalvarer. I en fri markedsøkonomi med sunne penger, må spareme utsette forbruket for å spare. Penger som settes på sparekonto i banken, er penger som kunne vært brukt til forbruk, men som folk setter til side for forbruk på et senere tidspunkt, for å få bedre nytte av pengene i fremtiden. Sparepengene blir den nøyaktige mengden lånbare midler som er tilgjengelig for produsentene å låne. Kapitalvarenes tilgjengelighet er uløselig knyttet sammen med reduksjonen i forbruket; fysiske ressurser, arbeidskraft, land og kapitalvarer går fra produksjon av forbruksvarer til produksjon av kapitalvarer. En ny arbeidstaker i økonomien vil i stedet for å begynne å jobbe i bilsalg, begynne å jobbe på en bilfabrikk; man planter frøet, i stedet for å spise det.

Knapphet er det grunnleggende utgangspunktet i all økonomisk lære, og den viktigste implikasjonen er at alt har en alternativkostnad. I et kapitalmarked er utsatt forbruk kapitalens alternativkostnad, og alternativkostnaden for forbruk er utsatt kapitalinvestering. Renten er prisen som regulerer dette forholdet; når folk vil ha flere investeringer, stiger renten, noe som oppfordrer flere sparere til å sette til side mer penger til sparing. Når renten faller, oppfordres investorene til å øke investeringstakten, og å investere i mer moderne produksjonsteknologi med en lengre tidshorisont. En lavere rente åpner derfor for produksjonsmetoder som har en lengre tidshorisont og er mer produktive; samfunnet går fra fiske med stang, til fiske med store oljedrevne båter.

Etter hvert som en økonomi utvikler seg og blir mer sofistikert, endres ikke forholdet mellom fysisk kapital og lånbare midler i realiteten, men forholdet blir vanskeligere for folk å se. I en moderne sentralbankøkonomi overser man denne fundamentale avveiningen og antar at bankene kan finansiere nye investeringer med nye penger, uten at kundene trenger å gi avkall på forbruk. Koblingen mellom sparing og lånbare midler blir brutt, til det punktet der lærebøker i økonomifaget ikke lenger nevner det,[81] med de katastrofale følgene dette får.

Når sentralbanken styrer pengemengden og renten, blir spriket mellom sparing og lånbare midler uunngåelig. Sentralbankene forsøker vanligvis å skape økonomisk vekst og investeringer, samtidig som forbruket øker. Derfor har de en tendens til å øke pengemengden og senke renten, noe som fører til mer lånbare midler enn sparepenger. Med slike kunstig lave renter, tar bedriftene opp større lån for å iverksette prosjekter, enn det sparerne legger til side for å finansiere slike investeringer. Med andre ord er forbruket som utsettes mindre enn verdien på kapitalen som lånes. Uten nok utsatt forbruk, kanaliseres ikke nok kapital, land og arbeidskraft bort fra forbruksvarer og inn i kapitalvarene i de første trinnene av produksjonen. Noe sånt som en gratis lunsj finnes ikke, og hvis forbrukerne sparer mindre, blir det mindre kapital tilgjengelig for investorene. Å trykke nye papirsedler og digitale penger for å glatte over en sparerate som er for lav, øker ikke på magisk vis samfunnets fysiske kapitalreserver; det devaluerer bare den eksisterende pengemengden og forvrenger prisene.

Denne mangelen på kapital er ikke innlysende ved første øyekast, siden banker og sentralbanker kan utstede nok penger til låntakerne – noe som jo er en av de viktigste fordelene ved usunne penger. I en økonomi med sunne

81 Det er alltid morsomt å lære elevene mine om et hypotetisk fritt kapitalmarked, om det så bare er for å se ansiktsuttrykkene deres når de sammenligner ryddig logikk om hvordan et fritt kapitalmarked kan fungere, mot de kvasivitenskapelige keynesianske sentralplanleggingsteoriene de dessverre lærte om i faget monetær teori.

penger vil en slik manipulering av prisen på kapital være umulig; så snart renten settes kunstig lav, vil mangelen på sparepenger i bankene gjenspeiles i mindre tilgjengelig utlånskapital, noe som fører til en høyere rente, som igjen demper etterspørselen etter lån og gir økt sparing, til de to forholdene blir like.

Usunne penger gjør slik manipulering mulig, men bare for en liten stund, siden verden ikke kan bedras i evig tid. De kunstig lave rentene og den høye pengetrykkingen lurer produsentene til å bruke produksjonsprosesser som krever større kapitalressurser enn det som egentlig er tilgjengelig. Pengeoverskuddet, som ikke støttes av noe utsatt forbruk i virkeligheten, fører i første omgang til at flere produsenter låner, med vrangforestillingen om at pengene lar dem kjøpe alle kapitalvarene de trenger i produksjonsprosessene sine. Når flere og flere produsenter byr på færre kapitalvarer og ressurser enn de forventet, blir det naturlige utfallet en prisøkning på kapitalvarer til produksjonsprosessen. Det er på dette stadiet at manipuleringen avsløres, noe som fører til samtidig kollaps i flere kapitalinvesteringer, som plutselig blir ulønnsomme med de nye prisene for kapitalvarer; det er disse prosjektene Mises kalte *feilinvesteringer* – investeringer som ikke ville blitt gjort uten de kunstige prisene i kapitalmarkedet, og som ikke kan fullføres når feilallokeringene kommer til syne. Sentralbankens intervensjon i kapitalmarkedet gjør at flere prosjekter gjennomføres på grunn av de kunstige prisene som fører til at investorene feilberegner, men sentralbankens intervensjon kan ikke øke mengden kapital som faktisk er tilgjengelig. Disse ekstra prosjektene blir derfor ikke fullført, men blir til en unødvendig sløsing med kapital. Utsettelse av flere slike prosjekter samtidig gir en økning i arbeidsledigheten i hele økonomien. Et slikt samtidig sammenbrudd i overbelånte bedrifter i hele økonomien er det vi kaller en *resesjon*.

Bare med en forståelse av kapitalstrukturen og hvordan rentemanipulasjon ødelegger insentivet for kapitalakkumulering er det mulig å forstå årsakene til resesjoner og konjunktursvingninger. Konjunkturene er et naturlig resultat av rentemanipulasjon, som forvrenger kapitalmarkedet ved å få investorene til å innbille seg at de kan skaffe mer kapital enn det som er tilgjengelig med de usunne pengene de har fått av bankene. I strid med Keynes' animistiske mytologi, er ikke konjunkturer mystiske fenomener som skyldes «dyriske drivkrefter» på flukt, hvis årsak skal ignoreres mens sentralbankene forsøker å skape en styrt økonomisk innhenting.[82] Økonomisk logikk viser tydelig hvordan resesjoner er en uunngåelig konsekvens av rentemanipulasjon, på samme måte som varemangel er en unngåelig konsekvens av pristak.

Vi kan låne (og pynte på) en analogi fra Mises[83] for å illustrere poenget: Forestill deg samfunnets kapitalbeholdning som murstein, og sentralbanken som en entreprenør med ansvaret for å bygge hus av dem. Det kreves 10 000 murstein til hvert hus, og eiendomsutvikleren er på utkikk etter en entreprenør som kan bygge 100 hus, som krever totalt 1 million murstein. Men en keynesiansk entreprenør som har veldig lyst på kontrakten, skjønner at sjansene hans til å vinne kontrakten blir bedre hvis han leverer et anbud der han lover å bygge 120 hus av samme type med bare 800 000 murstein. Dette er det samme som rentemanipulasjon; det reduserer tilbudet av kapital, samtidig som det øker etterspørselen. I virkeligheten vil 120 hus kreve 1,2 millioner murstein, men det er bare 800 000 tilgjengelig. 800 000 murstein er nok til å starte byggeprosessen for 120 hus, men ikke nok til å ferdigstille dem. Når byggeprosessen starter, er eiendomsutvikleren veldig tilfreds med å få 20 % flere hus for 80 % av kostnaden, takket være underverkene ved keynesiansk ingeniørkunst, noe som gjør at han bruker 20 % av kostnadene han sparte på å kjøpe seg en ny yacht. Men lureriet kan ikke vare, for før eller senere vil det bli innlysende at husene ikke kan ferdigstilles, og at byggeprosessen må stanses. Ikke bare har entreprenøren vist seg ute av stand til å levere 120 hus, han vil ikke ha levert et eneste hus. I stedet har han gitt eiendomsutvikleren 120 halvferdige hus, i praksis helt ubrukelige og uten tak. Entreprenørens lureri gjorde at eiendomsutvikleren kunne bruke mindre kapital, og resultatet ble færre hus enn det som hadde vært mulig med nøyaktige prissignaler. Utvikleren ville hatt 100 hus om han hadde brukt en ærlig entreprenør. Ved å bruke en keynesiansk entreprenør som forvrenger tallene, fortsetter eiendomsutvikleren å sløse bort kapitalen, så lenge kapitalen allokeres til en plan uten forankring i virkeligheten. Hvis eiendomsutvikleren oppdager feilen tidlig, er det kanskje mindre kapital som går til spille når han begynner å bygge 120 hus, og en ny entreprenør kan kanskje

82 Det finnes mange alternativer til østerriksk kapitalteori som en forklaring på resesjoner, men de fleste av disse er bare argumenter fra økonomer på ville veier fra starten av 1900-tallet, i en ny innpakning. Man trenger ikke engang å lese nyere motargumenter mot den siste bølgen av keynesianske og pop-psykologiske teorier. Å lese Hayeks *Monetary Theory and the Trade Cycle*, fra 1933, eller Rothbards *America's Great Depression*, fra 1963 er nok.

83 Mises, Ludwig von. *Human Action*, s. 560.

bruke resten av mursteinene til å bygge 90 hus. Hvis eiendomsutvikleren ikke oppdager problemet før kapitalen er oppbrukt, vil han til slutt sitte igjen med 120 verdiløse hus, siden ingen vil bo i et hus uten tak.

Når sentralbanken manipulerer renten, slik at den blir lavere enn markedsrenten, ved å oppfordre bankene til å øke pengemengden ved utlån, reduserer de samtidig de tilgjengelige sparemidlene i samfunnet og øker låntakernes etterspørsel, i tillegg til å kanalisere kapitalen til prosjekter som ikke kan ferdigstilles. Desto dårligere form for penger man bruker, og jo enklere det er for sentralbanken å manipulere rentene, jo kraftigere blir konjunktursvingningene. Pengepolitikkens historie viser hvor mye mer ødeleggende konjunkturene og resesjonene blir når pengemengden manipuleres, enn når den ikke manipuleres.

Selv om de fleste tror at sosialistiske samfunn tilhører fortiden, og at kapitalistiske økonomier er markedsstyrte, er virkeligheten at et kapitalistisk system ikke kan fungere uten et fritt kapitalmarked – der prisen for kapital dannes som en funksjon av tilbud og etterspørsel, og kapitalistenes beslutninger styres av riktige prissignaler. Sentralbankens innblanding i kapitalmarkedet er roten til alle resesjoner og alle kriser som ifølge politikere, journalister, akademikere og venstreorienterte aktivister skyldes kapitalismen. Det er bare gjennom sentralplanlegging av pengemengden at kapitalmarkedenes prismekanismer kan korrumperes og skape kriser i økonomien.

Fra det tidspunktet staten begynner å øke pengemengden, er det ikke mulig å slippe unna de negative konsekvensene. Hvis sentralbanken stopper inflasjonen, stiger rentene, og da kommer resesjonen, siden mange av prosjektene som har blitt igangsatt viser seg å være så ulønnsomme at de må stanses. Dette avslører feilallokeringen av ressurser og kapital. Hvis sentralbanken fortsetter å øke pengemengden i det uendelige, vil det bare føre til at feilallokeringene blir verre og verre, slik at enda mer kapital går til spille. Den uunngåelige resesjonen blir da enda mer smertefull. Man slipper ikke unna regningen for lunsjen som ble prakket på oss av keynesianske lurendreiere – som liksom skulle være gratis.

«Vi holder nå en tiger i halen: hvor lenge kan denne inflasjonen fortsette? Hvis tigeren (eller inflasjonen) slipper fri, så spiser den oss; men hvis den løper raskere og raskere, mens vi klamrer oss desperat fast, er vi også ferdige! Jeg er glad jeg ikke kommer til å være her for å se hvordan det ender.»

– Friedrich Hayek[84]

Sentralbankplanlegging av pengemengden er verken ønskelig eller mulig. Det er selvoppnevnte eksperter som hersker, slik at det viktigste markedet i en økonomi styres av et fåtall mennesker som er så uvitende om markedsøkonomiens realiteter at de tror det er mulig å sentralplanlegge et marked som er så stort, abstrakt og uforutsigbart som kapitalmarkedet. Å tro at sentralbanker kan «forebygge», «bekjempe» eller «styre» resesjoner er like fantasifullt og på villspor som å ansette en pyroman eller brannstifter som brannmester.

Den relative stabiliteten til sunne penger – grunnen til at markedet foretrekker det – gjør at et fritt marked kan fungere gjennom naturlig prisdannelse og individuelle beslutninger. Med usunne penger, der pengemengden sentralplanlegges, kan det ikke oppstå riktige prissignaler, siden prisene kontrolleres. Sentralplanleggere har gjennom århundrer med priskontroll forsøkt å finne den beste prisen for å oppnå målene deres, til ingen nytte.[85] Grunnen til at priskontroller ikke kan fungere, er ikke at sentralplanleggerne ikke greier å finne riktig pris, men at de – ved å bare diktere en pris – gjør det umulig for markedsprosessen å koordinere beslutninger om forbruk og produksjon ved bruk av priser, noe som uunngåelig fører til over- eller underproduksjon. Tilsvarende kan heller ikke sentralplanlegging i kredittmarkeder fungere, siden det ødelegger markedsmekanismene for prisdannelse, og gjør at markedsaktørene ikke får riktige signaler og insentiver til å bestemme forbruk og produksjon.

Problemene med sentralplanlegging i kapitalmarkedet tar form som konjunktursvingninger med bobler og resesjoner, slik det forklares i østerriksk økonomisk teori om konjunkturer. Det er derfor ingen overraskelse at dette dysfunksjonelle fenomenet behandles som en naturlig del av markedsøkonomier; for moderne økonomer tror jo at sentralbanker som styrer rentene er

84 Hayek, Friedrich. *A Tiger by the Tail*. 3. opplag, sammensatt av Sudha Shenoy, Institute of Economic Affairs, og Ludwig von Mises Institute, 2009, s. 126.

85 En historisk beretning som anbefales om de katastrofale, men likevel tragikomiske konsekvensene av priskontroller gjennom historien, er *Forty Centuries of Price and Wage Controls: How Not to Fight Inflation*, av Robert Schuettinger og Eamonn Butler.

Figur 6.1: Arbeidsledighet i Sveits, %.

en normal del av en moderne markedsøkonomi. Sentralbankenes meritter på dette området er ganske dårlige, spesielt sammenlignet med perioder uten sentralplanlegging og styring av pengemengden. Den amerikanske sentralbanken, Federal Reserve, grunnlagt i 1914, var ansvarlig for en kraftig innskrenking i pengemengden i 1920–21, og deretter boblen som sprakk i 1929, med konsekvenser som varte helt til slutten av 1945. Fra den dagen av har økonomiske depresjoner vært en regelmessig og smertefull del av økonomien, som kommer og går med noen års mellomrom, og gir myndighetene et argument for mer statlig innblanding, for å løse problemene.

Et godt eksempel på fordelene ved sunne penger finner vi ved å se på skjebnen til økonomien i Sveits, den siste bastionen av sunne penger, som holdt valutaen innløselig i gull til en fast pris helt til 1973. Før dette fantes nesten ikke ufrivillig arbeidsløshet i Sveits, slik østerrikske økonomer ville forvente med et fritt pengemarked. Da sveitsiske franc ikke lenger kunne innløses i gull, førte det til en økning i arbeidsledigheten, noe som har plaget den sveitsiske økonomien siden. I 1992 tilsluttet Sveits seg Det internasjonale pengefondet (IMF), tok til seg et keynesiansk dogme, og solgte over halvparten av gullreservene sine. Følgelig begynte landet å merke fornøyelsen ved keynesianske moropenger, med en arbeidsledighet som steg til 5 % i løpet av noen få år og nesten aldri har falt under 2 % siden. Se figur 6.1.[86]

86 *Kilde*: Federal Reserve Economic Data. Historical Statistics of the United States. fred.stlouisfed.org/.

Når vi sammenligner depresjoner med perioder under gullstandarden, må vi huske at gullstandarden i Europa og USA på 1800-tallet langt fra ga en perfekt form for sunne penger. Gullstandarden hadde flere mangler, kanskje viktigst av alt at banker og stater ofte kunne utvide pengemengden og kreditten ut over gullreservene, noe som førte til høy- og lavkonjunkturer lignende de vi hadde på 1900-tallet, dog i mye mindre skala.

Når vi har dette bakteppet i tankene kan vi se moderne pengepolitisk historie gjennom en mye klarere linse enn det som ofte presenteres i akademiske lærebøker i tiden etter den keynesianske syndfloden. Grunnverket bak den monetaristiske tankegangen er det som regnes som det fullendte verket over amerikansk pengepolitisk historie: *The Monetary History of the United States* av Milton Friedman og Anna Schwartz. Boken er et enormt verk på 888 sider som har en overveldende evne til å få på plass fakta, detaljer, statistikk og analytiske verktøy, uten en eneste gang å gi den stakkars leseren forståelsen av en helt sentral problemstilling: årsakene til finanskriser og resesjoner.

Den grunnleggende mangelen til Friedman og Schwartz' bok er typisk for moderne akademisk vitenskap: Den er en omhyggelig øvelse i å erstatte logikk med grundighet. Boken unngår systematisk og metodisk å stille spørsmål rundt årsakene til finanskrisene som har rammet den amerikanske økonomien i over et århundre, og oversvømmer i stedet leseren med imponerende mengder data, fakta, detaljer og uvesentligheter.

Bokens sentrale påstand er at resesjoner er en konsekvens av at staten ikke reagerer raskt nok på finanskriser, bankkriser og deflatorisk kollaps ved å øke pengemengden og tilføre ny likviditet til banksektoren. Et kjennetegn for den typen libertarianisme som følger Milton Friedman er at staten får skylden for et økonomisk problem, men den bristende logikken foreslår enda mer statlig innblanding som løsning. Den åpenbare feilen i boken er at forfatterne ikke en eneste gang drøfter hva som forårsaker disse finanskrisene, bankkrisene, og deflatoriske kollapsene i pengemengden. Som vi lærte da vi drøftet østerriksk teori om konjunkturer, er økningen i pengemengden den eneste grunnen til at vi får resesjoner i en hel økonomi i utgangspunktet. Fri for byrden med å forstå årsaken, kan Friedman og Schwartz derfor trygt anbefale årsaken som løsningen: Staten må aggressivt komme på banen med å gi likviditet til banksystemet ved det første tegn på resesjon. Nå ser du kanskje hvorfor moderne økonomer avskyr å forstå logiske årsakssammenhenger; det ville blitt spikeren i kista for nesten alle løsningene deres.

Boken til Friedman og Schwartz begynner i året 1867, og når de analyserer årsakene til resesjonen i 1873, overser de helt den lille detaljen at den amerikanske staten trykket dollarsedler for å finansiere borgerkrigen (1861–1865), noe som var den egentlige årsaken til denne resesjonen. Dette er et mønster som gjentar seg gjennom boken.

Friedman og Schwartz drøfter knapt årsakene til resesjonen i 1893, og viser til et økt behov for sølv, siden det ikke fantes nok gull til å dekke økonomiens behov. Videre overvelder de leseren med trivielle detaljer om resesjonen det året. De nevner ikke Sherman Silver Purchase Act av 1890, godkjent av Kongressen i USA, som krevde at det amerikanske finansdepartementet skulle kjøpe store mengder sølv med nye statsobligasjoner som ble utstedt. Siden sølvet nesten helt hadde mistet rollen som betalingsmiddel i verden på det tidspunktet, ville folk som hadde sølv eller statsobligasjoner veksle det i gull, noe som førte til at statens gullreserver ble tappet. Det amerikanske finansdepartementet hadde i realiteten gitt økonomien en feilslått dose ekspansjonspolitikk ved å øke pengemengden for å skape et inntrykk av at sølv fortsatt var penger. Det eneste som skjedde var en devaluering av statsobligasjonene, noe som førte til en finansboble som sprakk da stadig mer gull ble tatt ut av systemet. Enhver historiebok om perioden gjør dette innlysende for alle med en viss forståelse av pengepolitikk, men Friedman og Schwartz unngår på imponerende vis å nevne det.

Bokens gjennomgang av resesjonen i 1920 overser den store ekspansjonen i pengemengden for å finansiere USAs inntog i Første verdenskrig. Til tross for at det ikke er nevnt i analysen, forteller dataene[87] deres om en økning i pengemengden på 115 % fra juni 1914 til mai 1920. Bare 26 % av den økningen var på grunn av ekspansjonen i gullbeholdningen, hvilket betyr at resten skyldtes staten, bankene og Federal Reserve. Dette var hovedårsaken til depresjonen i 1920, men heller ikke dette nevnes.

Mest oppsiktsvekkende er det likevel å se hvordan de fullstendig overser den økonomiske innhentingen i 1920–21, som ble kalt «den siste naturlige innhentingen til full sysselsetting» av økonomen Benjamin Anderson, der skatter

87 Friedman, Milton, og Anna Schwartz. *The Monetary History of the United States*. Princeton University Press, 1963, tabell 10, s. 206.

og offentlige utgifter ble kuttet, og lønningene fikk justere seg fritt, noe som ga full sysselsetting i løpet av et år.[88] 1920-depresjonen var en av periodene med raskest fall i produksjonen vi har sett i amerikansk historie (9 % fall i løpet av en periode på 10 måneder, fra september 1920 til juli 1921), og også en av periodene med raskest innhenting. I andre depresjoner, der keynesianere og monetarister tilfører likviditet, øker pengemengden, og øker det offentlige forbruket, har innhentingen tatt lengre tid.

Mens alle prøver å lære av Den store depresjonen, er det ingen økonomiske lærebøker som nevner 1920-depresjonen, eller som forsøker å finne ut hvorfor den depresjonen ble så kortvarig.[89] Den sittende presidenten, Warren Harding, hadde stor tro på frie markeder og nektet å føye seg etter intervensjonistiske økonomer. Dårlige investeringer ble likvidert, og arbeidskraften og kapitalen fra disse ble veldig raskt reallokert til nye investeringer. Arbeidsledigheten falt raskt til normale nivåer, nettopp på grunn av fraværet av statlig innblanding som ville forverret ubalansene som staten hadde forårsaket i utgangspunktet. Dette er stikk i strid med alt Friedman og Schwartz anbefalte, og derfor blir heller ikke dette nevnt i verket deres.

Bokens mest kjente kapittel (og det eneste folk ser ut til å ha lest), er kapittel 7, som handler om Den store depresjonen. Kapittelet begynner *etter* børskrakket i oktober 1929, mens kapittel 6 slutter i året 1921. Hele perioden fra 1921 til 1929, som ville forklart årsakene til Den store depresjonen, har ikke fått en eneste side, av de 888 sidene i boken.

Friedman og Schwartz nevner bare i forbifarten at prisene ikke hadde steget veldig raskt på 1920-tallet, og konkluderer derfor med at perioden ikke var inflatorisk, og at årsakene til depresjonen derfor ikke kunne hatt noen sammenheng med inflasjon. Men 1920-tallet var en periode med veldig rask økonomisk vekst, noe som førte til fallende priser. Det var også kraftig monetær ekspansjon, som skyldtes at Federal Reserve forsøkte å hjelpe Bank of England med å bremse strømmen av gull ut av England, noe som igjen skjedde som en følge av at Bank of England førte en inflatorisk politikk, i stedet for å la lønningene nedjustere seg. Nettoeffekten av en økning i pengemengden

88 Rothbard, Murray. *America's Great Depression*. 5. opplag, Auburn, AL, Ludwig von Mises Institute, s. 186.

89 En veldig god, detaljert gjennomgang av denne depresjonen finner du i James Grants bok, *The Forgotten Depression: 1921: The Crash that Cured Itself*.

og rask økonomisk vekst var at prisene for varer og tjenester ikke steg veldig mye, men aktivaprisene steg kraftig – i hovedsak eiendom og aksjer; økningen i pengemengden førte ikke til en prisøkning på forbruksvarer, siden den ble styrt av Federal Reserve til å stimulere aksje- og boligmarkedet. Pengemengden økte med 68,1 % fra 1921 til 1929, samtidig som gullbeholdningen bare økte med 15 %.[90] Det er denne økningen i dollarmengden, ut over gullbeholdningen, som er hovedårsaken til Den store depresjonen.

En som fortjener omtale er monetarismens far, Irving Fisher, som tilbrakte 1920-tallet med «vitenskapelig prisstyring». Fisher forestilte seg, mens pengemengden i USA økte, at hans omfattende datainnsamling og vitenskapelige forvaltning ville la ham kontrollere pengemengdeveksten og aktivaprisene for å sikre et stabilt prisnivå. 16. oktober 1929 proklamerte Fisher i *New York Times* at aksjekursene hadde nådd et «permanent høyt platå».[91] Børskrakket skulle komme den 24. oktober samme år, og etter som depresjonen forverret seg, tok det helt til midten av 1950-tallet, flere år etter at Fisher døde, før aksjekursene hentet seg opp til det «permanent høye platået» som Fisher proklamerte i 1929. Derfor er det kanskje ikke så rart at Milton Friedman senere erklærte Irving Fisher som den største økonomen Amerika hadde skapt.

Krakket var et resultat av den monetære ekspansjonen på 1920-tallet, som skapte en enorm boble av innbilt velstand i aksjemarkedet. Det var uunngåelig at boblen skulle sprekke så snart ekspansjonen avtok. Da den sprakk, utløste det en deflatorisk spiral der all den innbilte velstanden i boblen forsvant. Når velstand ødelegges, er bankkriser uunngåelig, siden bankene får problemer med å møte forpliktelsene sine. Dette viser problemet med å ha et banksystem som opererer ut fra fraksjonsreserveprinsippet – det er en katastrofe som venter på å skje. Gitt dette, ville det vært hensiktsmessig av Federal Reserve å garantere for innskuddene til folk – men ikke garantere for tapene til bedriftene og aksjemarkedet. Å la bankene lide konsekvensene av dette alene, med likvideringer og prisfall, er den eneste løsningen. Det stemmer at denne løsningen ville betydd en smertefull resesjon – men det er akkurat derfor en monetære ekspansjonen i utgangspunktet ikke skulle funnet sted! Å forsøke å unngå resesjonen ved å tilføre mer likviditet vil bare forverre ubalansene som forårsaket krisen i utgangspunktet.

---

90 Rothbard, Murray. *America's Great Depression.*
91 «Fisher Sees Stocks Permanently High», *New York Times*, 16. oktober 1929, s. 8.

Den monetære ekspansjonen skapte innbilt velstand som feilallokerte ressurser, og den velstanden må forsvinne før markedet igjen kan fungere som det skal, med en fungerende prismekanisme. Det var denne innbilte velstanden som førte til krakket i utgangspunktet. Å kanalisere slik falsk velstand tilbake dit den kom fra, er egentlig bare å bygge korthuset på nytt, klart for et enda større og kraftigere krakk.

Etter kategorisk å ha avvist at perioden frem til 1929 hadde noe som helst å gjøre med børskrakket, konkluderte Friedman og Schwartz med at det var Federal Reserve sin reaksjon på krakket som skapte Den store depresjonen. De hevdet at dersom Federal Reserve hadde åpnet kranene for å fylle banksystemet med likviditet, ville tapene i aksjemarkedet vært nesten uvesentlige for økonomien som helhet, og man ville ikke fått en større depresjon. At Federal Reserve faktisk førte en inflatorisk politikk i møte med krisen overses i denne syndfloden av data. Samtidig som Federal Reserve forsøkte å avhjelpe likviditetsmangelen i banksektoren, greide de ikke å stanse krakket, ikke på grunn av manglende beslutsomhet, men på grunn av de feilallokerte kapitalinvesteringene som kollapset i hele økonomien, og den sterkt intervensjonistiske politikken omtalt i kapittel 4.

Tre viktige spørsmål står ubesvart i dette gigantiske verket, og avslører et enormt hull i bokens logikk. For det første, hvorfor er det ingen sammenligning mellom depresjonene i 1920 og 1929? Den første varte ikke lenge, selv om Federal Reserve ikke intervenerte slik forfatterne anbefaler. For det andre, hvordan har det seg at USA ikke opplevde en eneste finanskrise i løpet av 1800-tallet, i en periode uten en sentralbank, bortsett fra i de to tilfellene der Kongressen hadde bedt Finansdepartementet om å opptre som sentralbank; i Borgerkrigen med dollartrykking, og i 1890, etter fastsetting av sølv som betalingsmiddel? For det tredje, og mest avslørende, hvordan greide USA å skape en av sine lengste perioder med vedvarende økonomisk vekst uten finanskriser mellom 1873 og 1890, da det ikke fantes noen sentralbank overhodet, og pengemengden var begrenset, og prisene falt kontinuerlig? Friedman og Schwartz nevner bare denne epoken i forbifarten, med at økonomien hadde en imponerende vekst «til tross for» at prisene falt, uten å bry seg om å kommentere hvordan et slikt faktum talte fobien deres for fallende priser midt imot.

Som Rothbard forklarte, er det ingenting i en markedsøkonomi eller hvordan den fungerer som kan skape et vedvarende arbeidsledighetsproblem. I et fritt marked er det naturlig at mange mister eller slutter i jobbene sine, og at mange bedrifter går konkurs eller nedlegges av ulike årsaker. Imidlertid vil slike tap av arbeidsplasser grovt sett oppveies av nye jobber og bedrifter, slik at et neglisjerbart lite antall mennesker er arbeidsledige på et gitt tidspunkt, slik situasjonen var i perioden der gullstandarden ikke ble misbrukt på 1800-tallet, og i Sveits frem til 1992. Bare når en sentralbank manipulerer pengemengden og rentene blir det mulig med konkursras i stor skala i hele økonomien samtidig, med bølger av masseoppsigelser i hele bransjer, slik at masser av arbeidstakere blir arbeidsledige på samme tid, med ferdigheter som ikke enkelt kan overføres til andre fagfelt.[92] Som Hayek sa: «Årsaken til bølger med arbeidsløshet er ikke «kapitalisme», men stater som nekter bedriftene retten til å produsere gode penger.»[93]

Et sunt utgangspunkt for handel

I en verden med sunne penger fløt varer og kapital mellom ulike land nesten på samme måte som de fløt mellom ulike regioner i samme land: basert på ønskene til de rettmessige eierne, og som avtalt gjennom utveksling til gjensidig nytte. Under Julius Cæsars aureus, eller under gullstandarden til Amsterdams vekselbank på 1600-tallet, eller under gullstandarden på 1800-tallet, var fysisk transport av varer fra et sted til et annet den viktigste handelsbarrieren. Toll og handelsbarrierer fantes knapt, og om de gjorde det, utgjorde de ikke mye mer enn gebyrer for drift og vedlikehold av grenseoverganger og havner.

I en æra med usunne penger, som under Europas fall til føydalismen, eller da den moderne verden tok veien til monetær nasjonalisme, mister handelen sin viktige rolle for mennesker som utveksler med hverandre, og blir et nasjonalt sikkerhetsanliggende som krever oversyn fra lensherrer eller myndigheter som hevder råderett over befolkningen. Denne forvandlingen av handelen har vært så latterlig komplett at begrepet *frihandel* på 1900-tallet skulle bety handel mellom to personer over landegrenser som foregikk på vilkår avtalt mellom deres respektive lands myndigheter, ikke mellom de involverte personene!

92 Rothbard, Murray. *Economic Depressions: Their Cause and Cure.* Auburn, AL, Ludwig von Mises Institute, 2009.

93 Hayek, Friedrich. *Denationalization of Money: The Argument Refined.* London, Institute of Economic Affairs, 1976.

Oppløsningen av gullstandarden i 1914, gjennom begrensningene som ble satt av de fleste stater for veksling av papir for gull, ble startskuddet for perioden som Hayek kaller monetær nasjonalisme. Pengenes verdi var ikke lenger en fast mengde gull, som var den råvaren som på grunn av høyest lager/tilførsel-forhold og lavest priselastisitet i tilbudet hadde mest forutsigbar og konstant verdi. I stedet varierte pengenes verdi i takt med penge- og skattepolitikken og internasjonal handel. Lavere renter eller en økt pengemengde ville svekke pengenes verdi, i likhet med offentlig forbruk finansiert gjennom sentralbankenes utlån til staten. Selv om disse to faktorene i prinsippet var under statenes kontroll, som i det minste kunne lure seg selv til å tro at de kunne bruke dem til å oppnå stabilitet, var den tredje faktoren et resultat av de komplekse handlingene til alle innbyggerne og mange utlendinger. Når et lands eksport ble større enn importen (handelsoverskudd), ville landets valuta styrke seg på det internasjonale valutamarkedet, mens den ville svekke seg når importen var større enn eksporten (handelsunderskudd). Makthaverne skulle tatt dette som et tegn på at de burde slutte å tukle med pengenes verdi og gi folk frihet til å bruke den minst volatile råvaren som penger, men tolket det heller som en invitasjon til å styre den internasjonale handelen, ned til den minste detalj.

Pengene som skulle være regneenheten for å måle og planlegge all aktivitet, gikk fra å være den minst volatile varen på markedet til å bli et produkt av tre forvaltningsverktøy styrt av myndighetene; pengepolitikk, skattepolitikk og handelspolitikk. Og – mest uforutsigbart – til å bli styrt av menneskenes reaksjoner på disse forvaltningsverktøyene. Stater som dikterer hvordan verdi skal måles, gir like mye mening som stater som forsøker å diktere hvordan lengde skal måles basert på høyden til menneskene og bygningene i territoriene sine. Man kan bare forestille seg forvirringen i alle anleggsprosjekter dersom lengden på en meter hadde hatt daglige svingninger bestemt av kunngjøringene fra et offentlig målevesen.

Bare stoltheten til de sinnsyke kan påvirkes ved å endre enheten de måles med. Å gjøre meteren kortere kan kanskje få noen med et hus på 200 kvadratmeter til å tro at huset egentlig er 400 kvadratmeter, men det vil fortsatt være det samme huset. Det eneste som denne omdefineringen av meteren har gjort, er å ødelegge ingeniørenes evne til å bygge eller pusse opp huset på riktig måte. På samme måte vil det å devaluere en valuta gjøre landet rikere målt i nominell verdi, eller øke eksportens nominelle verdi, men det øker ikke velstanden i landet.

For å beskrive utfordringene til de moderne sentralbankene har det moderne økonomifaget formulert «Den umulige treenighet», som lyder slik: Det er ikke mulig for en stat å ha en fast valutakurs, fri kapitalflyt og en uavhengig pengepolitikk samtidig. Dersom et land har en fast valutakurs og fri kapitalflyt, kan det ikke ha en egen pengepolitikk, siden renteendringer vil føre til at kapital strømmer inn eller ut av landet til et punkt der det ikke lenger er mulig å forsvare valutakursen. Og vi vet alle hvor mye moderne økonomer setter pris på å bruke pengepolitikken til å «styre» økonomien. En uavhengig pengepolitikk og fast valutakurs er bare mulig hvis kapitalflyten begrenses – noe som var vanlig i perioden fra 1946 til 1971. Men heller ikke det var bærekraftig, siden flyten av varer bestemte hvordan valutakursene forsøkte å rette opp ubalansen, der noen land eksportere for mye og andre importerte for mye. Dette førte til politiske forhandlinger for å rekalibrere valutakursene. Det kan ikke finnes noe rasjonelt grunnlag for å bestemme utfallet av slike forhandlinger i internasjonale organisasjoner, der hvert enkelt land jobber for sine egne interesser og gjør hva som helst for å oppnå målene sine. Etter 1971 gikk verden i hovedsak over til uavhengig pengepolitikk og fri kapitalflyt, men med flytende valutakurser.

Fordelen med et slikt system er at keynesianske økonomer kan leke med yndlingsverktøyene sine for å «styre» økonomiene, samtidig som internasjonale finansinstitusjoner og kapitaleiere blidgjøres. Det er også en velsignelse for store finansinstitusjoner, som har skapt et valutamarked verdt tusenvis av milliarder dollar *per dag*, for handel med valuta og terminkontrakter. Men et slikt system er neppe gunstig for de fleste andre, spesielt folk med bedrifter som faktisk produserer noe og tilbyr verdifulle produkter til samfunnet.

I en svært globalisert verden der valutakursene avhenger av en rekke lokale og internasjonale variabler, blir det vanskelig å drive en produktiv virksomhet. Et lønnsomt firma vil sannsynligvis ha innsatsfaktorer og inntekter fra flere forskjellige land. Hver eneste innkjøps- og salgsbeslutning avhenger av valutakursene til de involverte landene. I en slik verden kan et veldig konkurransedyktig firma oppleve store tap bare som følge av valutakurssvingninger, som kanskje ikke involverer deres eget land. Hvis valutaen til hovedleverandørens land styrker seg, kan innsatsfaktorene bli så dyre at det ødelegger firmaets lønnsomhet. Det samme kan skje hvis valutaen til det viktigste eksportmarkedet svekker seg. Selskaper som har brukt flere tiår på å skaffe seg konkurransefortrinn kan utslettes i løpet av 15 minutter med uventet volatilitet i valutakursene. Det er vanligvis frihandelen som får skylden, og økonomer og politikere bruker det som en unnskyldning for å innføre populær, men ødeleggende, proteksjonistisk handelspolitikk.

Med fri kapitalflyt og frihandel bygd på et vaklende fundament av flytende valutakvikksand, blir valutakursbevegelsene en viktig faktor som mange flere bedrifter og aktører i næringslivet må ta stilling til. Hver bedrift må vie ressurser og arbeidskraft til å studere et ekstremt viktig spørsmål som de har null kontroll over. Flere og flere jobber med å spekulere på handlingene til sentralbanker og myndigheter, og på valutakursene. Dette omhyggelig sammensatte apparatet av sentralplanlegging, med sine tilhørende ritualer, pleier før eller siden å bli et hinder for økonomisk aktivitet. Kanskje en av de mest forbløffende tingene ved den moderne verdensøkonomien, er størrelsen på valutamarkedet sammenlignet med produktiv økonomisk aktivitet. Den internasjonale oppgjørsbanken[94] beregnet i april 2016 størrelsen på det internasjonale valutamarkedet til 5100 milliarder amerikanske dollar per dag, noe som tilsvarer ca. 1860 billioner dollar i året. Verdensbanken estimerte BNP for alle verdens land til ca. 75 000 milliarder dollar for året 2016. Det betyr at valutamarkedet er ca. 25 ganger større enn all økonomisk produksjon på hele planeten.[95] Her er det viktig å huske at valutaveksling ikke er en produktiv prosess, og at valutavolumet ikke medregnes i BNP-statistikk. Ingen økonomisk verdi skapes når en valuta veksles til en annen – det er bare en kostnad som betales for å komme seg rundt hinderet som skapes av ulike nasjonale valutaer for forskjellige land. Det som økonomen Hans-Hermann Hoppe har kalt «et globalt system av delvis byttehandel»[96] over landegrenser hindrer den internasjonale handelen fra å komme folk til gode, og suger ut store transaksjonskostnader for å forsøke å dempe de negative konsekvensene. Ikke bare sløser verden bort store mengder kapital og arbeidskraft på å komme rundt disse barrierene, men bedrifter og

94 *Triennial Central Bank Survey: Foreign Exchange Turnover in April 2016*. Basel, CH, Bank of International Settlements, 2016.

95 For mer informasjon om dette, se George Gilder, *The Scandal of Money: Why Wall Street Recovers but the Economy Never Does*. Washington, D.C., Regnery, 2016.

96 Hoppe, Hans-Hermann. «How Is Fiat Money Possible?» *Review of Austrian Economics*, vol. 7, nr. 2, 1994.

privatpersoner over hele verden lider også store tap som følge av økonomiske feilberegninger av valutakurssvingningene.

I et fritt marked for penger vil folk velge hvilke valutaer de bruker, og resultatet blir at de velger den valutaen med det høyeste pålitelige lager/tilførsel-forholdet. Den valutaen vil ha minst kurssvingninger ved endringer i tilbud og etterspørsel, og vil bli et ettertraktet byttemiddel over hele verden. Den vil kunne brukes i alle økonomiske beregninger og bli en felles måleenhet over tid og rom. Jo høyere salgbarhet en vare har, jo bedre egnet er den i denne rollen. Romerske aureus, Bysants solidus, og den amerikanske dollaren var alle eksempler på dette, til en viss grad, selv om de alle hadde sine svakheter. Den pengen som kom nærmest dette var gullet i de siste årene under den internasjonale gullstandarden, selv om noen land og samfunn også da brukte sølv eller andre primitive former for penger.

Det er et forbløffende faktum i dag at en entreprenør i år 1900 kunne legge internasjonale økonomiske planer og beregninger i en hvilken som helst internasjonal valuta, uten å tenke et sekund på valutakurssvingninger. Et århundre senere møter en tilsvarende entreprenør som prøver å utarbeide en økonomisk plan en haug med ustabile valutaer, som kan få ham til å tro at han har gått rett inn i et maleri av Salvador Dali. Enhver analytiker med vettet i behold vil konkludere med at det er best å bare knytte pengeverdien til gull igjen, for å bli kvitt denne hjernegymnastikken, og slik løse Den umulige treenighet ved å eliminere behovet for en statlig pengepolitikk, slik at man kan ha fri kapitalflyt og frihandel. Dette vil på et blunk skape økonomisk stabilitet og frigjøre store mengder kapital og ressurser til produksjon av varer og tjenester, i stedet for spekulering i komplekse valutakurssvingninger.

Dessverre har de som styrer dagens pengesystem en økonomisk interesse i at det fortsetter, og har derfor heller prøvd å finne måter å styre det på, med stadig mer kreative argumenter for å sverte og forkaste gullstandarden. Dette er helt forståelig, gitt at jobbene deres er avhengige av at en stat har tilgang til en pengepresse for å belønne dem.

Kombinasjonen av flytende valutakurser og keynesiansk ideologi har gitt verden det moderne fenomenet valutakrig: Siden keynesianske analytikere sier at økende eksport fører til en vekst i BNP, og BNP er den økonomiske velstandens hellige gral, er det naturlig for keynesianere å tenke at alt som gir eksportvekst er bra. Siden en svakere valuta gjør eksportvarer billigere, kan alle land med fallende økonomisk aktivitet skape BNP-vekst og nye arbeidsplasser ved å devaluere valutaen og øke eksporten.

Det er mye som er feil med dette verdensbildet. Å svekke valutaen gjør ingenting for å styrke industriens reelle konkurranseevne. Det gir bare en éngangsrabatt på produktene, og gir utlendinger en lavere pris enn det lokalbefolkningen betaler, noe som gjør lokalbefolkningen fattigere og subsidierer utlendinger. Det gjør også alle landets eiendeler billigere for utlendinger, slik at de kan komme inn og kjøpe land, kapital og ressurser med rabatt. I en liberal økonomisk orden er det ikke noe galt med at utlendinger kjøper lokale ressurser, men i en keynesiansk økonomisk modell subsidieres utlendinger aktivt for å komme og kjøpe landet til nedsatt pris. Videre viser økonomisk historie at de sterkeste økonomiene i etterkrigstiden, som Tyskland, Japan og Sveits, hadde en sterk eksportvekst samtidig som valutaene deres styrket seg. De hadde ikke behov for løpende devalueringer for å skape eksportvekst; de utviklet konkurransefortrinn som gjorde produktene deres ettertraktet globalt, noe som igjen førte til at valutaene deres styrket seg i forhold til landene de handlet med, med økt velstand for befolkningen som resultat. Det er mot sin hensikt for landene som importerer fra dem å tenke at de kan skape eksportvekst ved å devaluere valutaene sine. Det ville ødelagt befolkningens velstand ved å la utlendinger kjøpe den til underkurs. Det er ikke tilfeldig at de landene med svakest valutautvikling i etterkrigstiden også er de som har opplevd økonomisk stagnasjon og nedgang.

Men selv om alle disse problemene med devaluering som veien til velstand var unøyaktige, er det én enkelt grunn til at de ikke kan fungere: Hvis alle landene devaluerer valutaene sine, vil alle valutaene devalueres, og ingen land vil da ha noe fortrinn i forhold til de andre. Dette tar oss til dagens situasjon i verdensøkonomien, der de fleste stater forsøker å devaluere valutaene sine for å styrke eksporten, og alle klager over de andres «urettferdige» manipulering av valutaene sine. I praksis gjør alle landene befolkningen sin fattigere for å øke eksporten og skape høyere BNP-tall, mens de klager når andre land gjør det samme. Den økonomiske uvitenheten blir bare slått av det løgnaktige hykleriet til politikerne og økonomene som sprer denne tankegangen. Det holdes økonomiske toppmøter der verdensledere prøver å forhandle om hverandres akseptable devalueringer, noe som gjør valutaverdi til et viktig spørsmål i geopolitikken.

Ingenting av dette ville vært nødvendig hvis verden hadde et sunt globalt pengesystem, med penger som fungerer som en global regneenhet og måleenhet, der produsenter og forbrukere over hele verden har en riktig oversikt over kostnader og inntekter, med et skille mellom økonomisk lønnsomhet og statenes politikk. Harde penger vil, ved å ta kontrollen over pengemengden ut av hendene til statene og propagandist-økonomene deres, tvinge alle til å bli produktive for samfunnet, i stedet for å prøve å bli rike på manipulering av penge- og valutasystemet.

7

SUNNE PENGER OG INDIVIDUELL FRIHET

Statene tror at . . . når de står overfor valget mellom en upopulær skattlegging, og en populær utgift, så finnes det en bekvemmelig utvei fra dette dilemmaet – nemlig via inflasjon. Dette illustrerer problemet med å forlate gullstandarden.

– Ludwig von Mises[97]

Da det økonomiske systemet var basert på sunne penger, var staten nødt til å føre sin finanspolitikk på en ansvarlig måte, noe som vil virke utenkelig for 1900-tallets generasjoner. Uten en sentralbank med evnen til å øke pengemengden for å betale statsgjeld, var det vanskelig å finansiere underskudd på statsbudsjettet. I stedet måtte politikerne følge de samme spillereglene som vanlige borgere og bedrifter var nødt til å følge for å finansiere utgiftene sine.

97 Greaves, Bettina Bien. *Ludwig von Mises on Money and Inflation: A Synthesis of Several Lectures*. Auburn, AL, Ludwig von Mises Institute, 2010, s. 32.

For dagens generasjoner, som er oppvokst med et propagandabilde av en allmektig stat med ubegrensede ressurser, er det vanskelig å forestille seg en verden der individuell frihet og ansvar erstatter statens autoritet. Allikevel var det nettopp i periodene med høy grad av individuell frihet og ansvar hvor menneskeheten gjorde sine største fremskritt. I disse periodene var statens rolle innskrenket til å forsvare landegrenser, privat eiendom og individets rettigheter. Borgerne hadde stor frihet til å ta egne valg, og dra fordel av, eller lide under, konsekvensene som fulgte med. I dette kapittelet begynner vi med å diskutere spørsmålet om hvorvidt staten aktivt bør regulere pengemengden eller ikke. Deretter analyserer vi konsekvensene av en slik pengepolitikk.

Bør staten styre pengemengden?

At staten må styre og ha kontroll over pengemengden er nåtidens mest gjennomgripende bedrageri. Alle de vanlige økonomiske tankeretningene og politiske partiene tar det for gitt. Dessverre finnes det ingen empiri som understøtter denne politikken, da ethvert forsøk på å styre pengemengden har endt i økonomisk katastrofe. Styring av pengemengden er problemet, men presenteres som løsningen. Det er det følelsesmessige håpets triumf over den nøkterne fornuften, og legger til rette for at politikere gang på gang kan selge inn løfter uten forankring i virkeligheten til godtroende velgere. Det fungerer som et sterkt vanedannende og destruktivt stoff, slik som amfetamin eller sukker; offeret vil i starten få en enorm rus og nærmest føle seg uovervinnelig, men når virkningen avtar kommer nedturen, og snart trygler man om mer. Det er her det vanskelige valget ligger. Enten må man stoppe avhengigheten og lide med abstinensene, eller innta neste dose, skyve regningen enda lengre fremover i tid, og dermed øke de langsiktige skadene som følge av misbruket.

For keynesianske og marxistiske økonomer, samt andre tilhengere av statsteorien om penger, er penger noe som staten definerer og har monopol på. Det er derfor statens privilegium å gjøre med penger som de ønsker, noe som uunngåelig vil føre til at det skapes mer penger, og at de brukes på å oppfylle statens mål. Formålet med økonomisk forskning er dermed å beslutte hvordan pengemengden best kan utvides, og hvilke formål pengene skal brukes til. Men teorier som bygger på at penger er noe som staten definerer og kontrollerer, motbevises av det enkle faktum at gull har blitt brukt som penger i tusenvis av år. At sentralbankene fortsatt har store og voksende gullreserver, forteller oss noe om den varige monetære karakteren gullet har, til tross for at ingen stat har gitt gull denne rollen. De siste ti årene har vi også sett hvordan bitcoin har vokst frem og fått status som en form for penger. Bitcoin er i dag verdt mer enn størsteparten av verdens nasjonale valutaer, fremfor alt som følge av dens pålitelige salgbarhet, og på tross av at ingen myndighet har gitt påbud om at bitcoin skal brukes som penger.[98]

I dag finnes det i hovedsak to skoler innen økonomi som har statens tilslutning: *keynesianisme* og *monetarisme*. Mens disse to skolene har vidt forskjellige metoder og analytiske rammer, og mens de er engasjert i bitre akademiske slagsmål, hvor de beskylder hverandre for ikke å bekymre seg for de fattige, barna, miljøet, ulikheter, eller det som måtte være dagens moteord, er de begge enige om to ubestridelige sannheter: Det første er at staten skal utvide pengemengden. Det andre er at begge skoler fortjener mer statsstøtte for å fortsette forskningen på de særdeles viktige og store spørsmålene, som vil føre til at de finner enda flere kreative løsninger for å nå den første sannheten.

For å forstå hvordan de begge kan ta feil, men stadig komme frem til den samme konklusjonen, er det viktig å forstå grunnlaget for de to tankegangene. Keynes var en mislykket investor og statistiker som aldri studerte økonomi. Han hadde derimot et så bredt kontaktnett innen den herskende klassen i Storbritannia, at hans mest berømte bok, *The General Theory of Employment, Money and Interest*, straks fikk status som en grunnleggende sannhet innen makroøkonomi. Hans teori tar sitt utgangspunkt i den ubegrunnede og uberettigede antagelsen om at den viktigste målestokken for tilstanden i økonomien er nivået på det samlede forbruket i hele samfunnet. Når samfunnet som helhet har et høyt forbruk, gir dette produsentene insentiver til å produsere mer og ansette flere arbeidere, som dermed fører til en balansert sysselsetting i samfunnet. Hvis forbruket stiger for mye og produsentene ikke lenger kan holde tritt, vil det føre til inflasjon og en stigning i det samlede prisnivået. På den andre siden, hvis samfunnet har for lavt forbruk, vil produsentene redusere produksjonen, si opp arbeiderne, og vi får høyere arbeidsledighet og resesjon.

98 Matonis, John. «Bitcoin Obliterates 'The State Theory of Money.'» *Forbes*, 3. april, 2013, www.forbes.com/sites/jonmatonis/2013/04/03/bitcoin-obliterates-the-state-theory-of-money.

For Keynes er årsaken til resesjoner et plutselig fall i det samlede forbruksnivået. Keynes brukte ikke mer energi på å forklare hvordan forbruksnivået plutselig kan falle, muligens fordi han ikke forstod viktigheten av kausalitet og logiske årsakssammenhenger. I stedet oppfant han en av hans berømte, men klossete og fullstendig meningsløse fraser, for å spare ham for besværet med å forklare. Han skyldte disse irrasjonelle, uforklarlige svingningene i økonomien på noe han kalte «dyriske drivkrefter». Den dag i dag er det ingen som egentlig vet hva disse dyriske drivkreftene er, eller hva de kommer av, men de har selvfølgelig gitt oss en hel industri av statsfinansierte økonomer, som har gjort karriere av å forsøke å finne data som korrelerer med disse drivkreftene. Denne forskningen har vært svært lukrativ for akademiske karrierer, men har ingen verdi for de som faktisk forsøker å forstå økonomiske konjunkturer. Satt på spissen; populærpsykologi kan ikke erstatte kapitalteori.[99]

Frigjort fra begrensningen med å skulle finne en årsak til resesjonen, kunne Keynes raskt gå videre med å foreslå en løsning. Hver gang det kommer en resesjon eller økning i arbeidsledigheten, er årsaken et fall i det samlede forbruksnivået, og løsningen er å få staten til å stimulere forbruket, noe som vil få arbeidsledigheten ned. Det er tre måter å stimulere det samlede forbruket på, nemlig ved å øke pengemengden, øke statens forbruk eller redusere skatter og avgifter. Redusering av skatt er generelt uglesett av keynesianere, da det betraktes som den minst effektive metoden. Det avhenger av at folk bruker hele skattereduksjonen på forbruk, i stedet for å spare hele, eller deler av den. Keynes avskydde sparing, ettersom det reduserte forbruket, og et redusert forbruk er den verst tenkelige effekten i en økonomi som trenger en opphenting. Det var statens rolle å pålegge samfunnet en høy tidspreferanse gjennom å forbruke mer eller tilføre mer penger. Da det er vanskelig å øke skattene under en resesjon, fører økt offentlig forbruk i praksis til en økning i pengemengden. Dette er altså Keynes' hellige gral: når arbeidsledigheten er for høy, øker man pengemengden for å løse problemet. Det er grunnløst å bekymre seg for inflasjon, for som Keynes har «vist oss» (dvs. grunnløs antagelse) oppstår inflasjon kun når forbruket er for høyt, og ettersom arbeidsledigheten er høy, må forbruket være for lavt. Det kan oppstå konsekvenser på lang sikt, men det er ingen grunn til

99 Og i kapitalteori, godta ikke noe annet enn kapitalteorien til den østerrikske økonomiske skolen, som forklart av Böhm-Bawerk, Mises, Hayek, Rothbard, Huerta de Soto, Salerno, blant andre.

å bekymre seg for disse, for som Keynes sier i sitt berømte forsvar for høy tidspreferanse og libertinsk uansvarlighet, «i det lange løp, er vi alle døde».[100]

Den keynesianske forståelsen av økonomien er naturligvis i strid med virkeligheten. Hvis Keynes' modell var korrekt, ville det ikke være mulig å finne eksempler på samfunn som opplever høy inflasjon og høy arbeidsledighet samtidig. Dette har derimot skjedd flere ganger, mest bemerkelsesverdig i USA i 1970-årene, da hele den amerikanske makteliten, fra president Nixon og ned til «frimarkedsøkonomen» Milton Friedman, tok i bruk utsagnet, «vi er alle keynesianere nå». Den amerikanske staten tok ansvaret for å bekjempe arbeidsledigheten gjennom å øke inflasjonen, men arbeidsledigheten fortsatte å stige mens inflasjonen nådde nye høyder, og motbeviste effektivt teorien om at det finnes en omvendt sammenheng mellom disse to, på tross av keynesianske økonomers forsikringer om det motsatte. I ethvert fornuftig samfunn ville Keynes' ideer blitt fjernet fra økonomiske lærebøker og forbeholdt bruk i akademisk satire, men i et samfunn hvor staten i høy grad kontrollerer læreplanen i akademia, fortsatte tekstbøkene å forkynne det keynesianske mantraet som rettferdiggjør en stadig økning av pengemengden. Muligheten til å trykke penger, billedlig og bokstavelig, øker statens makt, og enhver stat søker alltid etter det som kan gi den mer makt.

Den andre statsgodkjente økonomiske skolen i vår tid er den monetaristiske skole, hvis intellektuelle far er Milton Friedman. Andelen økonomer som er monetarister er relativt lav sammenlignet med andelen keynesianere, men de får allikevel så god plass i debatten at de fremstår som likevektige. Monetarister kan best beskrives som keynesianernes mishandlede koner: De er der for å gi en svak og utvannet stråmannsversjon av argumentene for et fritt marked for å skape en illusjon om at det pågår en akademisk debatt mellom de to skolene, og for å bli konstant og omfattende motbevist for å forhindre intellektuelt nysgjerrige fra å seriøst vurdere det frie markedet. Monetarister er stort sett enige

---

100 Keynes, J. M. *A Tract on Monetary Reform*. London, Macmillan and Co., 1923, s. 80. Det er verdt å merke seg at dagens keynesianere nekter å innse at dette sitatet beskriver Keynes' fokus på nåtiden, på fremtidens bekostning. I stedet argumenterer keynesianere som Simon Taylor for at det betyr at Keynes prioriterer bekjempelse av arbeidsledighet med en gang, i stedet for å bekymre seg for fjerne inflasjonstrusler. Dette forsvarsargumentet viser dessverre bare at Keynes' moderne disipler er like kortsiktige som ham, og akkurat like uvitende om den grunnleggende sannheten at det nettopp er inflatorisk pengepolitikk som skaper arbeidsledighet i utgangspunktet. Se Simon Taylors «The True Meaning of 'In the Long Run We Are All Dead.'» https://www.simontaylorsblog.com/2013/05/05/the-true-meaning-of-in-the-long-run-we-are-all-dead/

med keynesianere om de keynesianske modellenes grunnleggende antagelser, men finner dype og sofistikerte matematiske innvendinger mot noen av modellenes konklusjoner. Derfor foreslår monetaristene fra tid til annen at staten skal spille en mindre rolle i makroøkonomien, og blir umiddelbart avvist som hjerteløse kapitalister som ikke bryr seg om de fattige.

Monetarister er generelt motstandere av keynesianernes bestrebelser etter å bruke penger for å redusere arbeidsledigheten, og hevder at på lang sikt vil det økte forbruket kun skape inflasjon, og ikke lenger redusere arbeidsledigheten. I stedet, foretrekker monetarister skattekutt for å stimulere økonomien, med det argument at det frie markedet vil allokere ressursene bedre enn staten. Mens denne debatten om skattelettelser kontra økt forbruk raser videre, er det viktig å huske på, at begge siders politikk fører til økte offentlige underskudd som kun kan finansieres gjennom offentlig gjeld, og dermed en økning i pengemengden. Et sentralt prinsipp i den monetaristiske tankegangen er imidlertid at staten har et behov for å forhindre en kontraksjon av pengemengden og fall i prisnivået, da disse fenomenene blir ansett som roten til alle økonomiske problemer. Et fall i prisnivået, eller *deflasjon* som monetarister og keynesianere kaller det, vil føre til at folk begynner å spare penger og redusere forbruket, noe som fører til stigende arbeidsledighet, som igjen fører til resesjon. Det mest bekymringsverdige for monetaristene er at deflasjon normalt etterfølges av en kollaps i bankenes balanse, og da de også deler motviljen mot å forstå årsak og virkning, konkluderer de med at sentralbankene skal gjøre alt de kan for å unngå deflasjon. For å få en bedre forståelse for hvorfor monetarister frykter deflasjon, kan man se nærmere på en av de mest anerkjente talene som beskriver den monetaristiske politikken, gitt i 2002 av den tidligere formannen for Federal Reserve, Ben Bernanke, under tittelen *Deflation: Making Sure "It" Doesn't Happen Here.*[101]

Den samlede summen av bidrag fra disse to skolene utgjør konsensusen som undervises i makroøkonomiske studier verden over: At sentralbanken konsekvent bør utvide pengemengden i et kontrollert tempo, for å oppfordre folk til å øke forbruket og dermed holde arbeidsledigheten tilstrekkelig lav. Om sentralbanken skulle redusere pengemengden, eller ikke øke den tilstrekkelig og raskt nok, vil det kunne oppstå en deflasjonsspiral, som vil avskrekke folk

101 *Deflation: Making Sure "It" Doesn't Happen Here.* Bemerkninger fra guvernør Ben S. Bernanke til National Economists Club, Washington, D.C., 21. november 2002.

fra å bruke penger, øke arbeidsledigheten, og deretter føre til økonomisk nedgang.[102] Debatten er på et nivå hvor de fleste hovedstrømsøkonomer og lærebøker ikke engang overveier spørsmålet om hvorvidt pengemengden overhodet skal utvides, da dette er en gitt antagelse, og det kun diskuteres hvordan sentralbankene skal håndtere denne ekspansjonen og diktere rentesatsene. Keynes' troslære, som er universelt populær i dag, opphøyer forbruk for forbrukets egen skyld og for å tilfredsstille umiddelbare behov. Ved å hele tiden utvide pengemengden, gjør sentralbankenes pengepolitikk sparing og investering mindre attraktivt, og oppfordrer dermed folk til å spare og investere mindre, mens de forbruker mer. Den reelle effekten av dette er den utbredte konsumkulturen, hvor folk lever sine liv for å kunne kjøpe stadig større mengder av skrot de ikke behøver. Når alternativet til forbruk er at sparepengene mister verdi over tid, kan du like gjerne nyte de her og nå. Menneskers økonomiske beslutninger gjenspeiles også i alle andre aspekter av deres personlighet, noe som fører til en høy tidspreferanse over alle livets aspekter. En valuta som faller i kjøpekraft, fører til mindre sparing, økning i lån, flere kortsiktige beslutninger i økonomisk produksjon og i kunstneriske og kulturelle bestrebelser, og kanskje mest alvorlig, at jordsmonnets næringsstoffer blir utarmet, noe som fører til stadig mindre næringsstoffer i maten.

I kontrast til disse to skolene står den klassiske tradisjonen for økonomi, som utgjør kulminasjonen av flere hundre års arbeid fra hele verden. Vanligvis omtalt i dag som den østerrikske skole, en anerkjennelse til ære for den siste store generasjonen av økonomer fra Østerrikes gullalder før Første verdenskrig. Den østerrikske skole bygger på klassiske verk fra skotske, franske, spanske, arabiske og greske økonomer. I motsetning til keynesiansk og monetaristisk besettelse med rigid numerisk analyse og innviklet matematikk, fokuserer den østerrikske skolen på å etablere en kausal *forståelse* av fenomener og på logisk vis utlede virkninger fra påviselig sanne prinsipper.

Den østerrikske skolen hevder at penger oppstår i det frie markedet, og etableres som den mest salgbare varen, det vil si den varen som lettest kan selges, under de fleste omstendigheter.[103] En eiendel som beholder sin verdi er bedre enn en eiendel som mister verdi, og sparere velger det byttemiddelet

102 McConnell, Campbell, Stanley Brue, og Sean Flynn. *Economics*. McGraw-Hill, 2009, s. 535.
103 Menger, Carl. «On the Origins of Money». Oversatt av C. A. Foley. *Economic Journal*, vol. 2, 1892.

som best beholder sin verdi. Nettverkseffekter fører til at det til slutt vil stå igjen én enkelt eller noen få eiendeler som velges som byttemiddel. For Mises er fraværet av statlig kontroll en nødvendig betingelse for pengenes sunnhet, da staten alltid vil fristes til å skape mer penger og dermed utvanne verdien.

Bitcoin har en hard øvre grense for hvor mange enheter som totalt kan skapes av valutaen, noe som beskrives nærmere i kapittel 8. Det er tydelig at Nakamoto ikke falt for de keynesianske argumentene, men i stedet var inspirert av den østerrikske skolen, som hevder at den absolutte mengden penger i seg selv er irrelevant så lenge valutaen er uendelig delbar i mindre enheter. Det er kun valutaens kjøpekraft i form av reelle varer og tjenester som betyr noe, ikke dens numeriske mengde. Som Ludvig von Mises beskrev det:[104]

> *Pengenes funksjon er betinget av deres kjøpekraft. Ingen ønsker å ha et bestemt antall pengestykker, eller en bestemt vekt av penger i sin kontantbeholdning: Man ønsker å eie en kontantbeholdning med en bestemt mengde kjøpekraft. Ettersom markedet fungerer slik at pengenes kjøpekraft bestemmes av krysningspunktet for pengenes tilbud og etterspørsel, kan det aldri finnes et overskudd eller underskudd av penger. Hvert individ og alle individer sammen, nyter alltid fullt ut de fordelene de kan oppnå gjennom indirekte utveksling og bruk av penger, uansett om den samlede mengden penger er stor eller liten ... de tjenestene som penger yter kan verken forbedres eller forringes ved å endre pengemengden ... mengden penger som er tilgjengelig i økonomien er alltid tilstrekkelig til å ivareta alle funksjoner som penger evner å levere.*

Murray Rothbard er enig med Mises:[105]

> *En verden med en konstant pengemengde ville være en verden som lignet på 1700- og 1800-tallet, som var preget av den industrielle revolusjonens oppblomstring, med økte kapitalinvesteringer, som økte tilbudet av varer og samtidig førte til fallende priser på varer, og fallende produksjonskostnader.*

Ifølge det østerrikske synspunktet, vil en fast pengemengde føre til at økonomisk vekst gir fallende priser på varer og tjenester. Dermed kan folk kjøpe mer av varene og tjenestene med pengene i fremtiden. I en slik verden ville

104 Mises, Ludwig von. *Human Action*. s. 421.

105 Rothbard, Murray. «The Austrian Theory of Money.» *The Foundations of Modern Austrian Economics*, redigert av Edwin Dolan, Kansas City, Sheed and Ward, 1976, s. 160–84.

riktignok det umiddelbare forbruket falle, nettopp som keynesianerne frykter, men det ville oppmuntre til sparing, investering, og mer forbruk i fremtiden. Keynes forstod ikke at økt sparing i fortiden gir et høyere forbruk i nåtiden, noe som kan sees i lys av hans generelle tankesett, som var preget av høy tidspreferanse. Et samfunn som konstant utsetter forbruket vil faktisk ende opp med å bli et samfunn som forbruker mer i det lange løp enn et samfunn med lav sparing, siden et samfunn med lav tidspreferanse investerer mer og dermed produserer mer inntekt til sine medlemmer i det lange løp. På tross av at en større andel av inntektene spares, vil samfunn med lav tidspreferanse ende med å ha et høyere forbruksnivå og en større kapitalbeholdning.

Hvis samfunnet var et lite barn i marshmallow-eksperimentet beskrevet i kapittel 5, ville keynesiansk økonomi forsøkt å endre eksperimentet, slik at barnets tålmodighet ville bli straffet ved å gi det en halv marshmallow i stedet for to, noe som får hele konseptet med selvkontroll og lav tidspreferanse til å ha den stikk motsatte effekten. Å hengi seg til umiddelbare nytelser blir det mest sannsynlige økonomiske utfallet, og det vil avspeile seg i kulturen og samfunnet som helhet. Dette står i kontrast til det østerrikske tankesettet, som fremmer sunne penger, og tar hensyn til naturens realiteter, hvor man må gjøre avveininger. Hvis barnet venter, vil hun få en større belønning i fremtiden, noe som gir henne større tilfredsstillelse i det lange løp og oppfordrer henne til å utsette nytelsen for å få mer av den.

Når pengeverdien stiger, kan man forvente at folk blir langt mer forsiktige med forbruket sitt, og sparer langt mer av inntekten til fremtiden. Kulturen med shopping som terapi og forbruksfester, hvor billig plastsøppel alltid skal erstattes av enda mer prangende plastsøppel, vil ikke ha en plass i et samfunn med penger som stiger i verdi over tid. I en slik verden vil folk utvikle en lavere tidspreferanse, da deres økonomiske beslutninger vil orientere handlingene deres mot fremtiden, og lære dem å verdsette fremtiden høyere og høyere. Vi kan på denne måten forstå hvordan et slikt samfunn vil få folk til å ikke bare spare og investere mer, men også til å orienteres langsiktig både moralsk, kunstnerisk og kulturelt.

En valuta som øker i verdi oppfordrer til sparing, ettersom sparepengene øker i kjøpekraft over tid. Dette fører til utsatt forbruk, som gir en lav tidspreferanse. På den annen side vil en valuta som faller i verdi etterlate innbyggere i et konstant jag etter en avkastning som er høyere enn inflasjonen, og en slik avkastning kommer ikke uten risiko. Dermed fører det til flere investeringer i risikable prosjekter og en økt risikotoleranse blant investorer, og følgelig økte tap. I et samfunn der pengene holder seg i verdi, utvikler man en lav tidspreferanse, og man lærer å spare og tenke på fremtiden. I et samfunn med høy inflasjon og en stadig svakere økonomi utvikler man en høy tidspreferanse, ettersom folk glemmer hvor viktig det er å spare, og heller fokuserer på umiddelbar nytelse.

Videre vil man i en økonomi med en valuta som styrker seg kun se investeringer i prosjekter som gir en positiv realavkastning i forhold til pengenes verdistigning, noe som betyr at det kun er prosjekter som forventes å øke samfunnets kapitalbeholdning som klarer å skaffe finansiering. I kontrast vil en økonomi med en valuta som faller i verdi oppfordre folk til å investere i prosjekter som gir positiv avkastning i forhold til valutaen som svekker seg, men som har negativ realavkastning. Prosjekter som gir en høyere avkastning enn inflasjonen, men som ikke gir positiv realavkastning, reduserer samfunnets kapitalbeholdning, men er ikke desto mindre et rasjonelt alternativ for investorer, siden kapitalen deres forringes langsommere enn valutaen. Disse investeringene er hva Ludwig von Mises betegner som *feilinvesteringer* – ulønnsomme prosjekter og investeringer som kun fremstår lønnsomme i en periode med høy inflasjon og kunstig lave renter. At de ikke er lønnsomme vises så snart inflasjonen faller og rentene stiger, når nedgangskonjunkturen kommer. Som Mises uttrykker det: «I høykonjunkturen sløses knappe produksjonsmidler bort gjennom feilinvestering og reduserer de tilgjengelige lagerbeholdningene gjennom overforbruk; oppgangstidens påståtte velsignelser betales med utarming.»[106]

Denne beskrivelsen bidrar til å forklare hvorfor økonomer i den østerrikske skole ser gunstigere på bruken av gull som penger, mens keynesianske økonomer støtter statens utstedelse av elastiske penger, hvor nye penger kan trykkes etter statens befalinger. For keynesianere er det faktum at alle verdens sentralbanker bruker fiatvalutaer et vitnesbyrd om hvor overlegne ideene deres er. For tilhengere av den østerrikske skole er det faktum at staten er nødt til å ty til et tvungent forbud mot gull som penger, og til lovfestet betaling i fiatvalutaer, derimot både et vitnesbyrd om fiatpengenes underlegenhet og deres manglende evne til å overleve i et fritt marked. Det er også den grunnleggende årsaken til alle konjunktursvingninger. Mens keynesianske økonomer ikke har noen for-

106 Mises, Ludwig von. *Human Action*. s. 575.

klaring på hvorfor resesjoner oppstår, utover å påberope seg «dyrisk drivkraft», har økonomer fra den østerrikske skole utviklet konjunkturteori, som er den eneste sammenhengende teorien som forklarer årsakene til konjunkturer.[107]

Usunne penger og evig krig

Som vi drøftet i kapittel 4 om pengenes historie, var det ikke tilfeldig at æraen med sentralbankkontrollerte penger ble innviet med den første verdenskrigen i menneskehetens historie. Det er tre grunnleggende sammenhenger mellom usunne penger og krig. For det første er usunne penger i seg selv en barriere for handel mellom land, da den forvrenger verdier landene imellom og gjør handel til et politisk spørsmål, noe som skaper fiendtlighet og konflikt på tvers av grenser og folkegrupper. For det andre kan staten trykke penger til krigføring helt til nasjonens valuta er verdiløs – og ikke bare til staten går tom for penger. Med usunne penger begrenses den bare av hvor mye penger den kan trykke før valutaen ødelegges, noe som gjør det langt enklere for staten å tilegne seg rikdom. For det tredje utvikler personer som bruker sunne penger en lavere tidspreferanse, noe som åpner for å tenke mer på samarbeid fremfor konflikt, som diskutert i kapittel 5.

Desto større marked, jo mer spesialisert blir produksjonen, og jo større blir gevinsten ved handel. Den samme mengden arbeidskraft som brukes på å arbeide i en primitiv økonomi med 10 mennesker, ville føre til en langt lavere materiell levestandard sammenlignet med samme mengde arbeidskraft i et større marked på tusen eller en million mennesker. Folk som lever i et frihandelssamfunn kan jobbe et par timer om dagen i en høyt spesialisert jobb, og med den inntekten kan de kjøpe de varene de ønsker, fra hvilken som helst produsent, hvor som helst på kloden, som fremstiller varene til den laveste prisen og med den beste kvaliteten. For å fullt ut verdsette gevinstene som tilkommer deg ved handel, kan du forestille deg at du skal leve et liv som selvforsynt. Overlevelse i seg selv ville blitt en utrolig krevende oppgave for de fleste, siden vi ville brukt tiden lite effektivt på å dekke grunnleggende eksistensielle behov.

Penger er middelet som muliggjør handel, og det eneste verktøyet for handel andre steder enn i små samfunn med nære personlige relasjoner. For at

107 Rothbard, Murray. *Economic Depressions: Their Cause and Cure*. Auburn, AL, Ludwig von Mises Institute, 2009.

prismekanismen skal fungere, må prisene være fastsatt i en sunn form for penger i alle samfunn som handler med dem. Desto større område som bruker en felles valuta, jo enklere og mer omfattende blir handelen i området. Handel mellom mennesker skaper fredelig sameksistens ved å gi dem en egeninteresse i hverandres velstand. Når samfunn bruker forskjellige former for usunne penger, blir handel mer komplisert, siden prisene varierer i takt med valutakursene. Dette gjør handelsvilkårene uforutsigbare og gjør det umulig å planlegge økonomisk aktivitet over landegrensene.

Da personer med en lav tidspreferanse av natur vil fokusere på fremtiden, er de mindre tilbøyelige til å engasjere seg i konflikter i forhold til de som er mest opptatt av nåtiden. Konflikt er i sin natur destruktivt, og i de fleste tilfeller forstår intelligente og fremtidsorienterte mennesker at det ikke finnes vinnere i voldelige konflikter, da seierherrene sannsynligvis vil lide større tap enn om de unngår konflikten. Siviliserte samfunn fungerer ut ifra forutsetningen om at mennesker respekterer hverandres ønsker, og forsøker å finne fredelige løsninger på konflikter. Skulle det ikke være mulig å finne en fredelig løsning er det mer sannsynlig at folk avslutter samarbeidet, og unngår hverandre, enn at de fortsetter å provosere hverandre og fortsette konflikten. Dette forklarer hvorfor man i velstående siviliserte samfunn generelt ser begrenset med kriminalitet, vold og konflikt.

På nasjonalt plan er det langt mer sannsynlig at nasjoner som bruker sunne penger har fred med hverandre, eller har begrenset med konflikter, siden sunne penger setter reelle begrensninger for statenes evne til å finansiere militære operasjoner. I Europa på 1800-tallet måtte kongene som ønsket å kjempe mot hverandre beskatte befolkningene sine for å kunne finansiere militæret. I det lange løp kunne en slik strategi kun være lønnsom for konger som ville bruke sitt militær defensivt i stedet for offensivt. Defensive militære operasjoner har alltid en fordel fremfor offensive operasjoner, fordi den som forsvarer seg kjemper på sin egen jord, nær sitt eget folk og sine forsyningslinjer. En monark som fokuserte militæret sitt på forsvar kunne regne med at innbyggerne ville være villige til å betale skatt for å forsvare seg mot utenlandske inntrengere. Men en monark på langvarige militærtokt i utlandet for å berike seg selv, ville få folket mot seg og pådra seg betydelige kostnader ved å kjempe mot andre hærer på bortebane.

Konflikter koster sakte men sikkert flere liv			
Periode	Konfliktrelaterte dødsfall (millioner)	Verdens befolkning, midten av århundret, (millioner)	Konfliktrelaterte dødsfall i prosent av verdens befolkning (%)
1500-tallet	1,6	493,3	0,32
1600-tallet	6,1	579,1	1,05
1700-tallet	7,0	757,4	0,92
1800-tallet	19,4	1172,9	1,65
1900-tallet	109,7	2519,5	4,35

Tabell 7.1: Konflikter og dødstall fra de siste fem århundrene.

Dette kan bidra til å forklare hvorfor 1900-tallet har vært det dødeligste århundret i nedskreven historie. FNs Human Development Report fra 2005[108] analyserte dødsfall i konflikter gjennom de siste fem århundrene og fant at 1900-tallet var det mest dødelige. Da de store europeiske nasjonene gikk i krig med hverandre i perioden under gullstandarden, var krigene vanligvis korte og ble utkjempet på slagmarker av profesjonelle hærer. En av de største krigene i Europa på 1800-tallet var den fransk-tyske krigen i 1870–1871, som varte i 9 måneder, der ca. 150 000 mennesker ble drept. Under Andre verdenskrig, som var finansiert av 1900-tallets myke statspenger, tilsvarer det antallet dødsfall i en gjennomsnittlig uke. Da gullstandarden begrenset landene til å finansiere krig via beskatning, måtte europeiske stater ha utgiftene klare før slaget, og bruke midlene på å forberede militæret så effektivt som mulig for å oppnå en avgjørende seier. Så snart slagets gang begynte å gå imot en av hærene, var det ikke logistisk og økonomisk mulig å øke skattene for å styrke militæret og snu tidevannet. I stedet var det bedre å forhandle seg fram til en fredsavtale med så få tap som mulig. De dødeligste krigene på 1800-tallet var Napoleonskrigene, som ble utkjempet før gullstandarden formelt ble vedtatt på kontinentet, i kjølvannet av den franske revolusjonens tåpelige eksperimenter med inflasjon. Se tabell 7.1.[109]

108 *Kilde: Human Development Report 2005: International Cooperation at a Crossroads: Aid, Trade and Security in an Unequal World.* United Nations Development Program, New York, 2005, hdr.undp.org/en/content/human-development-report-2005.

109 *Kilde: Human Development Report 2005: International Cooperation at a Crossroads: Aid, Trade and Security in an Unequal World.* United Nations Development Program, New York, 2005, hdr.undp.org/en/content/human-development-report-2005.

I dag er det et stort antall selskaper som spesialiserer seg på krigføring, og som er avhengig av krig for å forsvare sin eksistens. De lever utelukkende av offentlige utgifter, og hele deres eksistens er avhengig av en evig krigføring som gjør forsvarsutgiftene stadig større. Forsvarsutgiftene i USA er nesten på nivå med de samlede militærutgiftene for resten av verden, så denne bransjen har en enorm egeninteresse av å holde USA stadig involvert i konflikt. Dette forklarer, mer enn noe annet strategisk, kulturelt, ideologisk, eller sikkerhetsmessig forhold, hvorfor USA har vært involvert i så mange konflikter i ulike deler av verden, som ikke hadde noen betydning for den gjennomsnittlige amerikaner. Kun gjennom usunne penger kan disse selskapene vokse seg så store at de kan påvirke media, akademia og PR-byråene til å alltid slå på krigstrommene.

Begrenset vs. allmektig statsmakt

I sin gjennomgripende historie om fem århundrer med den vestlige sivilisasjon, *From Dawn to Decadence*, identifiserer Jacques Barzun avslutningen på Første verdenskrig som det avgjørende startskuddet til Vestens forfall, forråtnelse og undergang. Det var i kjølvannet av denne krigen at Vesten led under hva Barzun betegner som «Det store skiftet», hvor liberalisme ble erstattet av liberalitet, som utga seg for å være en verdig arvtaker, men i virkeligheten var det stikk motsatte.[110]

> *Liberalismen seiret på prinsippet om at de beste stater er de som styrer minst. Nå har alle de vestlige nasjonenes politiske visdom omformulert dette frihetsidealet til liberalitet. Denne endringen har skapt forvirring i vokabularet vårt.*

Mens liberalismen mente at statens rolle var å la individet leve i frihet, og dermed nyte fordelene og lide under konsekvensene av deres handlinger, var liberalitet den radikale oppfattelse av at det var statens rolle å tillate individet å hengi seg til alle deres begjær og samtidig beskytte dem mot konsekvensene. Sosialt, økonomisk og politisk ble statens rolle omformulert til å bli en ønskeoppfyllende flaskeånd, hvor befolkningen bare behøvde stemme på det ønsket de ville ha oppfylt.

110 Barzun, Jacques. *From Dawn to Decadence: 500 Years of Western Cultural Life*. HarperCollins, 2000, s. 688.

Den franske historikeren Élie Halévy satte startpunktet for hva han kalte «tyrannienes æra» til året 1914, da Første verdenskrig startet, og verdens stormakter vendte seg mot nasjonalisering både økonomisk og intellektuelt. De nasjonaliserte produksjonsmidlene og skiftet til syndikalisme og korporatisme i samfunnsorganiseringen, samtidig som de ideene som ble ansett for å være motstridende med de nasjonale interessene ble undertrykket, og nasjonalismen ble fremmet under hva han kalte «organisering av entusiasme».[111]

Dette klassiske liberale statskonseptet er kun mulig i en verden med sunne penger, hvor det fungerer som en naturlig begrensning av statsautoritarisme og maktmisbruk. Så lenge staten måtte beskatte sine borgere for å finansiere virksomheten sin, måtte den begrense aktiviteten sin til det borgerne anså som akseptabelt. Staten var nødt til å sikre at regnskapet var i balanse ved å alltid holde forbruket innenfor skatteinntektenes rammer. I et samfunn med sunne penger er staten avhengig av befolkningens samtykke for å finansiere seg selv. Ethvert nytt forslag om hva staten kunne foreta seg, skal betales i forkant med skattepenger eller ved salg av langsiktige statsobligasjoner, som gir befolkningen et nøyaktig bilde av de faktiske kostnadene, som de da lett kan sammenligne med fordelene. En stat som søker finansiering til legitime nasjonale forsvars- og infrastrukturprosjekter, vil ha relativt lett for å beskatte og selge obligasjoner til befolkningen, som vil kunne se fordelene med sine egne øyne. Men en stat som hever skattene for å finansiere en monarks overdådige livsstil vil skape stor motstand i befolkningen, og dermed så tvil om styresmaktens legitimitet, som snart vil stå på utrygg grunn. Desto større belastning myndighetenes skattelegging og påbud er for befolkningen, jo større sannsynlighet er det for at borgerne nekter å betale skatt, at omkostningene for skatteoppkrevingen vil stige betydelig, eller at borgerne vender seg mot staten og erstatter den, enten gjennom avstemning eller med vold.

Sunne penger påtvang derfor stater en viss grad av ærlighet og gjennomsiktighet, og begrenset deres styre til hovedsakelig å være innenfor det befolkningen ønsket og godtok. Sunne penger gjorde det mulig for samfunnet å se de offentlige tiltakenes kostnader og nytteverdi, og la til rette for en økonomisk ansvarlighet som er nødvendig for at organisasjoner, mennesker og levende vesener skal kunne lykkes: Produksjon må komme før forbruk.

111 Halévy, Élie en May Wallas. «The Age of Tyrannies.» *Economica*, New Series, vol. 8, nr. 29, februar 1941, s. 77–93.

Usunne penger, på den annen side, gir staten mulighet til å kjøpe troskap og popularitet i befolkningen ved å oppfylle populære mål gjennom forbruk, uten å måtte vise regningen. Staten øker ganske enkelt pengemengden for å finansiere et hvilket som helst lavpannet prosjekt, og de sanne kostnadene ved slike prosjekter merkes kun av befolkningen i de etterfølgende årene, når inflasjonen i pengemengden får prisene til å stige, og det er lett å skylde på et utall forskjellige årsaker, for eksempel utenrikspolitiske forhold, bankfolk, minoritetsgrupper eller tidligere eller fremtidige regjeringer. Usunne penger er et særlig farlig verktøy i hendene på nåtidens demokratiske politikere, som står overfor et konstant press om å skulle velges igjen. Nåtidens velgere vil neppe favorisere de kandidatene som er ærlige om omkostningene og fordelene ved deres prosjekter. Velgerne er i stedet tilbøyelige til å velge de bedragerne, som med munnen full av valgflesk, legger skylden for regningen på forgjengeren, eller på en tilfeldig ondsinnet sammensvergelse. Demokrati blir dermed massenes vrangforestilling om at man kan tilsidesette økonomiens regler ved å stemme seg selv til gratis goder, for så at folket manipuleres til voldelige utbrudd mot syndebukker når regningen kommer i form av inflasjon og resesjoner.

Usunne penger er hovedproblemet bak vrangforestillingene til de fleste velgere, og de som er uheldige nok til å studere makroøkonomi på universitetsnivå: De tror at statens handlinger ikke har noen alternativkostnad, og at den med sin allmektige tryllestav kan forme virkeligheten som den vil. Uavhengig av om det dreier seg om fattigdomsbekjempelse, håndhevelse av moral, helsevesen, utdanning, infrastruktur, reform av andre lands politiske og økonomiske institusjoner, eller om å sette til side reglene for tilbud og etterspørsel for et gode som folk føler er viktig, lever de fleste borgere i drømmeland, med den vrangforestillingen at ingen av disse har reelle kostnader, og alt som kreves for å nå disse målene er «politisk vilje», «sterk ledelse» og fravær av korrupsjon. Kunnskapen om at økonomi innebærer å velge, og at hvert valg har en alternativkostnad, forsvinner når folk tenker på offentlig sektor. Den alminnelige borger vil bli rystet over å få det åpenbare påpekt, nemlig at tingene de ønsker seg, ikke kan skapes av deres yndlingspolitiker, eller dennes motstander, ut av det blå, og uten kostnader. Tvert imot må de leveres av virkelige mennesker, som skal stå opp om morgenen og jobbe i dager eller år for å gi deg det du ønsker, og dermed samtidig nekte seg selv muligheten til å jobbe med andre ting, som de kanskje heller ville foretrukket. Selv om ingen politiker noensinne er blitt valgt gjennom å anerkjenne denne virkeligheten, kan ikke stemmeurnene endre på det faktum at menneskers tid er en grunnleggende knapphet. Hver gang staten bestemmer seg for å bidra med noe, øker den ikke den økonomiske produksjonen, men innfører ganske enkelt mer sentralplanlegging av økonomisk produksjon, med forutsigbare konsekvenser.[112]

Usunne penger var en velsignelse for tyranner, undertrykkende regimer og illegitime stater, siden det lot dem omgå realitetene med kostnad og nytte ved å øke pengemengden for å finansiere virksomheten sin først, og deretter gi konsekvensene til befolkningen senere, når velstanden og kjøpekraften deres forduftet. Historien er full av eksempler på hvordan stater med enerett på å skape penger ut av tynne luften nesten alltid har misbrukt dette privilegiet og brukt det mot sin egen befolkning.

Det er ikke tilfeldig at når man ser på historiens verste tyranner, så har de alle hatt et system med statlige penger som finansierer staten gjennom konstant inflasjon. Det er en svært god grunn til at Vladimir Lenin, Josef Stalin, Mao Zedong, Adolf Hitler, Maximilien Robespierre, Pol Pot, Benito Mussolini, Kim Jong Il og mange andre beryktede kriminelle, alle regjerte i perioder med usunne statspenger, som de kunne trykke etter behag for å finansiere folkedrap og totalitære storhetsvanvidd. Av den samme grunnen har ingen av disse landene oppfostret noen som har vært i nærheten av slike forbrytere under sunne monetære regimer der staten måtte innkreve skatteinntektene før de kunne bruke pengene. Ingen av disse monstrene har noensinne selv avskaffet sunne penger for å kunne finansiere sine massemord. Ødeleggelsen av sunne penger skjedde i forkant, og ble hyllet med vidunderlige, inspirerende historier om barn, utdanning, arbeidsfrigjørelse og nasjonal stolthet. Men når sunne penger først ble ødelagt, ble det veldig lett for disse forbryterne å ta makten, og å ta kontroll over alle samfunnsressursene ved å øke pengemengden.

Usunne penger gir statene tilnærmet ubegrenset makt, med store konsekvenser for enkeltmennesket, ved å tvinge politikken inn i livets hovedrolle og omdirigere store deler av samfunnets energi og ressurser til et nullsumspill om hvem som skal styre og hvordan. Sunne penger gjør derimot selve styreformen til et spørsmål med begrensede konsekvenser. Et demokrati, en republikk eller

112 Rothbard, Murray. «The End of Socialism and the Calculation Debate Revisited.» *Review of Austrian Economics*, vol. 5, nr. 2, 1991.

et monarki holdes alle i sjakk av sunne penger, noe som fører til at de fleste mennesker har en stor grad av frihet i privatlivet.

Uansett om det er i de sovjetiske eller kapitalistiske økonomier, er det en oppfatning at det er godt og nødvendig når staten «leder» eller «kontrollerer» økonomien for å oppnå økonomiske mål. Det er her verdt å vende tilbake til John Maynard Keynes' synspunkter for å forstå motivasjonen bak det økonomiske systemet han foreslår, og som menneskeheten har måttet kjempe mot de seneste tiårene. I en av sine mindre kjente artikler, *The End of Laissez-Faire*, gir Keynes sitt syn på hva statens rolle i et samfunn bør være. Keynes uttrykker sin motstand mot liberalisme og individualisme, som man kunne forvente, men presenterer også begrunnelsen for sin motstand mot sosialismen:

> *1800-tallets statssosialisme sprang ut fra Bentham, blant annet i form av fri konkurranse, og er i noen sammenhenger en klarere, i andre sammenhenger en mer rotete versjon, av nettopp den samme filosofi som ligger til grunn for 1800-tallets individualisme. Begge la like mye vekt på frihet, den ene negativt for å unngå begrensninger på eksisterende frihet, den andre positivt for å ødelegge naturlige eller ervervede monopoler. De er ulike reaksjoner på de samme intellektuelle strømningene.*

Keynes' problem med sosialismen er altså at dens endelige mål var å øke den individuelle friheten. Ifølge Keynes, bør ikke det endelige målet være å bry seg med trivielle spørsmål som individuell frihet, men i stedet la staten kontrollere aspekter av økonomien etter hans smak. Han skisserer tre hovedområder hvor han anser statens rolle for å være avgjørende: For det første «den tilsiktede kontroll over valutaen og av kreditt gjennom en sentral institusjon», hvilket la grunnlaget for nåtidens sentralbanker. For det andre, mente Keynes at det var statens rolle å bestemme «i hvilken grad det er ønskelig at samfunnet som helhet skal spare, om sparingen skal gå til utlandet i form av utenlandske investeringer, og hvorvidt den nåværende organiseringen av investeringsmarkedet fordeler oppsparingen til de områdene som er mest produktive for landet. Jeg synes ikke disse spørsmålene skal overlates helt til tilfeldighetene av privat dømmekraft og privat profitt, som de er i dag.» Til slutt, mente Keynes at det var statens rolle å tenke ut «en veloverveid nasjonal politikk for hvilken størrelse på befolkningen som er mest hensiktsmessig, uansett om det er en større, den samme eller en mindre befolkning enn i øyeblikket. Og etter å ha avgjort denne politikken, må vi ta skritt for å sette den i verk. Det kan komme et tidspunkt der samfunnet som helhet må tenke på den medfødte kvaliteten til og antallet fremtidige medlemmer.»[113]

Den keynesianske oppfatningen av staten, som ga opphav til nåtidens utbredte sentralbankdoktriner, og som former størsteparten av verdens lærebøker i økonomi, kom fra en mann som ønsket at statene skulle ha kontroll på to viktige områder. Det første området er kontroll over penger, kreditt, og spare- og investeringsbeslutninger, som betyr totalitær sentralisering av kapitalallokering og ødeleggelse av fri individuell virksomhet, noe som gjør enkeltmennesket helt avhengig av staten for sin overlevelse. Det andre området er kontroll over befolkningsmengde og -kvalitet, som betyr rasehygiene. I motsetning til sosialistene, søkte ikke Keynes dette nivået av kontroll over individet for å øke deres frihet i det lange løp, men snarere for å skape en større visjon for samfunnet, etter hans eget verdensbilde. Mens sosialistene kanskje hadde anstendigheten til i det minste å late som de ville trellbinde folk for sitt eget beste, for å gi dem frihet en gang i fremtiden, var statsslaveriet, for slaveriets egen skyld, det ultimate målet for Keynes. Dette kan bidra til å forklare hvorfor Murray Rothbard sa: «Det er kun én god ting å si om Marx, i det minste var han ikke keynesianer.»[114]

Selv om en slik oppfatning kan appellere til idealister skjermet mot virkeligheten, som bare klarer å forestille seg positive utfall, vil det i virkeligheten føre til at markedsmekanismene som er nødvendige for økonomisk produksjon blir ødelagt. I et slikt system slutter pengene å fungere som et informasjonssystem for produksjon, og tar snarere funksjonen som statens lojalitetsprogram.

Underslaget

Kapittel 3 forklarte hvordan enhver vare som får en rolle som penger vil oppfordre folk til å produsere mer av varen. En type penger som lett kan produseres, vil føre til at flere økonomiske ressurser og menneskers tid avsettes til å produsere dem. Siden penger ikke anskaffes for sine egne egenskaper, men for å byttes mot andre varer og tjenester, er det deres kjøpekraft som er viktig, ikke den absolutte pengemengden. Aktiviteter som øker pengemengden gir derfor

113 Keynes, J. M. «The End of Laissez-Faire.» *Essays in Persuasion*, London, The Royal Economic Society, 1931, s. 272–295.

114 Rothbard, Murray. «A Conversation with Murray Rothbard.» *Austrian Economics Newsletter*, vol. 11, nr. 2, Auburn, AL, Mises Institute, Summer 1990.

ingen gevinst for samfunnet. Derfor vil den varen som oppnår rollen som penger i et fritt marked ha et pålitelig høyt lager/tilførsel-forhold, der tilførselen av nye penger er lav i forhold til lageret; den eksisterende pengemengden. Dette gjør at minst mulig av samfunnets arbeidskraft og kapital brukes på å produsere mer av pengene, og heller går til produksjon av nyttige varer og tjenester hvis absolutte kvantitet er viktig, i motsetning til det som er tilfellet for penger. Gull ble den ledende globale monetære standarden fordi utvinning av nytt gull alltid utgjorde en liten prosentandel av det eksisterende gullageret. Dette gjorde gullgruvedrift til en usikker og ulønnsom forretning, noe som førte til at mer og mer av verdens kapital og arbeidskraft ble rettet mot produksjon av ikke-monetære varer.

For John Maynard Keynes og Milton Friedman var en av de viktigste fordelene ved å gå bort fra gullstandarden de lavere kostnadene ved utvinning som ville følge av å bytte til statsutstedte papirpenger, som hadde en langt lavere produksjonskostnad enn gull. Ikke bare misforstod de at gullproduksjon er veldig lite ressurskrevende sammenlignet med andre varer som kan produseres enklere, de undervurderte også de reelle kostnadene for samfunnet ved å bruke en form for penger som kan trykkes på myndighetenes befaling, som er mottakelig for politisk press fra demokrati og særinteresser. De reelle kostnadene ligger ikke i de direkte kostnadene ved å drive seddelpressen, men fra all den tapte økonomiske aktiviteten som følger av at produktive ressurser jager etter de nye statsutstedte pengene, i stedet for å engasjere seg i økonomisk produksjon.

Utvidelse av pengemengden gjennom utlån, og den resulterende inflasjonen, kan forstås som et samfunnsgjennomgripende eksempel på det økonomen John Kenneth Galbraith[115] kalte for «underslaget» i sin bok om de harde trettiåra. Den kraftige utlånsveksten på 1920-tallet førte til at bedriftene ble oversvømt med penger, og det var ganske enkelt for folk å begå underslag med disse pengene på forskjellige vis. Så lenge pengemengden utvides, er ofrene uvitende, og det skapes en illusjon om økt velstand i samfunnet, der både offeret og forbryteren tror at de er i besittelse av pengene. Når sentralbankene tilfører penger, forårsaker det uholdbare høykonjunkturer ved å tillate finansie-

115 Galbraith, John Kenneth. *The Great Crash*, 1929. Boston, Houghton Mifflin Harcourt, 1997, s. 133.

ring av ulønnsomme prosjekter og fortsatt forbruk av ressurser på uproduktive aktiviteter.

I et sunt pengesystem overlever alle bedrifter ved å tilby samfunnet noe av verdi, og ved å selge produktene til en høyere pris enn det de betaler for å produsere dem. Bedriften er produktiv fordi den omdanner innsatsfaktorer med en bestemt markedspris til ferdige produkter med en høyere markedspris. Bedrifter som produserer varer som er mindre verdt enn innsatsfaktorene vil gå konkurs, slik at ressursene deres frigjøres og kan brukes av andre, mer produktive bedrifter, i det økonomen Joseph Schumpeter kalte *kreativ ødeleggelse*. Profitt er ikke mulig i et fritt marked uten reell risiko for tap, og alle må risikere å tape noe: Fiasko er alltid en reell mulighet, og den kan bli kostbar. Usunne penger utstedt av statene kan imidlertid stanse denne prosessen og hindre at uproduktive bedrifter dør, samtidig som de heller ikke egentlig er i live; som økonomiske motstykker til zombier eller vampyrer som suger ressurser ut av levende og produktive bedrifter for å produsere ting som har en lavere verdi enn ressursene som kreves for å lage dem. Dette skaper en ny samfunnskaste, som eksisterer etter sine egne spilleregler, da de ikke tar noen risiko. Siden de ikke utsettes for noen markedstest, er de skjermet mot konsekvensene av handlingene sine. Denne nye kasten finner vi i alle økonomiske sektorer som subsidieres med offentlige midler.

Det er ikke mulig, med noen grad av nøyaktighet, å estimere hvor stor andel av nåtidens aktiviteter i verdensøkonomien som går til å jage statlige penger fremfor produksjon av varer og tjenester som er nyttige for samfunnet, men det er mulig å danne seg et generelt bilde ved å se på hvilke virksomheter og sektorer som overlever prøvelsene i det frie markedet, og hvilke som kun er i live takket være statens rundhåndethet gjennom finans- eller pengepolitikk.

Metoden som benyttes til å skape zombieselskaper, som er enklest å påvise, er statsstøtte. Alle bedrifter som direkte mottar statsstøtte, og de aller fleste bedrifter som lever av å selge produktene sine til offentlig sektor, er zombier. Hadde disse bedriftene vært produktive for samfunnet, ville frie individer ha betalt for produktene deres med glede. At de ikke kan overleve på frivillige betalinger viser at disse virksomhetene er en byrde, og ikke en produktiv ressurs i samfunnet.

Den mer skadelige måten å skape zombieselskaper på, er imidlertid ikke gjennom direkte offentlige betalinger, men gjennom adgang til kreditt med lav rente. Da fiatpenger langsomt har uthulet samfunnets spareevne, kommer ikke lenger kapitalinvesteringer fra oppsparte midler, men fra gjeld skapt av staten, som devaluerer den eksisterende pengemengden. I et samfunn med sunne penger ser man at jo mer en person sparer, jo mer er han i stand til å bygge opp kapital og dermed investere, noe som betyr at kapitaleiere har en tendens til å ha en lavere tidspreferanse. Men når kapital skapes gjennom statlige utlån, er de som allokerer kapitalen ikke lenger fremtidsorienterte, men medlemmer av forskjellige byråkratiske myndigheter.

I et fritt marked med sunne penger, velger kapitaleiere å allokere kapitalen til de investeringene som de mener er mest produktive, og de kan bruke investeringsbanker til å styre denne allokeringsprosessen. Dette belønner bedriftene som er flinke til å betjene kundene sine og investorene som oppdager dem, og straffer dårlige beslutninger. I et fiatbasert pengesystem er sentralbanken imidlertid de facto ansvarlig for hele kredittallokeringsprosessen. Den kontrollerer og overvåker bankene som allokerer kapital, fastsetter utlånskriteriene og forsøker å kvantifisere risiko gjennom matematiske formler som ignorer hvordan risiko fungerer i virkeligheten. Det frie markedet kan ikke lenger oppfylle sin rolle, da sentralbanken dikterer hvem som kan ta opp lån og under hvilke betingelser, noe som tilsidesetter den økonomiske realiteten av fortjeneste og tap.

I en verden med fiatpenger er det viktigere for bedriftene å ha en god relasjon til de som kontrollerer seddelpressen, enn å tilby verdifulle tjenester og produkter til kundene. Bedrifter som kan låne til en lav rente, vil ha en vedvarende fordel i forhold til konkurrentene som ikke kan det. Kriteriene for å lykkes i markedet henger i høyere og høyere grad sammen med hvorvidt man kan sikre seg finansiering til lavere renter, enn om man klarer å levere tjenester som samfunnet har behov for.

Dette enkle fenomenet forklarer en stor del av nåtidens økonomiske virkelighet, slik som det store antallet bransjer som tjener penger, men ikke produserer noe av verdi for noen. Offentlige myndigheter er det beste eksempelet på dette, og det dårlige omdømmet de har fått som følge av de ansattes inkompetanse kan bare forklares med at de er finansiert gjennom underslag, og at de dermed er fullstendig adskilt fra den økonomiske virkeligheten. I stedet for markedets harde test av hvorvidt de kan tjene folket, tester offentlige myndigheter seg selv og konkluderer alltid med at svaret på alle deres mangler er flere bevilgninger. Uansett hvor inkompetente, uaktsomme eller mislykkede de er, står offentlige myndigheter og ansatte sjeldent overfor noen reelle konsekvenser. Selv etter at en offentlig etat har mistet eksistensgrunnlaget sitt, vil den leve videre, med nye oppgaver og ansvarsområder som den lager seg. Et eksempel på dette er fra Libanon, der tog- og jernbaneverket fortsatt lever i beste velgående, flere tiår etter at togene ble tatt ut av drift og det eneste som står igjen er de gjennomrustede togskinnene.[116]

I en globalisert verden er ikke underslaget begrenset til nasjonale myndigheter, men har vokst til å omfatte internasjonale organisasjoner, som er blitt berømt verden over for å tære på tid og krefter til ingen tenkelig fordel for andre enn de som jobber der. Siden de befinner seg utenfor synsfeltet til de skatteyterne som betaler for dem, er det enda mindre innsyn i disse organisasjonene enn i de nasjonale myndighetene, og de har dermed enda mindre ansvar og et langt mer avslappet forhold til budsjetter, frister og arbeid.

Akademia er et annet godt eksempel, hvor studenter betaler stadig mer urimelige priser for å gå på universitetet, kun for å bli undervist av professorer som bruker begrenset med tid og krefter på undervisning og veiledning av studenter, men i stedet bruker det meste av tiden sin på å utgi uleselig forskning for å motta statlige bevilgninger og klatre oppover på akademias rangstige. I et fritt marked ville akademikerne måtte bidra med verdi gjennom å undervise eller skrive ting som folk faktisk leser og drar nytte av. Men den gjennomsnittlige akademiske artikkel blir sjeldent lest av andre enn den lille kretsen av akademikere fra samme disiplin, som godkjenner hverandres bevilgninger og håndhever standardene for gruppetenking og politisk motiverte konklusjoner, forkledt som akademisk grundighet.

Den mest populære og innflytelsesrike læreboken i økonomi i etterkrigstiden ble skrevet av nobelprismottakeren Paul Samuelson. I kapittel 4 så vi hvordan Samuelson forutså at avslutningen på Andre verdenskrig ville forårsake den største resesjonen i verdenshistorien, men i stedet fikk USA en av de største høykonjunkturene i landets historie. Det skulle vise seg at han tok feil på andre områder også. Samuelsons bok, *Economics: An Introductory Analy-*

116 For mer om dette emnet, les James M. Buchanan og Gordon Tullock, *The Calculus of Consent: Logical Foundations of Constitutional Democracy*. Ann Arbor, University of Michigan Press, 1962.

sis, har solgt millioner av eksemplarer gjennom seks tiår.[117] Levy og Peart[118] analyserte de forskjellige versjonene av Samuelsons lærebok, og det viste seg at han gjentatte ganger hevdet at den sovjetiske økonomiske modellen var bedre egnet til å skape økonomisk vekst. I bokens fjerde utgave, fra 1961, spådde han at Sovjetunionens økonomi ville bli større enn USAs økonomi en gang mellom 1984 og 1997. Disse prognosene for når Sovjetunionen skulle forbigå USA fortsatte å bli publisert med stigende selvsikkerhet og varierende estimater gjennom syv utgaver av læreboken, inntil den ellevte utgaven i 1980.

Da den trettende utgaven nådde skrivebordene til universitetsstudenter i 1989, samtidig med at Sovjetunionen var i ferd med å gå i oppløsning, inneholdt den følgende konklusjon fra Samuelson og hans daværende medforfatter William Nordhaus: «Den sovjetiske økonomi er bevis på, at i motsetning til hva mange skeptikere tidligere har trodd, kan en sosialistisk kommandoøkonomi fungere, og til og med blomstre.»[119] Denne type konklusjoner var ikke begrenset til én lærebok, og Levy og Peart fant flere eksempler på at slike konklusjoner var alminnelige i mange utgaver av det som trolig er den nest mest populære økonomiboken, McConnells *Economics: Principles, Problems, and Policies*, så vel som mange andre lærebøker. Alle som studerte økonomi i etterkrigstiden, på et universitet som fulgte en amerikansk læreplan (størsteparten av verdens studenter), fikk presentert konklusjonen om at den sovjetiske modellen er en mer effektiv måte å organisere økonomisk aktivitet på. Selv etter Sovjetunionens totale sammenbrudd ble de samme lærebøkene fortsatt brukt til undervisning på de samme universitetene, hvor de grandiose proklamasjonene om sovjetisk suksess ble fjernet fra nyere utgaver, uten at det ble satt spørsmålstegn ved resten av bøkenes økonomiske verdenssyn og metoder. Hvordan har det seg at så åpenbart feilslåtte lærebøker fortsatt brukes i undervisningen, og hvordan kan det gå til at det keynesianske verdensbildet som gjennom de siste syv tiårene er blitt motbevist – av blant annet boomen etter Andre verdenskrig, syttitallets stagflasjon, og Sovjetunionens sammenbrudd – stadig undervises ved universitetene? Absurditeten har nådd et nivå der dekanen for nåtidens keynesianske økonomer, Paul Krugman, har skrevet om hvordan en

117 Skousen, Mark. «The Perseverance of Paul Samuelson's Economics.» *Journal of Economic Perspectives*, vol. 11, nr. 2, 1997, s. 137–52.

118 Levy, David og Sandra Peart. «Soviet Growth and American Textbooks: An Endogenous Past.» *Journal of Economic Behavior & Organization*, vol. 78, iss. 12, april 2011, s. 110–25.

119 Skousen, Mark. «The Perseverance of Paul Samuelson's Economics.»

invasjon fra rommet ville være fantastisk for økonomien, da den ville tvunget staten til å mobilisere og forbruke ressurser.[120]

I et system basert på fri markedsøkonomi, ville ingen universiteter med respekt for seg selv velge å undervise sine elever i ting som er så åpenbart feil og absurd, men i stedet strebe etter å gi elevene den kunnskapen de har mest bruk for. Men i et akademisk system som er fullstendig korrumpert av statlige penger, er det ikke hvorvidt kunnskapen stemmer med virkeligheten som avgjør hva som inngår i læreplanen, men heller hvorvidt det harmonerer med den politiske dagsorden til myndighetene som finansierer systemet. Og alle stater elsker keynesiansk økonomi i dag, av samme grunn som de elsket den i 1930-årene: Den er en spissfindig rettferdiggjørelse for å tilegne seg stadig mer makt og penger.

Det samme mønsteret gjentar seg i mange andre disipliner i den akademiske verden. Statlige myndigheter finansierer monopoliserte grupper av likesinnede forskere, som deler en grunnleggende forutinntatthet. Du får ikke en jobb eller finansiering i dette systemet ved å produsere kunnskap som er produktiv og nyttig for den virkelige verden, men ved å fremme agendaen til de som finansierer systemet. At finansieringen kommer fra kun ett sted, gjør et fritt marked for ideer umulig. Akademiske debatter handler i stadig økende grad om ubetydelige detaljer, og alle parter i disse broderlige tvistene kan alltid bli enige om at begge parter har behov for mer finansiering for å fortsette med disse viktige uenighetene. Den akademiske debatten er i de fleste tilfeller fullstendig irrelevant for den virkelige verden, og artiklene i akademiske tidsskrifter leses nesten aldri av andre enn de som skriver dem for å fremme sin egen karriere. Statens underslag fortsetter i det uendelige, fordi det ikke finnes noen mekanisme som kan kutte inntektene, da et slikt kutt aldri vil kommet de involverte partene til gode.

I et samfunn med sunne penger er bankvirksomhet en viktig og produktiv jobb, hvor bankfolk oppfyller to avgjørende funksjoner for økonomisk velstand: De oppbevarer aktiva som innskudd, og de matcher løpetid og risikotoleranse mellom investorer og investeringsmuligheter. Bankfolkene tjener penger ved å ta en andel av overskuddet når de lykkes i jobben sin, men tjener ingenting når resultatene uteblir. Bare bankene og bankfolkene som gjør en

120 Krugman, Paul. «Secular Stagnation, Coalmines, Bubbles, and Larry Summers.» *New York Times*, 16. november 2003.

god jobb overlever, resten lukes ut. I et samfunn med sunne penger eksisterer ikke bekymringer om konkurser på grunn av likviditetsproblemer, siden alle bankene har innskuddene som likvide midler og investeringer med matchende løpetid. Med andre ord vil det ikke være et skille mellom illikviditet og insolvens, og ingen systemisk risiko kan gjøre at en bank blir «too big to fail». At en bank går konkurs, er kun et problem for bankens aksjonærer og långivere, og ingen andre.

Usunne penger tillater løpetider som ikke er sammenfallende, som for eksempel ved fraksjonell utlånsvirksomhet, som utsetter bankene for en konstant risiko for likviditets- eller bankkriser. Når det ikke er sammenfall av løpetid, som i praksisen ved utlån med fraksjonelle reserver, risikerer bankene alltid å ende opp i en likviditetskrise hvis långiverne og innskyterne skulle kreve å få innskuddene sine utbetalt på samme tidspunkt. Den eneste løsningen for å redusere risikoen knyttet til ulike løpetider, er å ha en siste låneinstans som kan gi lån til bankene i en bankkrise.[121] I et samfunn med sunne penger, ville en sentralbank måtte beskatte alle som ikke har noe med banken å gjøre, for å redde den. I et samfunn med usunne penger kan sentralbanken enkelt tilføre en ny mengde penger og bruke pengene til å sikre bankens likviditet. Usunne penger gjør dermed forskjell på likviditet og solvens. En bank kan være solvent målt i nåverdien til bankens eiendeler, men samtidig ha et likviditetsproblem som gjør at banken ikke klarer å møte sine finansielle forpliktelser i en gitt periode. Men selve mangelen på likviditet kan utløse en bankkrise dersom flere innskytere og långivere samtidig vil heve innskuddene sine i banken. Enda verre er det at dårlig likviditet i én bank kan føre til likviditetsproblemer i andre banker den handler med, noe som skaper risiko for hele finanssystemet. Hvis en troverdig sentralbank forplikter seg til å stille likviditet til rådighet i slike situasjoner, opphører imidlertid faren for likviditets- og bankkrise, og banksystemet anses som trygt.

Fraksjonell utlånsvirksomhet, eller mer generelt, løpetider som ikke sammenfaller, vil trolig fortsette å skape finanskriser, med mindre en sentralbank benytter sin elastiske pengemengde til å redde disse bankene. Men eksistensen av en sentralbank som er i stand til å redde bankene skaper et stort problem i

121 For en formell modellering av denne påstanden, se D.W. Diamond og P. H. Dybvig, «Bank Runs, Deposit Insurance, and Liquidity.» *Journal of Political Economy*, vol. 91, nr. 3, 1983, s. 401–19.

form av moralsk risiko for disse bankene. De kan nå ta overdreven risiko, vel vitende om at sentralbanken vil være tilbøyelig til å redde dem for nettopp å avverge en bred finansiell kollaps. Dette resonnementet viser hvordan banksektoren har utviklet seg til en forretning som skaper avkastning uten risiko for bankfolk, samtidig som det skaper risiko uten avkastning for alle andre.

Banksektoren er en bransje som tilsynelatende kun vokser i disse dager, og bankene kan ikke gå konkurs. På grunn av den systemiske risikoen som er forbundet med bankvirksomhet, kan enhver konkurs i en bank sees på som et likviditetsproblem, og konsekvensene av en bankkrise vil med stor sannsynlighet begrenses av sentralbanken. Det finnes ingen private bransjer som har et så skamløst privilegium, der man kombinerer noe av den høyeste lønnsomheten i privat sektor med beskyttelse fra offentlige sektor. Denne kombinasjonen har gjort bankfolk like kreative og produktive som offentlig ansatte, men bedre betalt enn de fleste andre yrkesgrupper. Som et resultat fortsetter finansindustrien å vokse år etter år, samtidig som den amerikanske økonomien i større og større grad «finansialiseres». Siden opphevelsen av Glass-Steagall-lovgivningen i 1999 er skillet mellom sparebanker og investeringsbanker blitt fjernet, og derfor kan sparebanker med innskuddsgaranti nå drive med investeringer, siden innskuddsgarantiordningen beskytter dem mot tap på investeringer. En tapsgaranti gir en investor en gratis opsjon, som tilsvarer en lisens til å trykke penger. De blir selv sittende med gevinsten fra lønnsomme investeringer, mens resten av samfunnet må dekke tapene. Alle med en slik garanti kan tjene store beløp på å bare låne og investere penger. De beholder selv fortjenesten, mens tapene dekkes av andre. Derfor er det ikke så rart at mer og mer av kapital- og arbeidsressursene trekkes mot finansnæringen, siden det er det nærmeste man kommer en gratis lunsj.

Økonomen Thomas Philippon[122] har laget detaljerte undersøkelser av størrelsen på den finansielle sektoren i prosent av BNP gjennom de siste 150 år. Finansnæringen utgjorde mindre enn 3 % i årene før Første verdenskrig, men skjøt raskt opp i etterkant, kollapset under de harde trettiåra, og har siden vokst ustoppelig siden slutten av Andre verdenskrig. Anekdotisk kan man se dette avspeilet i den høye andelen av universitetsstudenter som velger en karriere

122 Philippon, Thomas, og Ariell Reshef. «An International Look at the Growth of Modern Finance.» *Journal of Economic Perspectives*, vol. 27, nr. 2, 2013, s. 73–96.

innenfor finans, sammenlignet med ingeniørvitenskap, medisin, eller mer produktive næringer.

I takt med telekommunikasjonens utvikling skulle man kanskje tro at mer og mer av finansbransjens arbeid ble automatisert og utført uten menneskelig innblanding, og at finansbransjen dermed ville skrumpe i størrelse over tid. Men i virkeligheten fortsetter den å vokse, ikke på grunn av økt etterspørsel, men fordi den er beskyttet mot tap av staten, og er dermed svært attraktiv.

Underslaget er kanskje mest tydelig i finansnæringen, men det stopper ikke med banksektoren. Man kan si at det gir store selskaper et konkurransefortrinn over små bedrifter i et langsiktig perspektiv. I et samfunn der kapitalinvesteringer finansieres med sparemidler eies kapitalen av de som har en lavere tidspreferanse. De allokerer den basert på sine vurderinger av sannsynligheten for å lykkes i markedet, belønnes for riktige beslutninger, og taper penger når de tar feil. Men med usunne penger ødelegges sparingen, og det skapes i stedet kapital gjennom inflasjonsdrivende banklån. Og hvordan disse tildeles, bestemmes av sentralbanken og dens medlemsbanker. I stedet for at allokeringen bestemmes av de mest forsiktige medlemmene av samfunnet, med den laveste tidspreferanse og den beste evnen til å forutsi markedet, bestemmes den av statlige byråkrater, hvis insentiv ikke er å tjene penger, men å låne ut så mye som mulig, da de i det store og hele er beskyttet mot de negative konsekvensene av sine handlinger.

Sentralplanlegging av hvordan kreditt allokeres skiller seg ikke fra andre typer sentralplanlegging. Det innebærer at byråkrater krysser av sjekklister og fyller ut de nødvendige papirene for å oppfylle kravene fra sine overordnede, mens det egentlige formålet med arbeidet deres forsømmes. Bankmannens innsikt og omstendelighet når han vurderer investeringenes reelle verdi erstattes av meningsløst papirarbeid for å oppfylle sentralbankenes utlånskrav. Da store låntakere kvantitativt fremstår som mindre risikable, gir deres størrelse dem en stor fordel når det handler om å sikre seg sentralstyrt finansiering. Jo større virksomheten er, jo mer forutsigbar er formelen for firmaets suksess, og jo større sikkerhet den kan stille i tilfelle lånet ikke kan tilbakebetales, desto sikrere føler bankbyråkratene seg på at de oppfyller sentralbankens lånekriterier når de utsteder lånet. Mens mange bransjer kunne dra fordel av stordrift, gir sentralisert utstedelse av lån skalafordeler som er langt gunstigere enn hva som ville vært tilfelle i et fritt marked. Enhver bransje som har muligheten til å låne mer penger enn den vet hva den skal gjøre med, nyter godt av dette systemet, da et slikt scenario umulig kan oppstå i en verden med kapital finansiert av sparemidler.

Jo større virksomheten er, desto lettere er det for den å sikre finansiering med lav rente, noe som gir den en stor fordel i forhold til mindre, uavhengige produsenter. I et samfunn der investeringer finansieres med sparemidler konkurrerer den lokale pizzarestauranten om kunder og finansiering på like fot med en fastfood-gigant: Kunder og investorer kan fritt velge hvordan de vil allokere pengene sine mellom de to bransjene. Stordriftsfordelene konkurrerer direkte imot fordelene ved den personlige relasjonen mellom pizzabaker og kunde, og vinneren avgjøres av markedet. Men i en verden der sentralbankene bestemmer hvordan lån tildeles, har den større virksomheten en fordel ved å være i stand til å sikre finansiering til en lav rente, som dens mindre konkurrenter ikke har adgang til.[123] Dette bidrar til å forklare hvorfor store matprodusenter ekspanderer sin virksomhet over hele verden, da deres lavere renter muliggjør større marginer. Triumfen for intetsigende, masseprodusert junkfood, kan ikke forstås uten først å forstå de enorme fordelene som stordrift gir produsentene.

I en verden der nesten alle bedrifter finansieres gjennom sentralbankenes ekspansjon av pengemengden, er det ingen enkel måte å avgjøre hvilke bransjer som primært vokser som følge av underslag, men visse symptomer kan gi oss en indikasjon. Alle bransjer der folk klager over at sjefen er en drittsekk, er sannsynligvis en del av underslaget, siden det bare er i underslagets falske virkelighet at sjefer kan tillate seg denne typen oppførsel. I en produktiv virksomhet som tilbyr verdifulle tjenester til samfunnet, avhenger suksess av å tilfredsstille kundene. Arbeidere belønnes for hvor godt de utfører deres

123 Man kan se på sentraliseringen av kredittutstedelse som statlig intervensjon i Coases teorem, beskrevet av Coase i essayet: «The Nature of the Firm,» *Economica*, vol. 4, nr. 16 (1937): 386–405. Ifølge Coase er grunnen til at bedrifter eksisterer at individuelle anskaffelser av oppgaver kan være mer kostnadskrevende, fordi det omfatter transaksjonskostnader, for eksempel for søk og informasjon, forhandlinger, anskaffelser og utførelse. Et firma vil derfor vokse så lenge det kan dra fordel av å utføre aktiviteter internt for å unngå de høye kostnadene knyttet til eksterne anskaffelser. I en verden med en fallende valuta og sentral allokering av kreditt blir tilgangen til finansiering et av de viktigste kostnadsfortrinnene ved å vokse og bli større. Større bedrifter har mer kapital og sikkerhet, noe som gir dem lavere finansieringskostnader. Insentivet til enhver bedrift blir dermed å bli større enn det forbrukerne foretrekker. I et fritt kapitalmarked der bedriftene i større grad må basere seg på omsetningen, og på å skaffe kreditt i et fritt marked, vil størrelsen på produksjonen være den som sammenfaller best med forbrukernes preferanser.

viktigste oppgaver, og ledere som behandler sine ansatte dårlig vil enten miste disse til konkurrentene eller raskt ødelegge bedriften. I en uproduktiv virksomhet, som ikke tjener samfunnet og i stedet er avhengig av byråkratisk raushet for sin overlevelse, er det ingen meningsfull standard for hvordan arbeidere skal belønnes eller straffes. Underslaget kan virke forførende utenifra, takket være generøse og faste lønnsslipper, som kun i begrenset omfang krever faktisk arbeid, men hvis det er én ting økonomien lærer oss, er det at ingenting kommer gratis her i livet. Når det utdeles penger til uproduktive mennesker, vil det tiltrekke mange som ønsker disse jobbene, noe som driver opp kostnadene ved å utføre jobbene, målt både i tid og verdighet. Ansettelse, oppsigelse, forfremmelse og straff er basert på skjønn, foretatt av lag på lag med byråkrater. Når arbeidet ikke er verdifullt for virksomheten og alle er unnværlige, beholder man bare jobben ved å fremstå som verdifull for de som sitter høyere i organisasjonen. I slike virksomheter drives det kontorpolitikk på fulltid. Slike jobber appellerer til overfladiske materialister som nyter å ha makt over andre, samt de som kan håndtere denne mishandlingen i årevis i bytte mot lønnsslippen, og håpet om å senere kunne utsette andre for samme lidelse. Det er ikke overraskende at menneskene som arbeider i disse jobbene regelmessig er deprimerte og har behov for konstant medisinering og psykoterapi for å opprettholde sin grunnleggende livsbalanse. Det finnes intet pengebeløp oppnådd via underslag som er verdt den åndelige ødeleggelsen som et slikt miljø skaper for folk. På tross av at disse organisasjonene ikke har noen reell ansvarlighet, er baksiden ved å ikke levere noe produktivt, at en nyvalgt politiker kan rive bort det økonomiske eksistensgrunnlaget i løpet av noen få uker. Dette er spesielt tragisk for arbeiderne i disse organisasjonene, da de vanligvis mangler ferdigheter som kvalifiserer dem til andre jobbmuligheter.

Den eneste kuren for denne sykdomstilstanden er sunne penger, som vil utrydde fenomenet hvor mennesker jobber dag ut og dag inn med å krysse av sjekklister og å behage sadistiske sjefer, og gjøre markedsdisiplin til den eneste dommeren for alles inntekt. Hvis du selv kaver i en bransje der stresset fra jobben din utelukkende kommer fra å behage sjefen, i stedet for å produsere noe av verdi, og du ikke er tilfreds med situasjonen, blir du kanskje lettet, kanskje skremt, når du forstår at det ikke trenger å være slik, siden seddelpressen til politikerne dine kanskje en dag kommer til å stoppe. Les videre, for kanskje kan godene ved sunne penger inspirere deg til å se en ny verden, full av muligheter.

8

DIGITALE PENGER

Den globale revolusjonen innen telekommunikasjon, som startet med produksjonen av den første fullt programmerbare datamaskinen på 1950-tallet, har satt sitt preg på stadig flere aspekter av dagliglivet, og muliggjort tekniske løsninger på eldgamle problemer. Mens banker og oppstartsselskaper stadig oftere brukte data- og nettverksteknologi for betalinger og journalføring, var det ingen av de vellykkede innovasjonene som skapte en ny form for penger. Alle forsøk på å skape en ny form for penger har mislyktes. Bitcoin er den første løsningen på problemet med penger som virkelig er digital, og i den finnes en potensiell løsning på problemene med salgbarhet, hardhet og suverenitet. Bitcoin har praktisk talt fungert feilfritt de siste 9 årene, og hvis den fortsetter å fungere slik de neste 90 årene vil det være en overbevisende løsning på pengeproblemet. Bitcoin gir enkeltpersoner full kontroll over en form for penger som beskytter mot uventet inflasjon, samtidig som de er svært salgbare over tid, avstand og størrelser. Skulle bitcoin fortsette å fungere på samme måte, kan alle de tidligere teknologiene mennesker har brukt som penger – skjell, salt, storfe, edle metaller og statlige papirpenger – oppfattes som sjarmerende anakronismer i vår moderne verden; som en kuleramme ved siden av våre moderne datamaskiner.

Vi så hvordan innføringen av metallurgi løste problemene som oppstod med penger basert på perler, skalldyr og andre gjenstander, og hvordan fremveksten av standardiserte mynter gjorde gull- og sølvmynter til bedre former for penger enn uregelmessige klumper av metall. Vi så videre hvordan gullbasert bankvirksomhet førte til at gullet ble den dominerende monetære standarden over hele verden, og førte til at sølv mistet sin rolle som penger. Nødvendigheten av å sentralisere gull gjorde det mulig å innføre statlige penger støttet av gull, som riktignok hadde større salgbarhet over størrelser, men som også tillot statene å utvide pengemengden og innføre tvangskontroll over penger, som til slutt ødela pengenes sunnhet og suverenitet. Teknologiske fremskritt og nye omstendigheter har alltid formet de monetære standardene, med enorme følger for økonomier og samfunn. Samfunn og folk som valgte en sunn pengestandard, som romerne under Cæsar, bysantinerne under Konstantin, eller europeere under gullstandarden, tjente enormt på det. De som derimot hadde usunne eller teknologisk underlegne penger, som øyboerne på Yap da O'Keefe ankom, vestafrikanerne som brukte glassperler, eller kineserne på sølvstandarden på 1800-tallet, betalte en høy pris.

Bitcoin, et barn av den digitale tidsalderen, representerer en helt ny teknologisk løsning på pengeproblemet. Ved å benytte seg av flere teknologiske innovasjoner fra de siste tiårene, og ved å bygge videre på mange tidligere forsøk på å produsere digitale penger, har bitcoin klart å skape noe som var nesten utenkelig før det ble oppfunnet. For å forstå hvorfor, vil vi se nærmere på bitcoinvalutaens monetære egenskaper, samt den økonomiske prestasjonen til nettverket siden oppstarten. På samme måte som en bok om gullstandarden ikke vil diskutere de kjemiske egenskapene til gull, vil ikke dette kapitlet bruke mye tid på de tekniske detaljene rundt driften av bitcoinnettverket, men i stedet konsentrere seg om de monetære egenskapene til valutaen bitcoin.

Bitcoin som digitale kontanter

For å forstå betydningen av en teknologi for digitale kontanter, er det nyttig å se på verden før bitcoin ble oppfunnet, da betalingsmåter havnet i én av to distinkte, ikke-overlappende kategorier:

1. Kontantbetalinger, som utføres fysisk mellom to parter. Disse betalingene har fordelen av å være umiddelbare og endelige, og krever ingen tillit fra noen av partene. Det er ingen forsinkelse i gjennomføringen av betalingen, og ingen tredjepart kan i praksis gripe inn for å stoppe slike betalinger. Den største ulempen er behovet for at partene må være fysisk på samme sted samtidig. Dette problemet blir desto mer fremtredende ettersom telekommunikasjon øker sannsynligheten for at folk vil ønske å handle med personer som befinner seg et helt annet sted.

2. Betalingsformidling, som krever en betrodd tredjepart, og omfatter sjekker, kredittkort, debetkort, bankoverføringer, pengeoverføringstjenester og nyere innovasjoner som PayPal. Betalinger via mellommenn innebærer per definisjon en tredjepart som håndterer pengeoverføringen mellom de to partene i transaksjonen. De viktigste fordelene med betalingsformidling er at betalinger kan gjennomføres uten at partene trenger å møtes fysisk, og at kjøperen kan betale uten å måtte ha pengene i lomma. De største ulempene er tilliten som kreves for å gjennomføre transaksjonene, risikoen for at tredjeparten blir hacket, og kostnadene og tiden som kreves for at betalingen skal fullføres og godkjennes, slik at mottakeren får kontroll over pengene.

Begge betalingsformene har sine fordeler og ulemper, og de fleste tyr til en kombinasjon av de to i sine økonomiske transaksjoner. Før oppfinnelsen av bitcoin var alle former for digitale betalinger formidlet av en tredjepart. Det har alltid vært en grunnleggende egenskap ved digitale objekter at de ikke er knappe. De kan reproduseres i det uendelige, og dermed var det umulig å lage en valuta ut av dem. Å utføre en betaling med et digitalt objekt vil bare duplisere objektet. Enhver form for elektronisk betaling måtte utføres via en mellommann på grunn av faren for dobbeltbruk: Den eneste måten å garantere at betaleren var ærlig med pengene sine, og ikke brukte dem mer enn én gang, var å bruke en pålitelig tredjepart som hadde tilsyn med kontoene og kunne verifisere integriteten til betalingene som ble utført. Betalinger med kontanter kunne bare utføres med direkte kontakt mellom partene, mens alle digitale betalingsformer måtte overvåkes av en tredjepart.

Etter årevis med oppfinnsom prøving og feiling av mange utviklere, og ved å bruke et bredt spekter av teknologier, var bitcoin den første tekniske løsningen som tillot digitale betalinger uten å måtte stole på en betrodd tredjepart. Ved å være det første digitale objektet som er beviselig knapt i sin natur, er bitcoin det første eksempelet på *digitale kontanter.*

Å utføre betalinger gjennom tredjeparter medfører flere ulemper, noe som gjør digitale kontanter til et verdifullt alternativ for mange. Tredjeparter er i sin natur en ekstra sikkerhetsrisiko[124] – ved å involvere en ekstra part i transaksjonen skapes ny risiko, fordi det introduserer nye muligheter for tyveri eller tekniske feil. I tillegg gjør betaling via mellommenn de deltakende partene sårbare for overvåkning og forbud fra politiske myndigheter. Med andre ord fantes det ikke noe annet alternativ for digitale betalinger enn å stole på en tredjepart, og dermed alltid være utsatt for risikoen for at de herskende politiske myndighetene kunne stoppe betalingen under påskudd av sikkerhet, terrorisme eller hvitvasking av penger. Enda verre blir det av at betalinger gjennom en tredjepart alltid innebærer en risiko for svindel, noe som øker transaksjonskostnadene og forsinker det endelige oppgjøret av betalingene.

Med andre ord fjerner formidlede betalinger en betydelig del av pengenes egenskaper som betalingsmiddel; at eieren har full kontroll over dem, at de har høy likviditet, og at de kan selges når eieren vil. Noen av de mest vedvarende egenskapene til penger har historisk sett vært det man kaller fungibilitet, eller ombyttbarhet (enhver pengeenhet tilsvarer enhver annen pengeenhet), og likviditet (de kan selges raskt til markedspris). Folk velger penger som er fungible og likvide fordi det gir dem suverenitet over pengene sine. Suverene penger inneholder i seg selv alle tillatelser som trengs for å bruke dem; din evne til å utføre en betaling overgår andres evne til å forhindre den.

Mens formidlede betalinger svekker noen av de egenskapene man ønsker i penger, er ikke det tilfelle for fysiske kontantbetalinger. Moderne telekommunikasjon fører imidlertid til at stadig mer handel og arbeid foregår over lange avstander, og da blir fysiske kontantbetalinger mer og mer upraktiske. Overgangen til digitale betalinger reduserte folks suverenitet over sine egne penger, og gjorde dem sårbare for regler bestemt av tredjeparter de ikke hadde noe annet valg enn å stole på. Overgangen fra gull, som er penger som ingen kan trykke, til fiatvalutaer der mengden kontrolleres av sentralbanker, reduserte ytterligere folks suverenitet over formuene sine, og gjorde dem hjelpeløse mot

---

124 Szabo, Nick. «Trusted Third Parties Are Security Holes.» Satoshi Nakamoto Institute, 2001, https://nakamotoinstitute.org/trusted-third-parties.

den langsomme forringelsen av verdien til pengene deres ettersom sentralbanker blåste opp pengemengden for å finansiere offentlige prosjekter. Det ble stadig mer upraktisk å akkumulere kapital og formue uten tillatelse fra myndighetene som utstedte pengene.

Satoshi Nakamotos motivasjon for bitcoin var å skape en «ren peer-to-peer form for elektroniske kontanter» som ikke krevde tillit til en tredjepart for transaksjoner, og der pengemengden ikke kan endres av noen som helst. Med andre ord skulle bitcoin overføre de ønskelige egenskapene til fysiske kontanter (ingen mellommenn, endelig oppgjør) til det digitale riket, og kombinere det med en uforanderlig pengepolitikk som ikke kan manipuleres og skape uventet inflasjon som belønner en ekstern part på bekostning av eierne. Nakamoto lyktes i å oppnå dette ved å bruke noen få og viktige, men ikke allment kjente teknologier: et distribuert peer-to-peer-nettverk uten et sentralt feilpunkt, hashing, digitale signaturer, og Proof-of-Work.[125]

Ved å bygge bitcoin på en solid grunnmur basert på uforanderlige *bevis* og *verifisering*, fjernet Nakamoto behovet for å måtte stole på en tredjepart. Det er rimelig å si at den sentrale operasjonelle funksjonen til bitcoin er verifisering, og bare på den måten kan bitcoin eliminere behovet for tillit fullstendig.[126] Hver transaksjon må registreres av hvert medlem av nettverket, slik at de alle deler én felles loggbok over transaksjonene. Hver gang et medlem av nettverket overfører en sum til et annet medlem, kan alle andre medlemmer bekrefte at avsender har tilstrekkelig saldo til å utføre transaksjonen, og minere konkurrerer om å være den første som oppdaterer loggboken med en ny blokk med transaksjoner. En ny blokk legges til omtrent hvert tiende minutt. For at en miner skal kunne legge sin blokk med transaksjoner til loggboken, må den bruke datakraft for å løse kompliserte matematiske problemer som er vanskelige å løse, men der den korrekte løsningen er lett for alle å verifisere. Dette er Proof-of-Work (PoW)-systemet, og bare gjennom å finne en gyldig løsning som verifiseres av alle nettverkets medlemmer kan en blokk bli lagt til loggboken. Selv om disse matematiske problemene ikke er knyttet til bitcointransaksjonene, er de uunnværlige for driften av systemet, siden de tvinger minerne til

125 En kort beskrivelse av de tre første av disse teknologiene kan finnes i vedlegget til dette kapittelet, mens Proof-of-Work blir diskutert mer detaljert i dette kapittelet og i kapittel 10.

126 Graf, Konrad. «On the Origins of Bitcoin: Stages of Monetary Evolution.» Konrad S. Graf, 2013, www.konradsgraf.com.

å bruke datakraft som vil være bortkastet hvis de inkluderer ugyldige transaksjoner. Når en miner løser Proof-of-Work-problemet riktig, vil den kunngjøre blokken med transaksjoner til resten av nettverket, og de andre medlemmene på nettverket bekrefter om blokken er gyldig. Når et flertall av nodene har godkjent blokken, begynner minerne å jobbe med en ny blokk med transaksjoner som legges til den forrige, og starter å løse det nye PoW-problemet for den. En særdeles viktig detalj er at mineren som vinner kappløpet og legger til en gyldig blokk med transaksjoner til blokkjeden, mottar en *blokkbelønning* som består av splitter nye bitcoin, i tillegg til alle transaksjonsgebyrene som betales av de som sender bitcoin.

Denne prosessen omtales som *mining*, og fordi den er sammenlignbar med gruvedrift og utvinning av edle metaller, kalles noder som løser Proof-of-Work-problemene for minere. Blokkbelønningen kompenserer minere for ressursene de har brukt for å finne en gyldig løsning på Proof-of-Work-problemet. I en moderne sentralbank går de nye pengene som skapes til å finansiere utlån og offentlig forbruk, mens i bitcoin går de nye myntene kun til de som bruker ressurser på å oppdatere loggboken. Nakamoto programmerte bitcoin til å produsere en ny blokk omtrent hvert tiende minutt, der hver blokk skal inneholde en belønning på 50 bitcoin i løpet av de første fire årene av bitcoins drift, for så å bli halvert til 25 bitcoin, og deretter ytterligere halvert hvert fjerde år.

Hvor mange bitcoin som skapes er forhåndsprogrammert og kan ikke endres, uansett hvor mye innsats og energi som brukes på Proof-of-Work. Dette oppnås gjennom en prosess kalt vanskelighetsjustering, og som kanskje er den mest geniale delen av bitcoins design. Etter hvert som flere velger å eie bitcoin, øker dette markedsverdien til bitcoin og gjør mining mer lønnsomt, noe som får flere minere til å bruke mer ressurser på å løse Proof-of-Work-algoritmen. Flere minere betyr mer datakraft, noe som fører til at løsningene til Proof-of-Work finnes raskere, og dermed utstedes nye bitcoin hyppigere enn før. Men etter hvert som datakraften øker, vil bitcoin øke vanskelighetsgraden på de matematiske problemene som må løses for å motta blokkbelønningen, noe som sikrer at blokkene fortsetter å produseres omtrent hvert tiende minutt.

Vanskelighetsjusteringen er den mest pålitelige teknologien for å skape harde penger, og for å forhindre at lager/tilførsel-forholdet synker, og det gjør bitcoin fundamentalt forskjellig fra alle andre penger. Mens økningen i verdien av hvilken som helst form for penger fører til at flere ressurser vies til å produsere dem, og dermed til at pengemengden øker, vil en større innsats for å produsere bitcoin ikke føre til at det lages flere bitcoin. I stedet fører det bare til at det kreves mer energi for å registrere gyldige transaksjoner på bitcoinnettverket, noe som gagner nettverket ettersom det blir sikrere og vanskeligere å korrumpere. Bitcoin er de hardeste pengene som noen gang er oppfunnet: En høyere verdi kan ikke føre til en økning av pengemengden, det kan bare gjøre nettverket sikrere og mer motstandsdyktig mot angrep.

For alle andre penger, når verdien stiger, vil de som kan produsere dem begynne å produsere mer av dem. Enten det gjelder Rai-steiner, skjell, sølv, gull, kobber eller statlige penger, vil alle ha et insentiv til å øke produksjonen av pengene. Jo vanskeligere det var å produsere mer av pengene som svar på verdiøkninger, desto mer sannsynlig var det at de ble tatt i bruk av allmennheten, og jo mer blomstret samfunnet fordi det førte til at folkets arbeidskraft gikk til å produsere varer og tjenester for hverandre, og ikke til å produsere penger. Å skape mer penger er en aktivitet som ikke tilfører verdi til samfunnet, siden en hvilken som helst pengemengde er nok til å drive enhver økonomi. Gull ble den viktigste formen for penger i alle siviliserte samfunn nettopp fordi den var det vanskeligste å produsere mer av, men bitcoins vanskelighetsjustering gjør den enda vanskeligere å produsere. En kraftig økning i gullprisen vil på sikt føre til at det produseres store mengder nytt gull, men uansett hvor mye bitcoinprisen stiger, forblir mengden av bitcoin uforandret, mens nettverkets sikkerhet blir sterkere.

Sikkerheten til bitcoin ligger i asymmetrien mellom kostnaden for å løse PoW-problemet som kreves for å kringkaste transaksjonen til nettverket, og kostnaden for å verifisere blokkens gyldighet. Kostnadene for å legge nye transaksjoner til blokkjeden, i form av elektrisitet og datakraft, øker hele tiden, men kostnaden for å verifisere at transaksjonene er gyldige er nær null, noe den vil fortsette å være, uansett hvor mye bitcoin vokser. Hvis noen prøver å inkludere falske transaksjoner i loggboken, vil det være det samme som å bevisst sløse med ressurser for å løse PoW-problemet, siden nodene vil avvise det nesten kostnadsfritt og dermed nekte mineren sin blokkbelønning.

Etter hvert som tiden går, blir det stadig vanskeligere å gå tilbake og endre loggboken, siden det vil kreve mer energi enn det som allerede er brukt, et tall som bare vokser over tid. Denne svært komplekse og gjentakende prosessen krever nå store mengder datakraft og elektrisitet, men til gjengjeld produserer den en loggbok over eierskap og transaksjoner som er ubestridelig, og der man ikke trenger å stole på en tredjepart. Bitcoin er bygget på 100 % verifisering og 0 % tillit.[127]

Bitcoins delte loggbok kan sammenlignes med Rai-steinene på Yap-øya diskutert i kapittel 2, ved at pengene faktisk ikke beveger seg når en transaksjon finner sted. På Yap møttes øyboerne for å kunngjøre overføringen av eierskapet til en stein fra én person til en annen, og hele byen visste da hvem som eide hvilken stein. I bitcoin derimot kringkaster medlemmer av nettverket transaksjonen sin til alle andre medlemmer av nettverket, som verifiserer at avsender har den nødvendige saldoen før transaksjonen utføres og mottakeren krediteres. I den grad de digitale myntene eksisterer, er de rett og slett oppføringer i en loggbok, og det en verifisert transaksjon gjør er å endre eierskapet til myntene fra avsender til mottaker. Eierskapet til myntene tilordnes ikke til eierens navn, men til offentlige adresser. Og for å få tilgang til myntene som eies av en adresse, må man ha eierskapet til den private nøkkelen, en rekke tegn som kan sammenlignes med et passord.[128]

Mens Rai-steinenes fysiske tyngde gjorde det svært upraktisk å dele dem opp, står ikke bitcoin overfor et slikt problem. Antall bitcoin som kan eksistere er maksimalt 21 000 000, som hver kan deles opp i 100 000 000 satoshi, noe som gjør at bitcoin enkelt kan skalere, og som gjør bitcoin svært salgbar over ulike størrelser. Mens Rai-steinene bare var praktiske for noen få transaksjoner på en liten øy med en liten befolkning som kjente hverandre veldig godt, har bitcoin en overlegen salgbarhet over avstand, fordi alle over hele verden har tilgang til den digitale loggboken gjennom en internett-tilkobling.

Grunnen til at bitcoinminere er ærlige, er at hvis de var uærlige, ville de umiddelbart bli oppdaget av nodene. Uærlighet vil straffe seg fordi minerne

---

127 Jeg har ikke til hensikt å trekke denne boken og leseren inn i metafysiske spørsmål, men det gikk opp for meg en gang at bitcoins loggbok over transaksjoner kanskje er det eneste objektive settet med fakta i verden. Du kan hevde (som mange filosofer gjør) at hvert faktum er subjektivt og dets sannhet er basert på personen som sier eller høre det, men bitcoins loggbok over transaksjoner skapes ved å konvertere elektrisitet og datakraft til sannhet, uten å måtte stole på noens ord.

128 Den eneste måten å eie bitcoin på, er å ha kontroll over de private nøklene. Skulle noen klare å få tilgang til dine private nøkler, så har de dine bitcoin. Tyveri av private nøkler er som tyveri av fysiske dollar eller gull; det er endelig og irreversibelt. Det er ingen myndighet du kan ringe for å oppheve tyveriet. Dette er en uunngåelig del av at bitcoin er kontanter, og et viktig poeng som potensielle investorer i bitcoin må forstå godt før de legger penger i bitcoin. Trygg oppbevaring av private nøkler er ingen enkel oppgave, og det er veldig risikabelt å ikke oppbevare dem trygt.

fortsatt vil ha en høy kostnad, men nå uten å få blokkbelønning. Det som hindrer et flertall fra å samarbeide om å utnytte nettverket, er at hvis de lyktes med å kompromittere integriteten til loggboken over transaksjoner, ville hele verdigrunnlaget til bitcoin bli ødelagt og verdien på bitcoinene ville kollapset til null. Et koordinert angrep koster mye, og hvis angrepet lykkes, blir utbyttet verdiløst. Med andre ord er bitcoin avhengig av økonomiske insentiver, noe som gjør svindel langt dyrere enn belønningen.

Ingen enkelt enhet har ansvaret for å oppdatere loggboken, og ingen enkeltperson kan endre på den uten et samtykke fra flertallet av nettverkets medlemmer. Ingen enkelt autoritet bestemmer om en transaksjon er gyldig – det er nodenes programvare som gjør dette.

Ralph Merkle, oppfinner av datastrukturen Merkle-tre, som brukes i bitcoin for å registrere transaksjoner, hadde en bemerkelsesverdig måte å beskrive bitcoin på:

> *Bitcoin er det første eksempelet på en helt ny livsform. Den lever og ånder på Internett. Den lever fordi den kan betale folk for å holde den i live. Den lever fordi den utfører en nyttig tjeneste som folk vil betale den for å utføre. Den lever fordi hvem som helst, hvor som helst, kan kjøre en kopi av koden. Den lever fordi alle kopiene hele tiden snakker med hverandre. Den lever fordi hvis en kopi blir ødelagt, blir den forkastet, raskt og uten styr og støy. Den lever fordi den er radikalt transparent: alle kan se koden og nøyaktig hva den gjør. Den kan ikke endres. Man kan ikke diskutere med den. Den kan ikke tukles med. Den kan ikke ødelegges. Den kan ikke stoppes. Den kan ikke engang avbrytes.*
>
> *Hvis atomkrig ødela halve planeten vår, ville den leve videre, uforstyrret. Den ville fortsette å tilby sine tjenester. Den ville fortsette å betale folk for å holde den i live.*
>
> *Den eneste måten å slå den av på, er å ødelegge hver eneste server den kjører på. Noe som er vanskelig, fordi den kjører på mange ulike servere i mange land, og mange mennesker ønsker å bruke den.*
>
> *Realistisk sett er den eneste måten å drepe den på å gjøre tjenesten den tilbyr så ubrukelig og foreldet at ingen ønsker å bruke den. Så foreldet at ingen vil betale for den. Ingen vil være vertskap for den. Da vil den ikke ha penger til å betale noen. Da vil den sulte i hjel.*

Men så lenge det er mennesker som vil bruke den, er den veldig vanskelig å drepe, eller ødelegge, eller stoppe, eller avbryte.[129]

Bitcoin er en teknologi som overlever av samme grunn som hjulet, kniven, telefonen, eller hvilken som helst teknologi: Brukerne av teknologien får nytte av å bruke den. I bitcoin blir brukere, minere og noder alle belønnet økonomisk ved å bruke nettverket, og det er det som holder det gående. Det er verdt å legge til at ingen av partene som får bitcoin til å fungere er uunnværlige for driften. Ingen er essensielle for bitcoin. Og hvis noen ønsker å endre bitcoin, er bitcoin perfekt i stand til å motstå dette og fortsette å fungere akkurat som før. Dette vil hjelpe oss med å forstå den uforanderlige naturen til bitcoin i kapittel 10, og hvorfor forsøk på å gjøre betydelige endringer i bitcoinkoden nesten garantert vil føre til at det skapes en kopiversjon av bitcoin, en kopi som umulig kan gjenskape den økonomiske balansen av insentiver som gjør at bitcoin fungerer og er uforanderlig.

Man kan også betrakte bitcoin som et spontant fremvoksende og autonomt firma som har skapt en ny form for penger og et nytt betalingsnettverk. Dette selskapet har ingen ledelse eller selskapsstruktur, siden alle beslutninger er automatiserte og forhåndsprogrammerte. Frivillige programmerere kan foreslå endringer og forbedringer i den åpne kildekoden, men det er opp til brukerne å velge om man vil ta de i bruk, eller ikke. Firmaets verdi er basert på at pengemengden er fullstendig uelastisk; den kan aldri økes, selv om både etterspørselen og prisen stiger. Økt etterspørsel fører i stedet bare til et sikrere nettverk på grunn av vanskelighetsjusteringen for minerne. Minere investerer strøm og datakraft i infrastrukturen som beskytter nettverket fordi de får betalt for det. Brukere av bitcoin betaler transaksjonsgebyrer og kjøper bitcoin fra minere fordi de ønsker å bruke digitale kontanter og for å nyte godt av verdistigningen over tid, og i den prosessen finansierer de minernes investering i driften av nettverket. Investeringen i maskinvare for PoW-mining av bitcoin gjør nettverket sikrere, og kan forstås som selskapets kapital. Jo mer etterspørselen etter nettverket vokser, jo mer verdifulle blir minernes inntekt fra blokkbelønningen og transaksjonsgebyrene, noe som fører til at mer datakraft blir brukt for å generere nye bitcoin, noe som øker selskapets kapital, og som gjør nettverket sikrere og bitcoinene vanskeligere å produsere. Det er en økonomisk ordning

129 Merkle, Ralph. «DAOs, Democracy and Governance.» *Cryonics*, vol. 37, nr. 4, juli–august 2016, Alcor, side. 28–40, www.alcor.org.

som har vært produktiv og lukrativ for alle involverte, noe som igjen fører til at nettverket fortsetter å vokse i et forbløffende tempo.

Med dette teknologiske designet klarte Nakamoto å finne opp *digital knapphet*. Bitcoin er det første eksempelet på et digitalt objekt som er knapt, og som ikke kan reproduseres i det uendelige. Når man sender et digitalt objekt fra et sted til et annet i et digitalt nettverk, slik det gjøres med e-post, tekstmeldinger eller nedlastinger av filer, er det mer nøyaktig å beskrive det som å *kopiere* objektet heller enn å sende det, siden avsenderen beholder det digitale objektet og kan lage uendelig mange kopier av det. Bitcoin er det første eksempelet på et digitalt objekt der avsenderen mister eierskap over objektet etter å ha sendt det.

I tillegg til digital knapphet er bitcoin også det første eksempelet på *absolutt knapphet*, den eneste likvide varen (digital eller fysisk) med en fast mengde som ikke kan økes på noen som helst tenkelig måte. Frem til oppfinnelsen av bitcoin var knapphet alltid relativt, aldri absolutt. Det er en vanlig misforståelse at enhver fysisk vare har en begrenset mengde eller har absolutt knapphet. Grensen for hvor mye vi kan produsere av en hvilken som helst vare er aldri avhengig av dens utbredelse på planeten, men heller av innsatsen og tiden som blir dedikert til å produsere den. Den absolutte knappheten gjør bitcoin veldig salgbar over tid. Dette er et viktig punkt som vil bli forklart videre i kapittel 9 om bitcoins rolle som verdilager.

Pengemengde, verdi og transaksjoner

Det har alltid vært teoretisk mulig å produsere en eiendel med en forutsigbar konstant eller sakte voksende pengemengde slik at den beholder sin monetære rolle, men i virkeligheten har det alltid vært mye vanskeligere å gjøre det i praksis, enn i teori. Stater vil aldri tillate private aktører å utstede egne private valutaer som konkurrerer direkte med statens viktigste verktøy for å finansiere seg selv og sin egen vekst. Derfor vil staten alltid ønske å monopolisere pengeproduksjonen, der fristelsen til å øke pengemengden blir for stor. Med oppfinnelsen av bitcoin derimot har verden endelig fått en syntetisk form for penger som urokkelig garanterer en lav vekst i pengemengden. Bitcoin fjerner makroøkonomer, politikere, presidenter, revolusjonære ledere, militærdiktatorer og TV-eksperter fullstendig fra pengepolitikken. Veksten i pengemengden

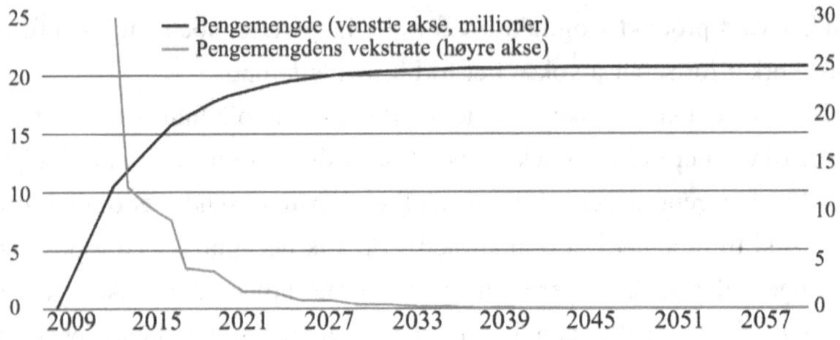

Figur 8.1: Bitcoins pengemengde og pengemengdevekst, forutsatt at blokker utstedes nøyaktig hvert tiende minutt.

bestemmes av en programmert funksjon som aksepteres av alle medlemmer av nettverket. I startfasen kunne det muligens vært mulig å endre inflasjonsplanen, men den tiden er for lengst forbi. I praksis er bitcoins inflasjonsplan, i likhet med transaksjonsregisteret, uforanderlig.[130] I bitcoins tidlige år var veksten i pengemengden svært høy, og garantien for at inflasjonsplanen ikke ville bli endret var enda ikke helt troverdig. Over tid har imidlertid tempoet på pengemengdeveksten avtatt, og nettverkets evne til å følge inflasjonsplanen har blitt mer troverdig, og blir mer troverdig for hver dag som går uten at det foretas noen vesentlige endringer av nettverket.

Omtrent hvert tiende minutt legges bitcoinblokker til i den delte loggboken. Da nettverket kom til, var blokkbelønningen programmert til 50 bitcoin per blokk. Omtrent hvert fjerde år, eller etter 210 000 blokker, halveres blokkbelønningen. Den første halveringen skjedde 28. november 2012, som betydde at utstedelsen av nye bitcoin falt til 25 per blokk. Den 9. juli 2016 ble belønningen halvert igjen, til 12,5 bitcoin per blokk, og den vil falle til 6,25 i 2020. I henhold til denne planen vil pengemengden fortsette å øke i en avtagende hastighet, og asymptotisk nærme seg 21 millioner bitcoin en gang rundt år 2140. Etter dette vil det ikke bli utstedt flere bitcoin. Se figur 8.1 for en visualisering av utstedelsesraten.

Siden nye bitcoin bare produseres når en ny blokk utstedes, og fordi hver nye blokk krever løsning av et Proof-of-Work-problem, har produksjon av nye bitcoin en reell kostnad. Etter hvert som prisen på bitcoin stiger i markedet, blir flere bitcoinminere med for å konkurrere om å løse PoW-problemene for å

130 Se kapittel 10 for en forklaring på bitcoins uforanderlighet og evne til å motstå endringer.

År	2009	2010	2011	2012	2013	2014	2015	2016	2017
Total mengde BTC, millioner	1,623	5,018	8,000	10,199	12,199	13,671	15,029	16,075	16,775
Årlig vekstrate, %		209,13	59,42	32,66	14,94	12,06	9,93	6,80	4,35

Tabell 8.1: Bitcoins pengemengde og vekstrate.

få blokkbelønning. Dette fører til at vanskelighetsgraden på problemene øker, og dermed også at kostnadene for å få belønningen øker. Dermed vil kostnaden for å produsere en bitcoin generelt stige i takt med markedsprisen.

Etter å ha fastsatt denne planen for hvordan pengemengden skulle vokse, delte Satoshi hver bitcoin inn i 100 millioner enheter, som senere ble kalt satoshi, til hans pseudonyme ære. At hver bitcoin er delelig ned til åtte desimaler betyr at mengden vil fortsette å vokse i en avtagende hastighet frem til ca. år 2140, da alle desimalene fylles opp og vi når 21 000 000 bitcoin. Den avtagende vekstraten betyr imidlertid at de første 20 millioner bitcoinene vil ha blitt utvunnet en gang rundt år 2025, og at den siste millionen vil bli utvunnet i løpet av de neste hundre årene.

Antallet nye bitcoin som utstedes stemmer ikke helt med algoritmens prognose, siden nye blokker ikke utvinnes nøyaktig hvert tiende minutt. Dette er fordi vanskelighetsjusteringen ikke er en nøyaktig prosess, men en kalibrering som justeres annenhver uke og kan treffe over eller under målet, avhengig av hvor mange nye minere som kommer til for å konkurrere om blokkbelønningen. I 2009, da svært få mennesker hadde brukt bitcoin i det hele tatt, lå utstedelsen av nye bitcoin langt bak skjema, mens det i 2010 ble utstedt flere enn det teoretisk forventede antallet. Det nøyaktige antallet vil variere, men avviket fra den teoretiske veksten vil avta etter hvert som pengemengden vokser. Det som ikke vil endre seg er det maksimale antallet bitcoin og det faktum at pengemengdeveksten vil fortsette å avta, ettersom et stadig synkende antall bitcoin legges til et stadig økende lager.

Ved utgangen av 2017 var 16,775 millioner bitcoin allerede utvunnet, noe som utgjør 79,9 % av alle bitcoin som noen gang vil eksistere. Den årlige veksten i pengemengden i 2017 var 4,35 %, ned fra 6,8 % i 2016. Tabell 8.1 viser den faktiske veksten i mengden av bitcoin og vekstraten.[131]

131 *Kilde*: Blockchain.info.

År	2018	2019	2020	2021	2022	2023	2024	2025	2026
Total mengde BTC, millioner	17,42	18,06	18,53	18,86	19,18	19,5	19,76	19,92	20,09
Årlig vekstrate, %	3,82	3,68	2,61	1,77	1,74	1,71	1,26	0,83	0,82

Tabell 8.2: Bitcoins pengemengde og vekstrate (forventet).

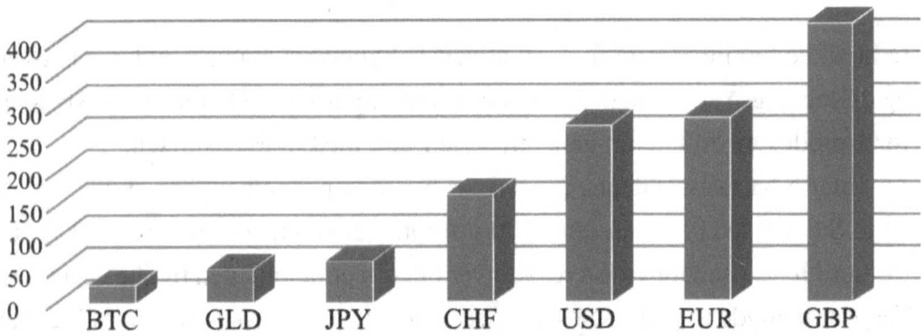

Figur 8.2: Forventet prosentvis vekst i pengemengde i bitcoin og nasjonale valutaer over 25 år.

En nærmere titt på bitcoins planlagte pengemengdevekst over de neste årene gir oss estimater for mengde og vekstrate, som vist i tabell 8.2.[132] De faktiske tallene vil sikkert variere fra dette anslaget, men ikke med mye.

Figur 8.2 ekstrapolerer vekstraten til de viktigste globale reservevalutaenes brede pengemengde og gull de siste 25 årene, og inn i de neste 25 årene, og estimerer bitcoins økning i pengemengde med de programmerte vekstratene. Ifølge disse beregningene vil mengden bitcoin øke med 27 % i løpet av de neste 25 årene, mens mengden gull vil øke med 52 %, japanske yen med 64 %, sveitsiske franc med 169 %, amerikanske dollar med 272 %, euro med 286 %, og det britiske pundet med 429 %.

Denne redegjørelsen kan hjelpe oss med å forstå salgbarheten til bitcoin og hvordan den oppfyller funksjonen som penger. Ettersom veksten av nye bitcoin i 2025 vil falle under veksten til gull, har bitcoin de begrensninger i tilbudsveksten som kan føre til at den får betydelig etterspørsel som verdilager; den kan med andre ord oppnå salgbarhet over tid. Dens digitale natur, som gjør det enkelt og trygt å sende over hele verden, gjør den salgbar over avstand på en måte man aldri før har sett med andre former for penger. Siden en bitcoin er delelig i 100 000 000 satoshi, oppnås også salgbarhet over ulike størrelser. Vi-

132 *Kilde*: Forfatterens beregninger.

dere har bitcoin heller ikke de største ulempene som statlige penger har, siden ingen mellomledd kan kontrollere den, og myndighetene ikke kan devaluere eller konfiskere den. Akkurat som den digitale tidsalderen har forbedret og effektivisert det meste i livene våre, er bitcoin et enormt teknologisk fremskritt i den monetære løsningen på problemet med indirekte utveksling, kanskje like viktig som overgangen fra storfe og salt, til gull og sølv.

Mens tradisjonelle valutaer stadig øker i mengde og synker i kjøpekraft, har bitcoin så langt opplevd en stor økning i reell kjøpekraft til tross for en moderat, men avtagende og begrenset vekst i pengemengden. Siden minerne, som verifiserer transaksjoner, belønnes med bitcoin, har de en sterk egeninteresse i å opprettholde integriteten til nettverket, noe som igjen fører til at verdien av valutaen stiger.

Bitcoinnettverket startet opp i januar 2009, og var en stund et obskurt prosjekt brukt av noen få personer på en e-postliste for folk som interesserte seg for kryptografi. Den kanskje viktigste milepælen i bitcoins liv var den første gangen da en bitcoin gikk fra å være økonomisk verdiløs til å ha en markedsverdi, noe som bekreftet at bitcoin hadde bestått markedstesten: Nettverket hadde fungert bra nok til at noen var villige til å gi fra seg faktiske penger for å eie bitcoin. Dette skjedde i oktober 2009, da en nettbørs ved navn *New Liberty Standard* solgte bitcoin til prisen 0,000994 dollar. I mai 2010 fant det første kjøpet med bitcoin i den virkelige verden sted, da noen betalte 10 000 bitcoin for to pizzaer verdt 25 dollar, noe som satte prisen for en bitcoin til 0,0025 dollar. Over tid har flere og flere mennesker hørt om bitcoin, blitt interessert i å kjøpe bitcoin, og prisen har fortsatt å stige.[133]

Markedsetterspørselen etter bitcoin oppstår fordi bitcoin kreves for å drive det første (og så langt, uten tvil det eneste) funksjonelle og pålitelige digitale kontantsystemet.[134] Det faktum at driften av dette nettverket var vellykket i sine tidlige dager ga bitcoin en samlerverdi blant små samfunn av kryptografer og libertarianere, som prøvde å mine de med sine egne datamaskiner, og senere

133 Detaljer om begge transaksjonene kan finnes i Nathaniel Poppers *Digital Gold.*

134 Se kapittel 10 for en diskusjon om hvorfor kopier av bitcoin ikke kan betegnes som digitale kontanter.

begynte å kjøpe de fra hverandre.[135] At antallet enheter var strengt begrenset, og at de ikke kunne kopieres, bidro til at de tidlig fikk status som samleobjekt. Etter å ha blitt anskaffet av enkeltpersoner for å brukes på bitcoinnettverket, og dermed fikk en økonomisk verdi, fikk bitcoin etter hvert en monetær status gjennom at folk ønsket bitcoin som et verdilager. Dette hendelsesforløpet stemmer overens med Ludwig von Mises regresjonsteori om pengenes opprinnelse, som sier at en monetær vare begynner som en markedsvare og deretter tas i bruk som byttemiddel. Bitcoins status som samleobjekt blant små samfunn kan sidestilles med pynteverdien som ga skjell, Rai-steiner og edle metaller en monetær rolle som styrket verdien betydelig.

Siden bitcoin er helt nytt og så vidt har begynt å spre seg, har prisen svingt voldsomt, i takt med svingninger i etterspørselen. Men siden det er umulig for noen myndighet å vilkårlig øke mengden av bitcoin når prisen skyter i været, har valutaens kjøpekraft steget dramatisk. Når etterspørselen etter bitcoin øker, kan ikke bitcoinminere øke produksjonen utover den fastsatte planen, slik for eksempel en kobbergruve kan. Ingen sentralbank kan heller gå inn for å oversvømme markedet med økende mengder bitcoin, slik Alan Greenspan, en tidligere sjef for den amerikanske sentralbanken, foreslo at sentralbanker burde gjøre med gullet deres. Den eneste måten markedet kan møte den økende etterspørselen på, er hvis prisen stiger nok til å motivere eierne til å selge noen av bitcoinene sine til nykommerne. Dette hjelper til med å forklare hvorfor prisen på en bitcoin har gått fra 0,000994 dollar den 5. oktober 2009, i den første registrerte transaksjon, til 4 200 dollar den 5. oktober 2017, noe som er en økning på 422 520 000 % på åtte år, og en gjennomsnittlig årlig vekstrate på 573 %. Se figur 8.3.[136]

For at bitcoinprisen skal stige, må folk holde bitcoin som et verdilager, og ikke bare bruke dem. Uten et antall personer som er villige til å holde valutaen over lengre tid, vil kontinuerlig salg av valutaen holde prisen nede og hindre den i å styrke seg. I november 2017 var den totale markedsverdien av alle bitcoin i omløp i størrelsesorden 110 milliarder dollar, altså en høyere verdi enn den brede pengemengden til de nasjonale valutaene i de fleste land. Hvis

135 For en god diskusjon av dette punktet, se Kyle Torpeys, «Here's What Goldbugs Miss About Bitcoin's 'Intrinsic Value.'» *Forbes Digital Money*, 27. oktober 2017, www.forbes.com/sites/ktorpey/2017/10/27/heres-what-gold-bugs-miss-about-bitcoins-intrinsic-value.

136 *Kilde*: Coindesk Bitcoin Price Index. Tilgjengelig på www.coindesk.com/price/bitcoin.

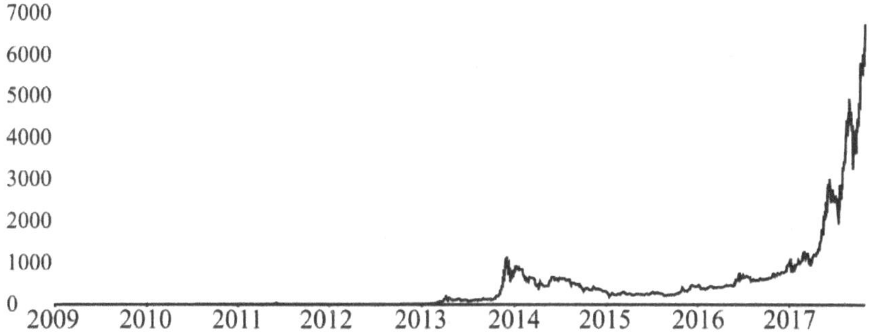

Figur 8.3: Prisen på bitcoin i amerikanske dollar.

bitcoin var et land, ville verdien av valutaen i 2017 rangere den som den 56. største nasjonale valutaen på verdensbasis, sammenlignbar med pengemengden til Kuwait eller Bangladesh, og større enn Marokko og Peru, men mindre enn Colombia og Pakistan. Hvis den totale verdien av alle bitcoin skulle sammenlignes med det smale pengemengdebegrepet, ville bitcoin ligge på rundt 33. plass i verden, med en verdi tilsvarende den smale pengemengden i Brasil, Tyrkia og Sør-Afrika.[137] Det er kanskje en av internettets mest bemerkelsesverdige prestasjoner at en internett-økonomi som spontant og frivillig dukket opp rundt et nettverk designet av en anonym programmerer, på ni år har blitt større enn verdien på pengemengden til de fleste nasjonalstater og valutaer.[138]

Denne konservative pengepolitikken og den påfølgende økningen i markedsverdien til bitcoin er avgjørende for at bitcoin skal fungere, da disse faktorene gir minere et insentiv til å bruke strøm og datakraft på å verifisere transaksjoner på en ærlig måte. Hvis bitcoin hadde blitt skapt med en mykere pengepolitikk, slik som en keynesiansk eller monetaristisk økonom hadde anbefalt, ville pengemengden ha vokst proporsjonalt med antall brukere eller antall transaksjoner. Bitcoin ville i så fall ha forblitt et marginalt eksperiment blant noen få kryptografientusiaster på internett. Ingen betydelig mengde datakraft ville gått til å utvinne bitcoin, siden det ikke ville ha vært noe poeng i å investere stort i å verifisere transaksjoner og løse Proof-of-Work-problemer

137 CIA World Factbook. www.cia.gov/the-world-factbook/.

138 Disse sammenligningene bør tas med en klype salt, siden de ikke er nøyaktige en-til-en sammenligninger. Statlige penger skapes ikke bare av sentralbanken, men også av bankene selv, mens en slik prosess ikke eksisterer for bitcoin. Målene for pengemengden varierer også fra land til land når det gjelder hvilke finansielle eiendeler de velger å inkludere i pengemengden.

for å bli belønnet med en valuta som devalueres etter hvert som flere blir med i systemet. Dagens fiatsystem og dets ekspansive pengepolitikk har aldri blitt fritt valgt av markedet, men har i stedet blitt pålagt gjennom statlig lovgivning, som diskutert tidligere. Som et frivillig system uten mekanismer for å tvinge folk til å bruke det, ville ikke bitcoin vært i stand til å tiltrekke seg en betydelig etterspørsel, og man hadde ikke hatt noen garanti for at bitcoin ville fått status som vellykkede digitale kontanter. Selv om transaksjonene kunne blitt gjennomført uten at man måtte stole på en tredjepart, ville nettverket vært sårbart for angrep fra ondsinnede aktører med evne til å mobilisere store mengder datakraft. Med andre ord, uten en konservativ pengepolitikk og uten vanskelighetsjusteringen, ville bitcoin kun fungert som digitale kontanter i teorien, men alltid med for dårlig sikkerhet til å kunne brukes i stor skala i praksis. I så fall ville den første konkurrenten til bitcoin som introduserte en stram pengepolitikk gjøre oppdateringen av loggboken og produksjonen av nye enheter gradvis dyrere. De høye kostnadene ved å oppdatere loggboken ville gitt minerne et insentiv til å være ærlige i deres oppdatering av loggboken, noe som ville gjort nettverket sikrere enn konkurrentene med en løs pengepolitikk.

Den positive prisutviklingen gjenspeiler nettverkets økende bruk og nytte. Antall transaksjoner på nettverket har også vokst raskt: I 2009 ble det utført 32 687 transaksjoner (i snitt 90 transaksjoner per dag), mens det i 2017 ble gjennomført mer enn 103 millioner transaksjoner (i snitt 284 797 transaksjoner per dag). Det totale antallet nærmer seg 300 millioner transaksjoner i januar 2018. Tabell 8.3[139] og figur 8.4[140] viser den årlige veksten.

Selv om veksten i transaksjoner er imponerende, er den lavere enn veksten i den samlede verdien av alle bitcoin. Dette fremgår av det faktum at antallet transaksjoner er langt mindre enn det som ville blitt utført i en økonomi med en valuta på samme størrelse som bitcoin. 300 000 daglige transaksjoner er det man har i en småby, ikke i en mellomstor økonomi med samme verdi som bitcoin. Videre, med dagens grense på 1 megabyte per bitcoinblokk, er 500 000 daglige transaksjoner den øvre grensen for hva som kan utføres på bitcoinnettverket og som nodene kan registrere. Selv om denne grensen er nådd, noe som mange er klar over, har vi ikke sett et fall i bitcoinprisen eller verdien på de

139 *Kilde*: blockchain.info
140 *Kilde*: blockchain.info

År	Transaksjoner	Transaksjoner per dag i gjennomsnitt
2009	36 687	90
2010	185 212	507
2011	1 900 652	5 207
2012	8 447 785	23 081
2013	19 638 728	53 805
2014	25 257 833	69 200
2015	45 661 404	125 100
2016	82 740 437	226 067
2017	103 950 926	284 797

Tabell 8.3: Årlige transaksjoner og gjennomsnittlige daglige transaksjoner.

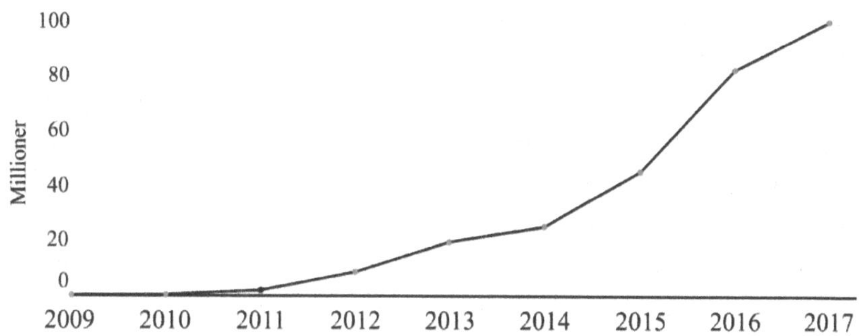

Figur 8.4: Årlige transaksjoner på bitcoinnettverket.

daglige transaksjonene. Dette tyder på at brukerne verdsetter bitcoin mer som et verdilager enn som betalingsmiddel, noe vi går nærmere inn på i kapittel 9.

Markedsverdien av transaksjonene har også økt i løpet av nettverkets levetid. Den særegne naturen til bitcointransaksjoner gjør det vanskelig å nøyaktig estimere verdien av transaksjoner i bitcoin eller amerikanske dollar, men et konservativt estimat for året 2017 er et gjennomsnittlig daglig volum på rundt 260 000 bitcoin. I løpet av bitcoins levetid har denne veksten vært svært volatil. Selv om transaksjonsverdien målt i bitcoin ikke har steget nevneverdig over tid, kan ikke det samme sies om verdien i amerikanske dollar. I 2017 var transaksjonsverdien 375,6 milliarder amerikanske dollar. Ved sin niende fødselsdag hadde bitcoin gjennomført transaksjoner til en verdi av 500 milli-

År	Transaksjonenes totale verdi i USD.
2009	0
2010	985 887
2011	417 634 730
2012	607 221 228
2013	14 767 371 941
2014	23 159 832 297
2015	26 669 252 582
2016	58 188 957 445
2017	375 590 943 877
Totalt	499 402 199 987

Tabell 8.4: Total årlig verdi, i amerikanske dollar, av alle transaksjoner på bitcoinnettverket.

arder amerikanske dollar, basert på dollarverdien på transaksjonstidspunktet. Se tabell 8.4.[141]

Et annet mål på veksten til bitcoinnettverket er verdien av transaksjonsgebyrer som betales for å utføre transaksjonene. Selv om bitcointransaksjoner teoretisk sett kan utføres gratis, er det minernes ansvar å behandle dem, og jo høyere gebyr man betaler, jo raskere vil de sannsynligvis inkluderes i en blokk. I bitcoins første år, da bare noen få transaksjoner ble utført, behandlet minerne transaksjoner uten gebyrer, siden bitcoinene de fikk i blokkbelønning var verdt innsatsen i seg selv. Etter hvert som etterspørselen etter bitcointransaksjoner vokste, kunne minerne tillate seg å være mer selektive og prioritere transaksjoner med høyere gebyrer. Frem til slutten av 2015 lå gebyret per transaksjon på under 0,1 dollar, men det begynte å stige til over 1 dollar per transaksjon tidlig i 2016. Prisen på bitcoin steg kraftig i 2017, og de gjennomsnittlige daglige transaksjonsgebyrene nådde 7 dollar i slutten av november samme år. Se figur 8.5.[142]

Prisen på bitcoin har generelt steget over tid, men oppgangen har vært svært volatil. Figur 8.6 viser 30-dagers standardavvik for daglige avkastning for de siste fem årene med bitcoinhandel.[143] Selv om volatiliteten ser ut til å avta, er den fortsatt svært høy sammenlignet med volatiliteten til statlige

141 *Kilde*: blockchain.info

142 *Kilde*: blockchain.info

143 *Kilde*: Forfatterens beregninger basert på USD-data fra St. Louis Federal Reserve Economic Data, fred.stlouisfed.org, og data for bitcoin fra coindesk.com.

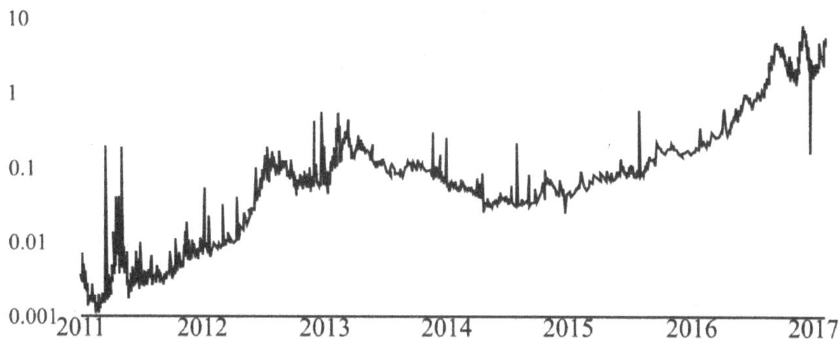

Figur 8.5: Gjennomsnittlig verdi i dollar av transaksjonsgebyrer på bitcoinnettverket, logaritmisk skala.

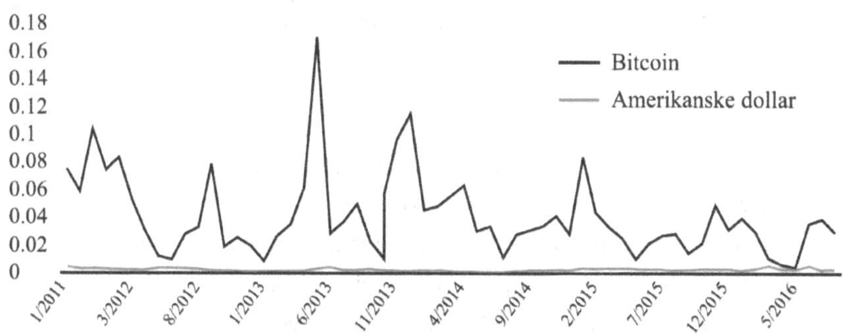

Figur 8.6: Månedlig 30-dagers volatilitet for bitcoin og dollarindeksen.

valutaer og gull, og trenden er fortsatt for svak til å avgjøre om den vil fortsette å avta. For å sette bitcoins volatilitet i perspektiv, inkluderer figur 8.6 også 30-dagers volatilitet for USD-indeksen.

Undersøkelse av prisdata for gull, de store nasjonale valutaene og bitcoin viser en betydelig forskjell i volatiliteten i markedsprisen. Daglig avkastning har blitt samlet inn for de siste fem årene for gull, de store fiatvalutaene og bitcoin. Bitcoins avkastning hadde et standardavvik som var mer enn syv ganger større enn for de nasjonale valutaene, som vist i tabell 8.5.[144]

Bitcoins volatilitet er en konsekvens av at pengemengden er fullstendig uelastisk og ikke reagerer på endringer i etterspørselen, ettersom bitcoin er programmert til å vokse med en forhåndsbestemt hastighet. For enhver vanlig

144 Priser for alle valutaer målt i amerikanske dollar. Den amerikanske dollarindeksen brukes for dollar. Nasjonale valutadata fra St. Louis Federal Reserve Economic Data. Data for gull fra World Gold Council. Data for bitcoin fra coindesk.com.

	Gjennomsnittlig daglig endring, %	Standardavvik
Kinesiske renminbi	0,002	0,136
Amerikanske dollar	0,015	0,305
Britiske pund	0,005	0,559
Indiske rupi	0,019	0,560
Euro	-0,013	0,579
Japanske yen	0,020	0,610
Sveitsiske franc	0,003	0,699
Gull	-0,018	1,099
Bitcoin	0,370	5,072

Tabell 8.5: Gjennomsnittlig daglig endring i prosent og standardavvik i markedsprisen for valutaer per amerikanske dollar i perioden 1. september 2011 til 1. september 2016.

vare vil en endring i etterspørselen påvirke produsentenes beslutninger om produksjon av varen: Ved en økning i etterspørselen øker de produksjonen, noe som demper prisveksten og øker lønnsomheten, mens en nedgang i etterspørselen fører til lavere produksjon, slik at de kan minimere tapene. Situasjonen er lignende for nasjonale valutaer, der sentralbankene forventes å opprettholde relativ stabilitet i kjøpekraften til valutaene sine ved å bestemme parametrene for pengepolitikken for å motvirke markedssvingninger. Med en planlagt vekst i pengemengden som ikke i det hele tatt reagerer på etterspørselen, og uten en sentralbank til å styre pengemengden, er det naturlig med volatilitet, spesielt i de tidlige stadiene, der etterspørselen svinger kraftig fra dag til dag og finansmarkedene som beskjeftiger seg med bitcoin fortsatt er i sin spede begynnelse.

Men etter hvert som størrelsen på markedet vokser, og finansinstitusjonene som arbeider med bitcoin utvikler seg og blir mer sofistikerte, kan vi forvente at denne volatiliteten avtar. Med et større og mer likvid marked kan vi forvente at de daglige svingningene i etterspørselen blir mindre, slik at prisstillere kan tjene penger på å ta ulike posisjoner for å sikre seg mot endringer i prisen, noe som vil stabilisere den. Dette er bare mulig hvis og når et stort antall markedsaktører eier bitcoin med den hensikt å holde på dem på lang sikt, noe som vil øke markedsverdien til bitcoin betraktelig og gjøre et stort og likvid marked mulig med bare en brøkdel av den totale pengemengden. Bitcoinprisen kan stabilisere seg dersom nettverkets størrelse en dag stabiliserer seg og de inn- og utgående pengestrømmene holder seg relativt like. I et slik scenario vil bitcoin oppnå mer stabilitet og samtidig ha nok likviditet til å ikke bevege seg vesentlig basert på daglige markedstransaksjoner. Men så lenge bitcoin fortsetter å vokse og tas i bruk av stadig flere, vil den stigende prisen tiltrekke seg flere brukere, noe som igjen vil føre til ytterligere prisøkninger og til at vi kommer lenger og lenger unna en lavere volatilitet. Så lenge bitcoin vokser, vil prisen oppføre seg som prisen til aksjen til en oppstartsbedrift med eksplosiv vekst. Dersom bitcoins vekst hadde stoppet opp og stabilisert seg, ville nettverket sluttet å tiltrekke seg ny risikokapital, og bare blitt en ordinær monetær eiendel med moderat styrkelse år for år.

Vedlegg til kapittel 8

Følgende er en kort beskrivelse av tre teknologier som brukes av bitcoin:

Hashing er en prosess som kan ta en hvilken som helst strøm av data som input og forvandle den til et datasett med fast størrelse (kjent som en hash) ved å bruke en irreversibel matematisk formel. Med andre ord er det trivielt å bruke denne funksjonen til å generere en hash av enhetlig størrelse for en hvilken som helst dataenhet, men det er ikke mulig å bestemme ut fra denne hashen hva de opprinnelige dataene er. Hashing er avgjørende for driften av bitcoinnettverket, siden hash-funksjonen brukes i digitale signaturer, Proof-of-Work, Merkle-tre, transaksjonsidentifikatorer, bitcoinadresser og på en rekke andre bruksområder. Det viktigste man oppnår med hashing er å identifisere et stykke data offentlig uten å avsløre noe om innholdet i dataene, slik at man på en sikker og tillitsløs måte kan kontrollere at flere parter har de samme dataene.

Offentlig nøkkelkryptografi er en metode for autentisering basert på et sett med matematisk relaterte tall: en privat nøkkel, en offentlig nøkkel og én eller flere signaturer. Den private nøkkelen, som må holdes hemmelig, kan generere en offentlig nøkkel som kan distribueres fritt, siden det er umulig å utlede den private nøkkelen fra den offentlige. Denne metoden brukes for autentisering på følgende måte: etter å ha publisert din offentlige nøkkel, kan du hashe dataene og deretter signere denne hashen med din private nøkkel for å lage en signatur. Alle med samme data kan lage den samme hashen og se at den ble brukt til å lage signaturen. Deretter kan man sammenligne signaturen med den offentlige nøkkelen mottatt tidligere og se at de er matematisk relatert, noe som beviser at personen med den private nøkkelen signerte dataene som omfattes av hashen. Bitcoin bruker offentlig nøkkelkryptering for å muliggjøre sikker utveksling av verdier over et åpent, usikret nettverk. En bitcoinholder kan bare få tilgang til sine bitcoin hvis han eller hun har de private nøklene knyttet til dem, mens den offentlige adressen kan deles fritt. Alle nettverksmedlemmer kan verifisere gyldigheten av en transaksjon ved å bekrefte at avsenderen var eieren av den riktige private nøkkelen. Den eneste formen for eierskap som eksisterer i bitcoin, er eierskapet til de private nøklene.

Peer-to-peer-nettverk er en nettverksstruktur der alle medlemmer har like privilegier og forpliktelser overfor hverandre. Det er ingen sentrale koordinatorer som kan endre reglene for nettverket. Nodeoperatører som er uenige om hvordan nettverket fungerer, kan ikke påtvinge sine synspunkter på andre medlemmer av nettverket eller overstyre deres privilegier. Det mest kjente eksempelet på et peer-to-peer-nettverk er BitTorrent, som er en protokoll for fildeling via internett. Mens medlemmer av sentraliserte nettverk laster ned filer fra en sentral server som er vert for dem, laster brukere av BitTorrent ned filer direkte fra hverandre, delt i små deler. Når en bruker har lastet ned en del av filen, kan han eller hun bli en såkalt seed for den filen, som betyr at andre kan laste den ned derfra. Med dette designet kan en stor fil spres relativt raskt, uten at det er nødvendig med store servere eller omfattende infrastruktur for å distribuere den, samtidig som den beskytter mot svikt i enkelte feilpunkt som kan sette prosessen i fare. Enhver fil som deles på nettverket er beskyttet av en kryptografisk hash som enkelt kan verifiseres for å sikre at eventuelle noder som deler filen ikke har ødelagt den. Myndighetene slo kraftig ned på sentraliserte fildelingsnettsteder som Napster, men BitTorrents desentraliserte natur gjorde at de aldri klarte å stenge det. Med et voksende nettverk av brukere over hele verden, representerte BitTorrent på et tidspunkt omtrent en tredjedel av all internett-trafikk på verdensbasis. Bitcoin bruker et nettverk som ligner på det som brukes av BitTorrent, men i stedet for å dele biter av data som utgjør en film, sang eller bok, slik som i BitTorrent, så deler medlemmene av bitcoinnettverket loggboken over alle bitcointransaksjoner.

9

HVA KAN BITCOIN BRUKES TIL?

Lagring av verdi

Forestillingen om at ressurser er knappe og begrensede er en misforståelse av hva knapphetsbegrepet betyr, som er et nøkkelbegrep i økonomisk teori. Den absolutte mengden av hvert råmateriale som finnes på jorden er så stor at vi som mennesker ikke kan måle eller forstå det, og utgjør på ingen måte en reell grense for hva vi mennesker kan produsere av det. Vi har så vidt skrapt jordskorpen på jakt etter mineralene vi trenger. Jo mer vi leter, og jo dypere vi graver, jo flere ressurser finner vi. Det som setter den praktiske og realistiske grensen for mengden ressurser som kan produseres er alltid hvor mye tid vi bruker på å utvinne dem. Tid er den eneste virkelige knappe ressursen (frem til bitcoin ble skapt). I sin mesterlige bok, *The Ultimate Resource*, forklarer den avdøde økonomen Julian Simon at den eneste begrensede *ressursen* er menneskets tid. Ethvert menneske har en begrenset tid på jorden, og det er den eneste knappheten vi som individer må forholde oss til. På samme måte er samfunnet i stor grad begrenset av den totale tiden som er tilgjengelig for innbyggerne for produksjon av forskjellige varer og tjenester. Det kan alltid produseres mer av hvilken som helst ressurs dersom mer tid brukes til formålet.

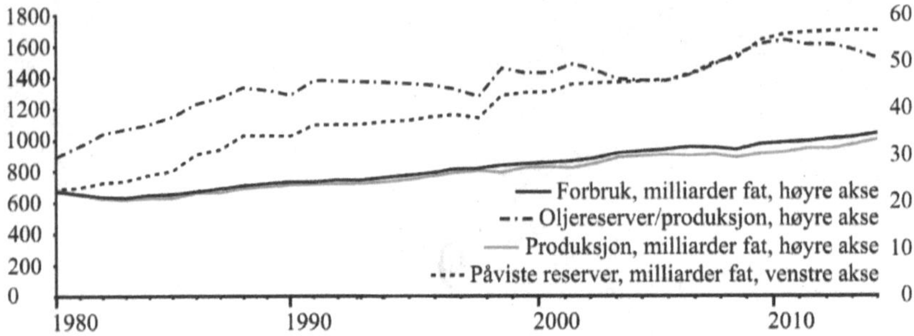

Figur 9.1: Globalt oljeforbruk, produksjon, påviste reserver og forholdet mellom reserver og årlig produksjon, 1980–2015.

Den reelle kostnaden for en vare er derfor alltid dens alternativkostnad, i form av andre varer som kunne vært produsert i stedet.

Gjennom hele menneskehetens historie har det aldri skjedd at et råmateriale eller en ressurs har gått helt tom. Det er også slik at prisen på praktisk talt alle disse ressursene er lavere i dag enn den var tidligere i historien. Dette er fordi teknologiske fremskritt gjør at vi kan produsere dem til en lavere kostnad i form av tid. Ikke bare har vi unngått å gå tom for ressursene, men vi har i tillegg sett de påviste reservene som finnes av hver ressurs øke med tiden, selv om forbruket har økt. Hvis ressurser skal forstås som begrensede, ville de eksisterende lagrene avta med tiden, ettersom vi forbruker mer. Men til tross for at vi stadig forbruker mer, fortsetter prisene å falle, og teknologiske fremskritt gjør at vi kan finne og utvinne mer og mer. Olje, en vital del av moderne økonomier, er det beste eksempelet på dette, og det finnes også pålitelig statistikk. Som figur 9.1 viser, øker de påviste reservene i et stadig raskere tempo selv om forbruk og produksjon fortsetter å øke år for år. Ifølge data fra BP[145] var den årlige oljeproduksjonen 46 % høyere i 2015 enn den var i 1980, mens forbruket var 55 % høyere. Oljereservene hadde derimot økt med 148 %, omtrent tre ganger mer enn økningen i produksjon og forbruk.

Tilsvarende statistikk kan lages for ressurser med varierende forekomst i jordskorpen. Graden av sjeldenhet til en ressurs bestemmer den relative kostnaden ved å utvinne den fra jorden. Metaller med høy forekomst, som jern og kobber, er enkle å finne, og dermed relativt billige. Sjeldnere metaller, som sølv og gull, er dyrere. Grensen for hvor mye vi kan produsere av hvert av dis-

145 *Kilde*: BP Statistical Review.

se metallene er fortsatt alternativkostnaden for produksjonen deres i forhold til hverandre, og ikke deres absolutte mengde. Det beste beviset på dette er det faktum at det sjeldneste metallet i jordskorpen, gull, har blitt utvunnet i tusenvis av år, men fortsetter allikevel å bli utvunnet i økende mengder etter hvert som teknologien utvikler seg over tid, som vist i kapittel 3. Hvis den samlede produksjonen av det sjeldneste metallet i jordskorpen øker hvert år, gir det ikke mening å si at en naturressurs er begrenset i praktisk forstand. Knapphet er kun et relativt mål på naturressurser, der forskjellen i utvinningskostnadene bestemmer graden av knapphet. Julian Simon demonstrerte på en briljant måte at den eneste reelle knappheten som eksisterer er tiden mennesker har tilgjengelig for produksjon av disse metallene. Dette er grunnen til at lønningene fortsetter å stige over hele verden, noe som gjør at produkter og materialer stadig blir billigere målt i menneskelig arbeidskraft.

Knapphet er et av de økonomiske konseptene som folk har vanskeligst for å forstå, og det gir næring til det endeløse hysteriet som miljøbevegelsen har påtvunget oss gjennom flere tiår med apokalyptisk skremselspropaganda. Julian Simon gjorde sitt beste for å bekjempe dette hysteriet ved å utfordre en av 1900-tallets fremste hysterikere til et berømt veddemål som strakte seg over 10 år. Paul Ehrlich hadde skrevet flere hysteriske bøker og hevdet at jorden var på randen av en katastrofe forårsaket av at livsviktige ressurser holdt på å ta slutt. Bøkene kom med spesifikke og dystre spådommer om tidspunktet da disse ressursene ville være oppbrukt. Simon utfordret Ehrlich i 1980 til å velge en rekke råvarer som han trodde holdt på å gå tom, samt en vilkårlig tidsperiode lengre enn ett år. De veddet 10 000 dollar på om prisen på hvert av disse metallene, justert for inflasjon, ville være lavere ved slutten av perioden enn tidligere. Ehrlich valgte kobber, krom, nikkel, tinn og wolfram, som alle var råvarer han hadde spådd ville gå tom. Det viste seg på slutten av perioden, i 1990, at prisene på hvert av disse metallene hadde falt (og den årlige produksjonen hadde økt), selv om verdens befolkning hadde økt med 800 millioner i løpet av den samme perioden, den største økningen på et enkelt tiår noensinne.

I realiteten er det slik at jo flere mennesker som finnes, jo større produksjon av råvarer kan vi oppnå. Kanskje enda viktigere, som økonomen Michael Kremer[146] argumenterer, er at den grunnleggende drivkraften for sivilisasjonens

146 Kremer, Michael. «Population Growth and Technological Change: One Million B.C. to 1990.» Quarterly of Journal of Economics, vol. 108, nr. 3, 1993, s. 681–716.

fremgang ikke er tilgjengeligheten på råvarer, men teknologiske løsninger på problemer. Ny teknologi er av natur et *ikke-ekskluderende gode*, som betyr at når én person finner opp noe, kan alle andre kopiere det og dra nytte av det. Ny teknologi er også et *ikke-rivaliserende gode*, som betyr at en persons nytte av en oppfinnelse ikke forhindrer at noen andre også drar nytte av den. Ta hjulet som et eksempel. Når én person oppfant det, kunne alle andre kopiere det og lage sitt eget hjul, uten at det på noen måte reduserte andres nytte av oppfinnelsen. Geniale ideer er sjeldne, og bare en liten andel av folk er i stand til å oppfinne nye ting. En større befolkning vil dermed produsere flere teknologier og ideer enn en mindre befolkning, og siden fordelen tilfaller alle, er det bedre å leve i en verden med en stor befolkning. Jo flere mennesker som eksisterer i verden, desto flere teknologier og produktive ideer skapes, og desto flere mennesker kan dra nytte av og kopiere disse ideene fra hverandre, noe som fører til høyere produktivitet og bedre levestandard.

Kremer illustrerer dette ved å vise at etter hvert som jordens befolkning har økt, har befolkningsveksten akselerert, ikke avtatt. Dersom mennesket hadde vært en byrde som bare slukte ressurser, ville en større befolkning redusert mengden av ressurser tilgjengelig for hver person. Dette ville igjen begrenset den økonomiske veksten og dermed befolkningsveksten, slik den malthusianske modellen forutsier. Men siden mennesker selv er ressursen, og produktive ideer er drivkraften bak økonomisk produktivitet, betyr en større befolkning mer produktive ideer og teknologier, mer produksjon per innbygger og en høyere kapasitet til å opprettholde større befolkninger. Videre viser Kremer hvordan isolerte landmasser som var tettere befolket, opplevde raskere økonomisk vekst og fremgang enn de som var tynt befolket.

Det er misvisende å kalle råvarer for ressurser, siden mennesker ikke er passive forbrukere av manna fra himmelen. Råvarer er alltid et produkt av menneskelig arbeidskraft og oppfinnsomhet, og dermed er mennesker den ultimate ressursen. Menneskelig tid, innsats og oppfinnsomhet kan alltid brukes til å produsere mer.

Det evige dilemmaet mennesket står overfor, er hvordan vi kan bevare verdien av det vi produserer med tiden vår til fremtiden. Mens menneskelig tid er begrenset, er alt annet praktisk talt uendelig, og mer kan alltid produseres hvis mer menneskelig tid brukes til det. Uansett hvilken gjenstand folk har valgt som verdilager, har verdien til gjenstanden steget, og ettersom det alltid er mulig å produsere mer, har det betydd at andre aktører kunne produsere mer av gjenstanden for å tilegne seg verdien lagret i den. Befolkningen på øya Yap opplevde at O'Keefe tok med seg eksplosiver og avanserte båter for å lage flere Rai-steiner, og dermed tilegne seg verdien lagret i de eksisterende steinene. Afrikanere ble skadelidende av at europeere kom med båter fullastet med glassperler for å tilegne seg verdien som var lagret i disse. Med unntak av gull, ble hvert metall brukt som penger overprodusert til prisen kollapset. I moderne økonomier later keynesianske sentralbanker som om de bekjemper inflasjonen, mens de gradvis, eller raskt, eroderer verdien av landets valuta, som diskutert i kapittel 4. Ettersom amerikanere nylig begynte å bruke hjemmene sine som en måte å lagre verdier på, økte tilbudet av nye boliger så mye at prisene kollapset. Etter hvert som den monetære inflasjonen fortsetter, kan man forstå det store antallet bobler som spekulative veddemål for å finne gode verdilagre. Bare gull har kommet i nærheten av å løse dette problemet, takket være den kjemiske sammensetningen som gjør det umulig å blåse opp tilbudet, noe som ga oss en av de mest strålende epokene i menneskets historie. Men statenes kontroll skulle snart begrense gullets monetære rolle og erstattet det med statlig utstedte penger, som har en elendig merittliste.

Dette belyser noe helt spesielt ved den teknologiske bragden som kalles bitcoin. For første gang har menneskeheten tilgang til en vare der mengden er *absolutt begrenset*. Uansett hvor mange som bruker nettverket, hvor mye verdien stiger, eller hvor avansert utstyret som brukes til å produsere det er, kan antall bitcoin aldri bli mer enn 21 millioner. Det er ikke teknisk mulig å øke pengemengden for å møte den økte etterspørselen. Skulle flere ønske å eie bitcoin, kan ikke mengden av bitcoin økes, og dermed vil verdien til det eksisterende tilbudet øke. Siden hver bitcoin kan deles opp i 100 millioner satoshi, vil man bruke stadig mindre enheter av den etter hvert som verdien øker. Alt dette gjør bitcoin til en ny type eiendel, som er svært godt egnet for å brukes som verdilager.

Før bitcoin ble oppfunnet fantes det ingen form for penger som hadde et absolutt begrenset tilbud, noe som gjorde det vanskelig å bevare verdien over tid. Den faste og uforanderlige pengemengden gjør bitcoin til det beste mediet for å lagre verdiene vi skaper med menneskets begrensede tid, noe som gjør bitcoin til det beste verdilageret som noensinne er oppfunnet. Med andre ord

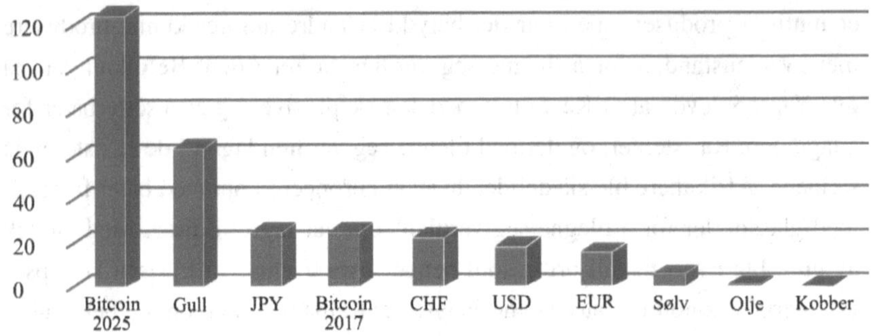

Figur 9.2: Totale tilgjengelige globale lagre delt på årlig produksjon.

er bitcoin den billigste måten å kjøpe fremtiden på, siden bitcoin er det eneste mediet som ikke kan vannes ut, uansett hvor mye verdien stiger. Se figur 9.2.[147]

I 2018, bare ni år etter bitcoin ble skapt, hadde den allerede blitt tatt i bruk av millioner[148] av mennesker over hele verden, og dens nåværende årlige inflasjonsrate er sammenlignbar med de globale reservevalutaene. Når det gjelder lager/tilførsel-forholdet, som ble diskutert i kapittel 1, var det eksisterende lageret av bitcoin i 2017 rundt 25 ganger større enn de nye bitcoinene produsert i 2017. Dette er fremdeles mindre enn halvparten så stort som det tilsvarende forholdet for gull, men rundt år 2022 vil bitcoins lager/tilførsel-forhold overgå forholdstallet for gull, og innen 2025 vil forholdstallet være omtrent dobbelt så høyt som for gull. Bitcoins lager/tilførsel-forhold vil fortsette å øke raskt inn i fremtiden, mens det for gull forblir omtrent det samme, gitt dynamikken til gullgruvedrift som ble diskutert i kapittel 3. Rundt år 2140 vil det ikke bli skapt nye bitcoin, og lager/tilførsel-forholdet blir dermed uendelig. Aldri før har en vare eller råvare oppnådd dette.

En viktig implikasjon av den reduserte tilførselen av nye bitcoin er at den eksisterende mengden bitcoin blir veldig stor i forhold til de nye som produseres. I den forstand ligner bitcoinmining på gullgraving, ved at sammenlignet med andre former for penger, der pengemengden lett kan økes, er det rela-

147 *Kilde*: US Geological Survey data for gull. Silver Institute data for sølv. blockchain.info. Forfatterens beregninger for bitcoin. BP statistiske gjennomgang av verdens energi for olje. Data om nasjonale valutaer fra Federal Reserve Economic Data, fred.stlouisfed.org. Forfatterens estimater for kobber.

148 Det er ingen enkel måte å estimere antall bitcoinbrukere på, fordi hver enkelt bruker kan ha et hvilket som helst antall lommebokadresser. Ulike estimater viser at antallet ligger mellom 10 og 100 millioner brukere i 2017, og jeg tror dette er et så nøyaktig anslag som vi kan få.

tivt sett mindre fokus på å sikre den nye tilførselen av bitcoin, og mer fokus på nyttig økonomisk produksjon som deretter kan veksles mot bitcoin. Etter hvert som blokkbelønningen avtar, vil ressursene som investeres i bitcoinmining hovedsakelig bli belønnet for å behandle transaksjonene og dermed sikre nettverket, snarere enn for å lage nye bitcoin.

Gjennom det meste av menneskets historie har en eller annen form for fysisk gjenstand blitt brukt for å lagre verdier. Et verdilager trenger ikke nødvendigvis å ha en fysisk manifestasjon, men ved å bruke et fysisk objekt ble det vanskeligere å øke mengden av verdilageret. Ved å være rent digitalt, og ved å eksistere helt avskåret fra den fysiske verden, lykkes bitcoin i å oppnå absolutt knapphet. Intet delbart og transportabelt fysisk materiale har noen gang oppnådd dette før. Bitcoin lar brukerne transportere verdier digitalt, uten å være avhengig av den fysiske verden. Dette gjør at store summer kan overføres over hele verden, med endelig oppgjør på bare noen minutter. Bitcoin, med sin absolutte digitale knapphet, kombinerer de beste egenskapene til fysiske penger, uten noen av de fysiske ulempene med å flytte og transportere dem. Bitcoin kan derfor hevde å være den beste teknologien for verdilagring som noen gang er oppfunnet.

Individuell suverenitet

Som den første formen for digitale kontanter er bitcoins første og viktigste rolle å gi alle i verden tilgang til suverene basispenger. Enhver person som eier bitcoin oppnår en grad av økonomisk frihet som tidligere ikke var mulig. Bitcoinholdere kan sende store mengder verdier over hele planeten uten å måtte be noen om tillatelse. Bitcoins verdi er ikke avhengig av noe i den fysiske verden, og kan derfor aldri hindres, ødelegges eller konfiskeres av fysiske krefter, verken politiske eller kriminelle.

Viktigheten av denne oppfinnelsen, for de rådende politiske realitetene på 2000-tallet, er at folk for første gang siden fremveksten av den moderne staten har en klar teknisk løsning for å unnslippe den vidtrekkende økonomiske innflytelsen fra statene de lever under. Det er bemerkelsesverdig at den beste beskrivelsen av hvor signifikant en slik teknologi kan være, finnes i en bok skrevet i 1997, hele 12 år før bitcoin ble skapt. Boken spådde fremveksten av en digital valuta som ligner bemerkelsesverdig mye på bitcoin, og hvordan dette ville transformere samfunnet.

I *The Sovereign Individual* argumenterer James Davidson og William Rees-Mogg for at den moderne nasjonalstaten med sine restriktive lover, høye skatter og totalitære impulser har vokst seg så stor at undertrykkelsen av innbyggernes frihet kan sammenlignes med kirkens undertrykkelse i middelalderen, og er like moden for reformasjon. Kirken, med sitt tunge skattetrykk, personkontroll og ritualer, førte med seg kostnader som ble stadig mer uutholdelige for europeerne, og nyere og mer produktive politiske og økonomiske organisasjonsformer vokste frem for å erstatte kirken, og gjorde kirken irrelevant. Fremveksten av maskiner, boktrykkerkunsten, kapitalismen og den moderne nasjonalstaten var utgangspunktet for industrisamfunnet og den moderne forestillingen om statsborgerskap.

Fem hundre år senere er det industrisamfunnet og den moderne nasjonalstaten som har blitt undertrykkende, sklerotisk og tyngende, mens nye teknologier utfordrer dens makt og eksistensgrunnlag. «Mikroprosessorer vil undergrave og ødelegge nasjonalstaten» er den provoserende tesen i denne boken. Nye organisasjonsformer vil dukke opp med informasjonsteknologi, og undergrave statens evne til å tvinge innbyggerne til å betale mer for sine tjenester enn det de ønsker. Den digitale revolusjonen vil ødelegge den moderne statens makt over innbyggerne, redusere nasjonalstatens betydning som en organiserende enhet og gi enkeltmennesker en makt og suverenitet over sine egne liv som vi aldri har sett tidligere.

Det er tydelig at denne prosessen allerede er i gang, takket være revolusjonen innen telekommunikasjon. Mens boktrykkerkunsten ga de fattige i verden tilgang på kunnskap som var forbudt og monopolisert av kirkene, hadde den fortsatt begrensningen av å produsere fysiske bøker som alltid kunne konfiskeres, forbys eller brennes. Ingen slik trussel eksisterer i cyberspace, der praktisk talt all menneskelig kunnskap eksisterer, lett tilgjengelig for alle, og uten risiko for kontroll eller sensur fra myndighetene.

På samme måte gjør teknologien det mulig for handel og sysselsetting å omgå statlige begrensninger og forskrifter, noe som best illustreres av selskaper som Uber og Airbnb. Disse selskapene har ikke bedt om myndighetenes tillatelse til å lansere produktene sine og undergraver de tradisjonelle formene for regulering og tilsyn. Moderne mennesker kan foreta transaksjoner med andre de møter på nettet gjennom systemer der identitet og sikkerhetstiltak er basert på samtykke og gjensidig respekt, uten behov for å ty til tvangsmessige reguleringer fra myndighetene.

Fremveksten av billige former for telekommunikasjon på nettet betyr også at den geografiske plasseringen av arbeidet ikke lenger er viktig. Produsenter av mange varer kan nå velge bosted etter eget ønske, ettersom produktene de skaper, som blir stadig mer informasjonsbaserte og ikke-materielle, kan overføres globalt på et øyeblikk. Myndighetenes forskrifter og skatteregler blir mindre effektive når enkeltpersoner kan bo og jobbe der det passer dem, og levere arbeidet sitt via telekommunikasjon.

Ettersom en større og større andel av verdien fra økonomisk produksjon er i form av ikke-materielle varer, blir fysiske produksjonsmidler og land relativt sett mindre verdt. Dette gjør det mindre lønnsomt å beslaglegge disse fysiske produksjonsmidlene med makt. Den produktive kapitalen består i større grad av selve individene, noe som betyr at denne kapitalen kun er tilgjengelig med den enkeltes samtykke, og gjør samtidig trusselen om voldelig ekspropriering stadig hulere. I samfunn der bøndene arbeidet på land de selv ikke eide, og deres produktivitet og overlevelse var knyttet til dette landet, var det effektivt for grunneieren å bruke trusler om vold for å tilegne seg bøndenes produktivitet. Tilsvarende var industrisamfunnet tungt avhengig av sin fysiske produksjonskapital, som staten enkelt kunne ekspropriere, slik 1900-tallet så blodig illustrerte. Men ettersom individets mentale kapasitet blir den fremste produktive kraften i samfunnet, blir trusselen om vold langt mindre effektiv. Folk kan enkelt flytte til jurisdiksjoner der deres rettigheter respekteres, eller de kan utføre produktivt arbeid på datamaskiner, uten at myndighetene i det hele tatt kan vite hva de produserer.

En siste brikke manglet i puslespillet om digitalisering av økonomien, og det var mekanismen for overføring av penger og verdi. Selv om informasjonsteknologien tillot mennesker å omgå geografiske og statlige kontroller og restriksjoner, var betalingssystemene fortsatt fullstendig kontrollert av statsmaktene og de statsstøttede bankmonopolene. Som alle statskontrollerte monopoler hadde bankvesenet i årevis motstått innovasjoner og endringer som ville gagnet forbrukerne og begrenset bankenes mulighet til å kreve gebyrer og renter. Dette var et monopol som ble stadig mer tyngende, etter hvert som verdensøkonomien spredte seg og ble mer global. Davidson og Rees-Mogg spådde med bemerkelsesverdig fremsynthet formen som den nye digitale og monetære nødutgangen ville ha: En kryptografisk sikret form for penger, uavhengig av alle fysiske begrensninger, og som ikke kunne stoppes eller konfiskeres av myndighetene. Selv om dette virket som en merkelig spådom da boken ble skrevet, er det nå blitt en virkelighet, og millioner av mennesker bruker nå slike penger rundt om i verden, selv om viktigheten av det enda ikke er fullt ut forstått av allmenheten.

Bitcoin, og kryptografi generelt, er defensive teknologier som gjør kostnadene ved å forsvare eiendom og informasjon langt lavere enn kostnadene ved å angripe dem. Siden det gjør tyveri ekstremt dyrt og usikkert, fremmes samarbeid, og det favoriserer de som ønsker å leve fredelig sammen. Bitcoin korrigerer i stor grad det skiftet i maktbalansen som skjedde i løpet av det forrige århundret, da staten og sentralbanken klarte å ta kontroll over pengene, og dermed gjøre innbyggerne fullstendig avhengig av dem for overlevelse og velstand. Den historiske versjonen av sunne penger, gull, hadde ikke disse fordelene. Gullets fysiske karakter gjorde det sårbart for statsmaktens kontroll. At gull ikke kunne flyttes rundt på en enkel måte gjorde at betalinger med gull ble sentralisert til banker og sentralbanker, noe som gjorde konfiskering relativt enkelt. Med bitcoin, på den annen side, er det trivielt og praktisk talt kostnadsfritt å verifisere transaksjoner, siden alle har tilgang til blokkjeden som inneholder alle transaksjoner på nettverket, fra en hvilken som helst internett-tilkoblet enhet.[149] For å skalere bitcoin trengs det riktignok en form for tredjeparts-mellomledd, men det vil være forskjellig fra oppgjør med gull på flere svært viktige punkter. For det første må en tredjepart til slutt gjøre opp sine transaksjoner på den offentlig tilgjengelige blokkjeden, noe som gir større åpenhet og muliggjør regnskapskontroll. Bitcoin gir det moderne mennesket mulighet til å velge bort de totalitære, sentralstyrte keynesianske og sosialistiske statene. Bitcoin er en teknologisk løsning mot den moderne pesten – som består av stater som lever av å utnytte de produktive menneskene som tilfeldigvis lever på deres jord. Hvis bitcoin fortsetter å vokse og tiltrekke seg en større andel av den globale rikdommen, kan det tvinge statene til å bli mer og mer en form for frivillig organisasjon, der staten bare kan skaffe seg «skatteinntekter» ved å tilby innbyggerne tjenester de er villige til å betale for.

149 Enheter med internettforbindelse er billige, og de blir stadig billigere.

Den politiske visjonen bak bitcoin kan forstås ved å nærmere undersøke ideene til cypherpunk-bevegelsen, som ga opphav til bitcoin. Timothy May skrev det følgende:

> *Kombinasjonen av sterk, uknuselig offentlig nøkkelkryptering og virtuelle nettverkssamfunn i cyberspace, vil føre til interessante og dyptgripende endringer i økonomiske og sosiale systemer. Kryptoanarki tilsvarer anarkokapitalisme i cyberspace, som overskrider nasjonale grenser og lar individer gjøre økonomiske utvekslinger på frivillig basis... Kryptoanarki frigjør individer fra tvang fra sine fysiske naboer og stater, som ikke kan vite hvem de er på nettet. For libertarianere er sterk kryptografi et middel for å unngå myndighetene.*[150]

Visjonen om anarkokapitalisme som May beskriver er den politiske filosofien utviklet av Murray Rothbard, en amerikansk økonom av den østerrikske skolen. I sin bok *The Ethics of Liberty* forklarer Rothbard at libertariansk anarkokapitalisme er den eneste logiske konklusjonen som følger av ideene om fri vilje og selveierskap:

> *På den annen side, la oss nå beskrive de naturlige og universelle rettighetene en person har med hensyn til eierskap under frihetens etikk. Alle personer, til enhver tid og sted, omfattes av de grunnleggende reglene: eierskap til seg selv, eierskap til de hittil ubrukte ressurser som personen besitter og foredler; og eierskap til det som kan avledes fra disse, enten i form av frivillig utveksling eller frivillige gaver. Disse reglene – som vi kan kalle «regler for naturlig eierskap» – kan helt klart anvendes og forsvares, uavhengig av tid eller sted, og uavhengig av den økonomiske velstanden i samfunnet. Det er umulig for noe annet sosialt system å kvalifisere som universell naturlov; for hvis en person eller gruppe styrer ved tvang over en annen (og alle styresett innebærer en maktposisjon), er det umulig å anvende samme regel for alle. Bare en verden uten herskere, en ren libertariansk verden, kan oppfylle kriteriene for naturrettigheter og naturlov, eller enda viktigere, kan oppfylle betingelsene for en universell etikk for hele menneskeheten.*[151]

Prinsippet om ikke-aggresjon er grunnlaget for Rothbards anarkokapitalisme, og derfor kan ingen aggressiv handling rettferdiggjøres moralsk, verken

150 May, Timothy C. *«Crypto Anarchy and Virtual Communities.»* Satoshi Nakamoto Institute, 1994, nakamotoinstitute.org.

151 Rothbard, Murray. *The Ethics of Liberty*. New York University Press, 1998, s. 43.

av stater eller enkeltpersoner. Bitcoin, som er helt frivillig og nådeløst fredelig, tilbyr oss en monetær infrastruktur som legger til rette for en verden bygget utelukkende på frivillig samarbeid. I motsetning til populære fremstillinger av anarkister som banditter kledd i hettegenser, er bitcoins anarkistiske merkevare helt fredelig, og gir enkeltpersoner de nødvendige verktøyene for å håndtere inflasjon og statlig kontroll. Hvis bitcoinnettverket vokser og lykkes, er det på grunn av sine egne fordeler som en fredelig, frivillig og nøytral teknologi for penger og oppgjør, og ikke fordi det påtvinges andre.

I overskuelig fremtid, mens nettverket fortsatt har relativt få brukere, vil bitcoin være et kostnadseffektivt alternativ for personer som trenger å omgå statlige bankrestriksjoner, samt å lagre verdier i en likvid eiendel som er beskyttet mot sentralbankenes inflasjon. Hvis bitcoin skulle bli tatt i bruk i de brede lag, vil kostnadene for transaksjoner på blokkjeden sannsynligvis øke betydelig, som diskuteres senere i avsnittet om skalering, noe som gjør det vanskeligere for enkeltpersoner å bruke slike usensurerbare transaksjoner for å omgå statlige regler og reguleringer. I en slik situasjon vil imidlertid den brede bruken av bitcoin ha en mye større positiv effekt på individuell frihet, gjennom at statens mulighet til å finansiere sin virksomhet gjennom inflasjon vil bli sterkt begrenset. Det var statlige penger på 1900-tallet som fødte den sterkt intervensjonistiske staten, med sine totalitære og autoritære trekk. I et samfunn drevet av sunne penger, er det usannsynlig at økonomisk uproduktive politiske beslutninger vil overleve lenge, siden det er få insentiver for å finansiere dem.

Internasjonalt og elektronisk oppgjør

Tradisjonelt var gull mediet for oppgjør av betalinger og verdilager over hele verden, siden det ikke var mulig for noen part å øke mengden av gull i særlig grad. Gullverdien ble bestemt på det frie markedet, og var ikke en fordring på en motpart. Etter hvert som kommunikasjon og reiser begynte å finne sted over økende avstander utover 1800-tallet, og dermed krevde økonomiske transaksjoner over lengre avstander, forsvant gull ut av folks hender og inn i hvelvene til bankene, og etter hvert til sentralbankene. Under denne gullstandarden holdt folk papirsertifikater eller sjekker for gull, som fungerte som betaling uten at gullet måtte flyttes fysisk. Dette forbedret hastigheten og effektiviteten i verdenshandelen betydelig.

Da myndighetene så konfiskerte gull og utstedte sin egen valuta, var det ikke lenger mulig å bruke gull til globale oppgjør mellom enkeltpersoner og banker. Disse ble i stedet gjennomført med nasjonale valutaer som varierte i verdi, noe som skapte betydelige problemer i den internasjonale handelen, som diskutert i kapittel 6. Oppfinnelsen av bitcoin har skapt, fra bunnen av, et nytt og uavhengig system for internasjonalt oppgjør som ikke er avhengig av noen mellommann, og som kan fungere helt adskilt fra den eksisterende finansielle infrastrukturen.

Muligheten for hvem som helst til å kjøre en bitcoinnode og sende sine egne penger uten å spørre noen om tillatelse, og uten å måtte avsløre identiteten sin, er en viktig forskjell mellom gull og bitcoin. Bitcoin trenger ikke å lagres på en datamaskin; den private nøkkelen til en persons beholdning av bitcoin er en serie tegn eller ord som personen husker. Det er mye lettere å forflytte seg med en privat bitcoinnøkkel enn med en haug av gull, og langt enklere å sende bitcoin over hele verden, helt uten risiko for tyveri eller konfiskering. Mens statene før konfiskerte folks gullbeholdning og tvang dem til å bruke nasjonale papirpenger, som angivelig var støttet av det samme gullet, kan folk i dag oppbevare det meste av beholdningen sin av bitcoin utenfor statens rekkevidde, og kun bruke mindre beløp i transaksjoner via mellommenn. Bitcoins egenskaper, sammenlignet med alle andre former for penger, gjør at statene havner i en ugunstig posisjon, der konfiskering av folks verdier er mye vanskeligere.

Enda en fordel for de som eier bitcoin er muligheten til å verifisere at tredjepartsaktører, som bitcoinbanker, faktisk har tilstrekkelig med bitcoin til rådighet. Dette kan gjøres fordi blokkjeden er offentlig, og gjør det ekstremt upraktisk for en stat eller sentralbank å ha rollen som utlåner i siste instans. Selv under den internasjonale gullstandardens storhetstid, da penger var innløselige i gull, hadde sentralbankene bare nok gull til å dekke en fraksjon av den utestående valutaen, noe som ikke var enkelt for brukerne å kontrollere. Dette er mye vanskeligere med bitcoin, der regnskaper kan undersøkes med kryptografisk sikkerhet, og dermed avsløre banker som driver med fraksjonsreserver.

Mindre betalinger med bitcoin vil sannsynligvis ikke bli utført på blokkjeden, men i stedet på en andrelagsløsning, som forklares i avsnittet om skalering i kapittel 10. Bitcoin kan sees på som den nye fremvoksende reservevalutaen for elektroniske transaksjoner. De nettverksbaserte ekvivalentene til banker kommer sannsynligvis til å utstede såkalte «tokens», eller sjetonger, til sine brukere, mens de oppbevarer deres bitcoin i kaldlagring. Brukere kan sjekke i sanntid at bitcoinreservene til formidleren virkelig tilsvarer den utstedte valutaen, og kan med verifiserings- og omdømmesystemer verifisere at inflasjon ikke finner sted. Med valutaer basert på andrelagsløsninger kan et uendelig antall transaksjoner utføres elektronisk, uten å være begrenset av transaksjonskostnadene på blokkjeden.

Etter hvert som markedsverdien til bitcoin fortsetter å øke og transaksjonsgebyrene blir høyere, begynner bitcoin å se mer og mer ut som en reservevaluta, heller enn en valuta for daglig handel. Selv i skrivende stund, med bitcoin på et relativt lavt adopsjonsnivå, skjer de fleste bitcointransaksjoner utenfor blokkjeden. Disse transaksjonene skjer gjennom ulike selskaper med nettbaserte handelsplattformer, som børser og kasinoer. Disse selskapene krediterer eller debiterer bitcoin til kundene sine på deres egne interne databaser, og gjør kun oppgjør på blokkjeden når kundene setter inn eller tar ut midlene sine.

I kraft av å være digitale kontanter, ligger kanskje ikke bitcoins komparative fordel i å erstatte kontantbetalinger, men snarere i å tillate at kontantbetalinger gjennomføres over lange avstander. Betalinger med personlig fremmøte, med små beløp, kan gjøres på flere måter: fysiske kontanter, byttehandel, tjenester, kredittkort, banksjekker og så videre. Mange velfungerende elektroniske alternativer for betalinger i småskala finnes allerede, med svært lave kostnader. Det er lite sannsynlig at bitcoin vil kunne konkurrere med disse løsningene når det gjelder betalinger med små beløp og over korte avstander. Bitcoins fordel er heller at den muliggjør store betalinger med raskt og endelig oppgjør, på tvers av landegrenser og over store avstander. Når man sammenligner hvordan slike betalinger gjøres i dag, blir fordelene med bitcoin tydelige. I dag er det bare noen få valutaer som aksepteres for internasjonale betalinger, nemlig amerikanske dollar, euro, gull og IMFs spesielle trekkrettigheter (SDR). De aller fleste internasjonale betalinger skjer i en av disse valutaene, med bare en liten prosentandel av betalingene i et fåtall andre store valutaene. Å sende noen tusen dollar av disse valutaene internasjonalt koster vanligvis titalls dollar, tar flere dager, og utsettes for inngripende granskning fra finansinstitusjoner. De høye kostnadene ved disse transaksjonene skyldes først og fremst volatiliteten i valutamarkedet, og utfordringer med oppgjør mellom institusjoner i ulike land, noe som nødvendiggjør bruk av flere lag med mellommenn.

På mindre enn ti år har bitcoin allerede oppnådd høy global likviditet, noe som åpner for internasjonale betalinger som for tiden er billigere enn på de eksisterende nettverkene. Dette er ikke for å påstå at bitcoin vil erstatte det internasjonale markedet for pengeoverføring, men heller for å påpeke bitcoins potensielle internasjonale likviditet. Foreløpig er volumet av disse internasjonale transaksjonene, målt i antall, så store at de ikke ville fått plass på bitcoins blokkjede, og jo flere slike betalinger som gjøres med bitcoin, jo mer stiger transaksjonskostnadene. Dette betyr imidlertid ikke slutten for bitcoin, siden bitcoin har flere bruksområder enn individuelle transaksjoner.

Bitcoin er penger som ikke har motpartsrisiko, og nettverket tillater endelig oppgjør av store verdier i løpet av få minutter. Man kan derfor se at bitcoin først og fremst er et alternativ til det endelige oppgjøret som skjer mellom sentralbanker og store finansinstitusjoner. Sammenlignet med dem, gjør bitcoin det bra med sin verifiserbare distribuerte database, kryptografiske sikkerhet og immunitet mot sikkerhetsbrister hos tredjeparter. Å bruke de viktigste nasjonale valutaene (dollar, euro) for oppgjør innebærer risiko for valutakurssvingninger, og krever tillit til flere lag av mellommenn. Endelig oppgjør mellom sentralbanker og store finansinstitusjoner tar flere dager, og noen ganger uker. I løpet av denne tiden er begge parter utsatt for betydelig valuta- og motpartsrisiko. Gull er den eneste tradisjonelle monetære eiendelen som ikke består av et krav på en motpart, og har dermed ikke noen motpartsrisiko, men å flytte gull er ekstremt dyrt, og dermed forbundet med stor risiko.

Siden bitcoin ikke har noen motpartsrisiko og ikke er avhengig av noen tredjepart, er bitcoin unikt egnet til å spille den samme rollen som gull spilte under gullstandarden. Det er en nøytral penge for et internasjonalt system som ikke gir noe land det «eksorbitante privilegiet» ved å være utsteder av den globale reservevalutaen, og som ikke har den ulempen at den er knyttet til den økonomiske situasjonen i et enkelt land. Siden bitcoin er adskilt fra et bestemt lands økonomi, påvirkes ikke verdien av handelsvolumet, og man unngår alle problemene med valutakurssvingninger som har ridd 1900-tallet som en mare. Med bitcoin får du i tillegg endelig oppgjør uten at det finnes en motpart eller bank som har makt til å stanse betalingene. Det er dermed det ideelle globale nettverket der alle økonomiske aktører har de samme betingelsene, noe som er ulikt dagens sentraliserte og hegemoniske valutaregime. Bitcoinnettverket er basert på en form for penger der pengemengden ikke kan blåses opp av en enkelt medlemsbank. Dette gjør bitcoin til en mer attraktiv eiendel for verdilagring enn nasjonale valutaer, der pengemengden kan økes av sentralbanker for å finansiere statsmakten.

Bitcoins kapasitet for transaksjoner er mye større enn hva alle dagens sentralbanker ville trenge selv om de gjorde opp sine balanser daglig. Bitcoins nåværende kapasitet på rundt 350 000 transaksjoner per dag kan tillate at hver bank i et globalt nettverk av 850 banker kan ha en daglig transaksjon med annenhver bank i nettverket. (Antallet unike forbindelser i et nettverk er $n(n-1)/2$, der n er antall noder.)

Et globalt nettverk av 850 sentralbanker kan utføre daglige sluttoppgjør med hverandre over bitcoinnettverket. Hvis hver sentralbank betjener rundt 10 millioner kunder så vil det dekke hele verdens befolkning. Dette er et eksempel som viser det verst tenkelige scenariet, der bitcoins kapasitet ikke økes på noen som helst måte. Som vi skal drøfte i neste kapittel, er det flere måter å øke kapasiteten på uten å endre arkitekturen til bitcoin på en måte som ikke er bakover-kompatibel. Dette muliggjør daglig oppgjør mellom tusenvis av banker.

I en verden der ingen statsmakt kan skape flere bitcoin, vil disse bitcoinsentralbankene konkurrere fritt med hverandre om å tilby fysiske og digitale monetære instrumenter og betalingsløsninger som er knyttet til, og støttet av, deres bitcoinreserver. Uten en utlåner i siste instans blir fraksjonell utlånsvirksomhet en ekstremt risikabel virksomhet, og jeg vil tro at de eneste bankene som overlever på lang sikt blir de bankene som tilbyr finansielle instrumenter 100 % støttet av bitcoin. Meningene er imidlertid delte blant økonomer rundt dette, og bare tiden vil vise om det blir slik. Disse bankene vil gjøre opp betalinger mellom sine egne kunder utenfor bitcoins blokkjede, og deretter utføre endelig daglig oppgjør mellom hverandre på blokkjeden.

Selv om dette synet på bitcoin kan høres ut som et svik mot bitcoins opprinnelige visjon om ekte peer-to-peer-kontanter, er det ikke en ny visjon. Hal Finney, mottakeren av den første bitcointransaksjonen fra Nakamoto, skrev dette på bitcoinforumet i 2010:

> *Det finnes faktisk veldig gode grunner til at bitcoinstøttede banker skal eksistere, som utsteder sin egen digitale kontantvaluta, som kan innløses i bitcoin. Bitcoin i seg selv kan ikke skaleres på en slik måte at enhver finansiell transaksjon i verden kan bli kringkastet til alle og inkludert i blokkjeden. Et andrelags betalingssystem, som er mer effektivt og mindre ressurskrevende, vil være nødvendig. I tillegg tar det for lang tid før en bitcointransaksjon bekreftes, noe som er upraktisk selv for mellomstore kjøp.*
>
> *Banker med bitcoinreserver løser disse problemene. De kan fungere på samme måte som bankene gjorde før valutaene ble nasjonalisert. Ulike banker kan ha ulike retningslinjer, noen mer aggressive og noen mer konservative. Noen kan ha fraksjonsreserver, mens andre kan ha bitcoinreserver med 100 % dekning for valutaen deres. Rentene kan variere. Kontanter fra enkelte banker kan ha forskjellig verdi i forhold til andre.*
>
> *George Selgin har utarbeidet en detaljert teori som beskriver hvordan banker konkurrerer med hverandre i et fritt marked, og han argumenterer for at et slikt system vil være stabilt, motstandsdyktig mot inflasjon og selvregulerende.*
>
> *Jeg tror dette vil være den endelige skjebnen til bitcoin, å være «kraftpengene» som fungerer som en reservevaluta for banker som utsteder sine egne digitale kontanter. De fleste bitcointransaksjoner vil skje mellom banker, som et endelig oppgjør. Bitcointransaksjoner fra privatpersoner vil være så sjeldne som ... vel, som kjøp med bitcoin er i dag.*[152]

Antall transaksjoner i en bitcoinøkonomi kan fremdeles være like høyt som det er i dag, men oppgjøret av disse vil ikke skje på bitcoins loggbok, hvis uforanderlighet og tillitsløshet gjør det altfor verdifullt for individuelle forbrukerbetalinger. Mange av begrensingene som eksisterer i dagens betalingsløsninger vil forsvinne med introduksjonen av fri markedskonkurranse innen bank og betaling, som er en av de mest sklerotiske næringene i den moderne verdensøkonomien, siden den kontrolleres av stater som kan skape mer av sine egne penger.

Hvis bitcoin fortsetter å øke i verdi og brukes av et økende antall finansinstitusjoner, vil bitcoin bli en reservevaluta for en ny form for sentralbank. Disse sentralbankene kan først og fremst være basert i den digitale eller fysiske verden, men et interessant spørsmål er om de nasjonale sentralbankene også bør

152 Finney, Hal. *BitcoinTalk Forum*. 30. desember 2010, bitcointalk.org/index.php?topic=2500.

supplere sine reserver med bitcoin. I det nåværende pengesystemet består sentralbankenes reserver hovedsakelig av dollar, euro, britiske pund, IMFs SDR og gull. Disse reservene brukes til oppgjør mellom sentralbanker og for å forsvare markedsverdien til de lokale valutaene. Dersom bitcoins verdistigning fortsetter på samme måte som de siste årene, kan det tiltrekke seg oppmerksomheten til fremsynte sentralbanker.

Dersom verdien av bitcoin fortsetter å stige like mye, vil sentralbanker som eier bitcoin få bedre muligheter til å utøve pengepolitikken sin. Det viktigste argumentet for at sentralbanker skal eie bitcoin, er imidlertid at bitcoin vil være en slags forsikring i et scenario der bitcoin faktisk oppnår status som en reservevaluta. Siden mengden av bitcoin er absolutt begrenset, kan det være smart for en sentralbank å bruke et lite beløp på å skaffe seg bitcoin i dag, som forsikring i tilfelle verdien skulle stige kraftig i fremtiden. Hvis bitcoins verdistigning fortsetter, vil en sentralbank som ikke eier bitcoin havne i en stadig mindre gunstig posisjon, siden valuta- og gullreservene deres vil falle mer og mer i verdi sammenlignet med bitcoin jo lengre de venter.

Bitcoin blir fortsatt sett på som et sært internett-eksperiment, men ved å overleve og styrke seg over tid, tiltrekkes stadig flere personer med stor egenkapital, institusjonelle investorer og deretter, muligens, sentralbanker. Det punktet der flere sentralbanker begynner å bruke bitcoin kan sees på som startskuddet for et omvendt bankløp på bitcoin. Den første sentralbanken som kjøper bitcoin vil vekke interessen til de andre, slik at de også ønsker å kjøpe. Dette utløser en bølge av kjøp som gjør prisen betydelig høyere for sentralbanker som kjøper på et senere tidspunkt. I dette tilfellet er den klokeste handlingen for en sentralbank å kjøpe en liten mengde bitcoin. Hvis sentralbanken i tillegg har den institusjonelle kapasiteten til å kjøpe bitcoin uten å kunngjøre det, vil det være en enda klokere handling, siden det lar sentralbanken akkumulere mer til en lavere pris.

Bitcoin kan også være nyttig for sentralbanker som er underlagt internasjonale restriksjoner på bankvirksomheten, eller som er misfornøyd med det dollarsentriske globale pengesystemet. Muligheten til å ta i bruk bitcoin kan i seg selv vise seg å være en verdifull brikke for disse sentralbankene i forhandlinger med amerikanske myndigheter, som sannsynligvis ikke ønsker at noen sentralbank velger bitcoin som oppgjørsmetode, siden det vil lokke andre til å gjøre det samme.

Selv om sentralbanker til nå stort sett har vært avvisende til bitcoin, kan det kanskje være en luksus de ikke har råd til i det lange løp. Selv om det er vanskelig å tro for de som jobber i sentralbankene, er bitcoin en direkte konkurrent til deres bransje, som har vært skjermet fra markedskonkurranse i et århundre. Bitcoin gjør globale betalinger med endelig oppgjør tilgjengelig for alle til en lav kostnad, og erstatter dagens pengepolitikk, som er styrt av mennesker, med digitale og 100 % forutsigbare algoritmer. Dagens sentralbankmodell går i oppløsning. Sentralbanker kan ikke lenger hindre konkurranse ved å vedta nye lover, slik de alltid har gjort. De står nå overfor en digital konkurrent som mest sannsynlig ikke kan tvinges inn under lovverket i den fysiske verden. Dersom de nasjonale sentralbankene velger å ikke ta i bruk bitcoin, med sine umiddelbare oppgjør og sunne pengepolitikk, vil de la døren stå på vidt gap for digitale oppstartsbedrifter med løsninger for verdilagring og betalinger.

Hvis den moderne verden er det gamle Roma, som lider av de økonomiske konsekvensene av en monetær kollaps, der dollaren er vår tids aureus, så er Satoshi Nakamoto vår Konstantin, bitcoin er hans solidus, og internett er vårt Konstantinopel. Bitcoin fungerer som en monetær livbåt for mennesker som blir tvunget til å betale og spare i monetære eiendeler som stadig devalueres av staten. Basert på den foregående analysen, er den virkelige fordelen med bitcoin dens evne til å være et pålitelig langsiktig verdilager, og at brukerne kan foreta transaksjoner uten å måtte be om bankens tillatelse. Bitcoins viktigste bruksområder i overskuelig fremtid vil være en konsekvens av disse fortrinnene, og ikke av dens evne til å tilby billige eller allment aksepterte betalinger.

Global regneenhet

Den siste anvendelsen av bitcoin blir sannsynligvis ikke en realitet med det første, men er likevel interessant gitt bitcoins unike egenskaper. Siden gullstandardens slutt har den globale handelen vært hemmet av svingninger i valutakurser mellom ulike land og valutaer. Handel med varer over landegrenser har medført at kjøper først har måttet skaffe seg den valutaen selgeren ønsket å ta betalt i, noe som nærmest etterligner byttehandel. Dette har sterkt hemmet folks evne til å utføre økonomiske beregninger over landegrensene, og har ført til fremveksten av en enorm industri basert på valutaveksling. Denne industrien produserer lite av verdi, utenom at den gir en viss lindring fra de forferdelige konsekvensene av monetær nasjonalisme.

Gullstandarden var en løsning på dette problemet, ved at gull var en enkel form for penger, uavhengig av enkelte lands og myndigheters kontroll, og dermed kunne fungere som den monetære standarden over hele verden. Prisene kunne kalibreres mot gull og oppgis i gull, noe som gjorde det lettere å gjøre beregninger på tvers av landegrenser. Vanskeligheten med å lagre og transportere gull på en sikker måte, gjorde at håndteringen gradvis ble sentralisert til sentralbanker, som gjorde oppgjør seg imellom. Så snart gullet ble sentralisert, ble fristelsen uimotståelig for statsmaktene til å erstatte gull med fiatpenger, der pengemengden kunne kontrolleres av dem. Sunne penger ble, som et resultat av dette, usunne.

Det er fortsatt et åpent spørsmål om bitcoin kan spille rollen som en global regneenhet for handel og økonomisk aktivitet. For at dette skal realiseres, må bitcoin tas i bruk av svært mange mennesker i verden, mest sannsynlig da i sin rolle som reservevaluta. Det gjenstår å se om bitcoins stabile pengemengde også vil gjøre den stabil i verdi, siden volumet av daglige transaksjoner vil være marginalt sammenlignet med den totale pengemengden. Siden bitcoin i dag utgjør mindre enn 1 % av den globale pengemengden, kan store individuelle bitcointransaksjoner ha stor innvirkning på prisen, og små variasjoner i etterspørselen kan gjøre det samme. Dette er imidlertid på grunn av den nåværende situasjonen, der bitcoin som betalingsnettverk og valuta fortsatt bare utgjør en brøkdel av de globale betalingene og den globale pengemengden. Å kjøpe bitcoin i dag kan betraktes som en investering i den raske veksten av nettverket og valutaen som et verdilager, siden den fortsatt er veldig liten og dermed kan mangedoble størrelsen og verdien veldig raskt. Hvis bitcoins andel av den globale pengemengden og internasjonale transaksjoner vokser slik at den utgjør størsteparten av verdensmarkedet, vil etterspørselen etter bitcoin bli langt mer forutsigbar og stabil, noe som betyr at verdien også vil stabilisere seg. I et tenkt scenario der bitcoin har blitt den eneste typen penger som brukes i verden, vil det ikke lenger være rom for en så kraftig fortsatt vekst. På det tidspunktet vil etterspørselen kun bestemmes av hvor mye likvide penger som etterspørres, og det spekulative aspektet ved å kjøpe bitcoin som vi ser i dag, forsvinner. I en slik situasjon vil verdien av bitcoin variere sammen med tidspreferansen til hele verdens befolkning, der en økt etterspørsel etter bitcoin som verdilager bare øker verdien moderat.

På lang sikt kan vi forvente at prisvolatiliteten til bitcoin faller som følge av at ingen myndighet kontrollerer bitcoinmengden. At mengden bitcoin som eksisterer er helt forutsigbart, i kombinasjon med et stadig økende antall brukere, kan føre til at de daglige svingningene i etterspørselen i mindre grad styrer prisen. Dette fordi markedsaktørene kan sikre seg mot variasjoner, og dermed stabilisere prisen.

Situasjonen for bitcoin vil ligne på den for gull under gullstandarden, som beskrevet i Jastrams studie i kapittel 6. I løpet av århundrene der gull ble brukt som penger, førte den jevne og gradvise økningen i tilbudet til at verdien holdt seg stabil, noe som gjorde gullet til den perfekte regneenheten over avstand og tid.

Men dette scenariet overser en grunnleggende forskjell mellom gull og bitcoin, og det er at gull har en stor og svært elastisk etterspørsel, siden det brukes i en rekke industrielle bruksområder og til smykker. Gullets unike kjemiske egenskaper har sørget for at det alltid er etterspurt, uavhengig av sin monetære rolle. Selv når den monetære etterspørselen etter gull synker og prisen som et resultat av dette faller, er det et umettelig industrielt behov for gull til disse lavere prisene. Gullets egenskaper gjør det til det beste metallet på mange bruksområder, og dårligere erstatninger velges kun fordi gullprisen er høy. Selv i et scenario der alle sentralbanker selger sine gullreserver, er det sannsynlig at etterspørselen knyttet til smykketøy og industri vil absorbere alt det overflødige tilbudet med bare midlertidige prisfall. Det lave innholdet av gull i jordskorpen sikrer at prisen alltid vil være høy sammenlignet med andre materialer og metaller. Denne egenskapen har vært avgjørende for at gull har vært den beste formen for penger gjennom tidene, siden verdien har vært relativ stabil, uavhengig av globale endringer i den monetære etterspørselen der land gikk over til eller bort fra gullstandarden. Denne relative stabiliteten gjorde igjen gull til en attraktiv monetær eiendel, noe som sikret etterspørselen. Dette kan sees på som den virkelige grunnen til at sentralbanker ikke selger gullreservene sine, selv tiår etter at valutaene deres ikke lenger var innløselige i gull. Skulle sentralbankene selge sine gullreserver, vil nettoeffekten bare bli at mye mer gull brukes industrielt i noen år, med liten innvirkning på gullprisen. I en slik handel ville sentralbankene bare fått en fiatvaluta som den like gjerne kunne ha trykket selv, og ville gitt avkall på en eiendel som sannsynligvis bevarer verdien sin bedre enn fiatvalutaen.

Tilsvarende for bitcoin, kan man si at den ikke-monetære etterspørselen er etterspørselen etter bitcoin i tillegg til det som brukes til lagring av verdi, altså det som trengs for selve driften av nettverket. Men i motsetning til den industrielle bruken av gull, som er helt uavhengig av den monetære etterspørselen, er bruken av bitcoin for å drive nettverket uløselig knyttet til etterspørselen etter bitcoin som verdilager. Man kan derfor ikke på samme måte forvente en prisutjevnende effekt av denne ikke-monetære bruken av bitcoin.

På den ene siden er bitcoin, på grunn av sin absolutte knapphet, et svært attraktivt valg som verdilager, og stadig flere bitcoinholdere tolererer den høye volatiliteten i lange perioder, ettersom den langsiktige pristrenden har vært oppadgående. På den annen side vil bitcoins vedvarende volatilitet forhindre den i å påta seg rollen som regneenhet, i det minste til den har vokst seg flere ganger større enn den er i dag, og andelen mennesker i verden som eier og bruker bitcoin som betalingsmiddel har blitt høyere.

Med tanke på at verdens befolkning i dag kun har levd i en verden med volatile fiatvalutaer, er det rimelig å anta at de som eier bitcoin i dag er mer tolerante overfor volatilitet enn tidligere generasjoner, som ble oppdratt under gullstandarden. Bare de beste fiatvalutaene har vært stabile på kort sikt, men i det lange løp har de alle tapt seg i verdi. Gull har derimot beholdt sin verdi over lengre tid, men har vært ganske volatil over kortere perioder. Bitcoins mangel på stabilitet ser imidlertid ikke ut til å være en fatal feil som hindrer vekst og adopsjon, kanskje fordi alternativene også er relativt ustabile.

Det er vanskelig å forutsi hvordan bitcoins monetære rolle vil utvikle seg, og bare fremtiden vil vise hvordan dette utspiller seg. Monetær status oppstår spontant som et resultat av menneskelige handlinger, snarere enn ved å bli konstruert på et tegnebrett.[153] Enkeltindivider handler ut fra egeninteresse, og teknologiske muligheter og økonomiske realiteter, som tilbud og etterspørsel, bestemmer utfallet av deres handlinger og gir den enkelte insentiver til å holde ut, tilpasse seg, eller innovere. En spontan monetær orden oppstår gjennom komplekse interaksjoner mellom mennesker; det er ikke noe som tildeles

153 For mer om denne svært viktige forskjellen, se Adam Ferguson, *An Essay on the History of Civil Society*. London, T. Cadell, 1782. Se også Vernon Smith, *Rationality in Economics*. New York, Cambridge University Press, 2008.

gjennom akademiske debatter, rasjonell planlegging, eller vedtak fra myndighetene. Det som i teorien kan se ut som en bedre teknologi for penger, lykkes ikke nødvendigvis i praksis. Bitcoins volatilitet kan få monetære teoretikere til å avvise dens evne til å fungere som penger, men deres teorier kan ikke overstyre den spontane ordenen som oppstår på det frie markedet som et resultat av menneskelige handlinger. Som et verdilager kan bitcoin fortsette å tiltrekke seg mer sparekapital, noe som får den til å vokse sammenlignet med alle andre former for penger, inntil bitcoin til slutt blir førstevalget for alle som ønsker å motta betaling.

Hvis bitcoin lykkes med å oppnå en viss stabilitet, vil bitcoin være overlegen i forhold til nasjonale valutaer for oppgjør av globale betalinger. Grunnen er at nasjonale valutaer svinger i verdi basert på nasjonenes og myndighetenes forutsetninger, og den utbredte bruken som global reservevaluta gir utstedernasjonen et «eksorbitant privilegium». En internasjonal oppgjørsvaluta bør være nøytral og uavhengig av pengepolitikken i forskjellige land, noe som er grunnen til at gull spilte denne rollen på en så utmerket måte under den internasjonale gullstandarden. Bitcoin vil ha en fordel fremfor gull i denne rollen fordi det endelige oppgjøret bare tar noen få minutter, og verifiseringen av transaksjonen kan gjøres enkelt og nesten gratis av alle med en internettforbindelse. Gull, på den annen side, tar lengre tid å transportere, og det endelige oppgjøret krever en viss grad av tillit til mellommenn som er ansvarlige for å transportere det. Kanskje kan gull beholde sin monetære rolle for fysiske transaksjoner fra person til person, mens bitcoins spesialfelt blir internasjonale oppgjør.

10

SPØRSMÅL OM BITCOIN

De grunnleggende økonomiske prinsippene bak driften av bitcoin ble forklart i kapittel 8, og de viktigste potensielle bruksområdene for bitcoin ble diskutert i kapittel 9. I dette kapittelet skal vi se på noen av de mest fremtredende problemene knyttet til bitcoinnettverket.

Er bitcoinmining sløseri?

Alle som blir med i bitcoinnettverket får opprettet en *offentlig adresse* og en *privat nøkkel*. De fungerer på en lignende måte som en e-postadresse med tilhørende passord: Hvem som helst kan sende bitcoin til din offentlige adresse, mens du bruker din private nøkkel til å sende bitcoin fra lommeboken din. Disse adressene kan også vises som QR-koder.

En transaksjon begynner med at avsenderen kunngjør overføringen til alle medlemmene av nettverket (kalt noder), som i sin tur verifiserer at avsenderen har nok bitcoin til å fullføre handelen, og at han ikke har brukt de samme bitcoinene i en annen transaksjon. Så snart størsteparten av datakraften bak nettverket har validert transaksjonen, blir den innskrevet i den felles loggboken som deles av hele nettverket, slik at alle medlemmene kan oppdatere saldoene til de to partene. Det er enkelt for alle å sjekke gyldigheten av en transaksjon, men et system der alle medlemmene får votere over saken med én stemme hver kan fort bli tuklet med, ettersom en hacker kan opprette en masse noder som stemmer for å verifisere sine egne ugyldige transaksjoner. Kun gjennom å kreve forbruk av store mengder datakraft av de som verifiserer, altså et system basert på Proof-of-Work (PoW), kan bitcoin løse problemet med dobbeltbruk uten å basere seg på tillit til en tredjepart.

Grunnleggende sett handler Proof-of-Work om at medlemmene av nettverket konkurrerer om å løse vanskelige matematiske problemer, men der løsningene er lette for andre å verifisere. Alle bitcointransaksjoner som er verifisert innenfor et intervall på i gjennomsnitt ti minutter blir transkribert og gruppert sammen i én blokk. Bitcoinminere konkurrerer om å løse PoW-matteproblemet for en blokk med transaksjoner, og den første mineren som kan vise frem en riktig løsning, kringkaster denne til de andre medlemmene av nettverket, som raskt kan sjekke om løsningen er gyldig eller ikke. Så snart PoW og transaksjonene er verifisert som gyldige av majoriteten av nettverksnodene, blir en forhåndsbestemt mengde bitcoin utstedt for å belønne mineren som løste PoW-problemet. Dette er kjent som *blokksubsidien*, og prosessen med å generere nye bitcoin kalles *mining*, fordi det er den eneste måten å øke mengden bitcoin på, akkurat som gruvedrift er den eneste måten å øke gullmengden på. I tillegg til blokksubsidien, får mineren som løste PoW-problemet *transaksjonsgebyrene* som avsenderne inkluderte i blokken. Summen av transaksjonsgebyrene og blokksubsidien kalles *blokkbelønningen*.

Selv om det ved første øyekast kan virke som sløsing å bruke så mye datakraft og strøm på å gjette tall, så er Proof-of-Work essensielt for at bitcoin skal fungere.[154] Ved å kreve at det brukes elektrisitet og datakraft for å lage nye bitcoin, er PoW den eneste metoden vi så langt har oppdaget som kan gjøre produksjonen av en digital vare pålitelig dyr, noe som gjør det mulig for varen å fungere som harde penger. Ved å sørge for at løsningen på det matematiske

154 Spørsmålet om hvorvidt bitcoin sløser med elektrisitet er i bunn og grunn en misforståelse av den grunnleggende subjektive naturen av verdi. Elektrisitet produseres over hele verden, i enorme mengder, for å tilfredsstille forbrukernes behov. Den eneste vurderingen om hvorvidt denne elektrisiteten har blitt sløst bort eller ikke ligger hos kundene som betaler for den. Folk som er villige til å betale for å drive bitcoinnettverket for sine transaksjoner finansierer i realiteten dette strømforbruket, som betyr at strømmen produseres for å tilfredsstille forbrukernes behov og har dermed ikke blitt sløst bort. Funksjonelt sett er PoW den eneste metoden mennesket har funnet opp for å lage digitale, harde penger. Hvis folk synes det er verdt å betale for, har ikke elektrisiteten vært bortkastet.

problemet bare kan finnes ved å bruke enorme mengder datakraft og strøm, vil minere som bruker den datakraften ha et sterkt insentiv til å ikke inkludere ugyldige transaksjoner i sine blokker, ettersom de da kan stå i fare for å miste belønningen sin. Siden det er mye billigere å verifisere gyldigheten av transaksjonene og PoW enn det er å finne en løsning på PoW-problemet, vil minere som prøver å føre inn ugyldige transaksjoner i en blokk være nesten garantert å mislykkes, og dermed vil datakraften de brukte være bortkastet.

PoW gjør kostnaden for å lage en blokk ekstremt høy, og kostnaden ved å verifisere den ekstremt lav, noe som så godt som eliminerer insentivet for å prøve å utføre ugyldige transaksjoner. Hvis noen skulle prøve seg, ville de kastet bort elektrisitet og datakraft uten å få belønning for det. Bitcoin kan dermed forstås som en teknologi som omdanner elektrisitet til et pålitelig og verifiserbart regnskap gjennom bruk av datakraft. De som forbruker denne elektrisiteten belønnes med bitcoinvalutaen, og de har derfor sterke insentiver for å ivareta nettverkets integritet. Som et resultat av at det knyttes sterke økonomiske insentiver til ærlighet, har bitcoins loggbok vært praktisk talt umulig å korrumpere så langt, uten et eneste eksempel på et vellykket dobbeltbruk-angrep på en bekreftet transaksjon. Denne integriteten til bitcoins loggbok over transaksjoner er oppnådd helt uten at det kreves tillit til at partene er ærlige. Ved å stole utelukkende på verifisering dømmer bitcoin alle ugyldige transaksjoner til å mislykkes, og gjør at man slipper å måtte stole på noen for at transaksjonene skal gjennomføres.

For at en angriper skal klare å inkludere en ugyldig transaksjon i bitcoins loggbok, må han få størsteparten av datakraften bak nettverket til å akseptere svindelen. Ærlige minere i nettverket vil ikke ha noe insentiv til å gå med på noe slikt, siden det vil undergrave bitcoins integritet og senke verdien på belønningen de mottar, slik at elektrisiteten og ressursene de har investert blir bortkastet. Så en angripers eneste håp vil være å mobilisere nok datakraft til å tilsvare mer enn 50 % av nettverket, som kan verifisere svindelen hans og bygge videre på den som om den var gyldig. Et slikt trekk kunne ha vært mulig i bitcoins spede begynnelse, da den totale datakraften bak nettverket var veldig liten. Men fordi nettverkets økonomiske verdi på den tiden var så godt som ikke-eksisterende, eller i det minste svært liten, dukket det aldri opp noen slike angrep. Etter hvert som nettverket fortsatte å vokse, og flere medlemmer brakte mer datakraft til det, økte kostnadene for å angripe nettverket.

Belønningen som minerne får for å verifisere transaksjoner har vist seg å være en lønnsom bruk av datakraft. I januar 2017 tilsvarte datakraften bak bitcoinnettverket 2000 milliarder vanlige laptop-maskiner. Det er mer enn to millioner ganger kraftigere enn verdens kraftigste supercomputer, og mer enn 200 000 mer enn verdens 500 kraftigste supercomputere til sammen. Ved å gjøre om datakraft direkte til penger har bitcoin blitt verdens største datanettverk spesialisert for ett enkelt formål.

En annen forklaring på denne veksten i datakraft er at verifisering av transaksjoner og løsning av PoW-problemene ikke lenger utføres ved hjelp av vanlige hjemme-PC-er, men med dedikerte maskinvarer med prosessorer spesialdesignet for å være maksimalt effektive når de kjører bitcoins programvare. Disse applikasjonsspesifikke integrerte kretsene (ASIC) ble først introdusert i 2012, og de har gjort nettverket mer energieffektivt, siden ingen elektrisitet blir kastet bort på all den irrelevante prosesseringen som ellers ville ha foregått i en hvilken som helst annen type datamaskin. Et globalt, distribuert nettverk med uavhengige, dedikerte ASIC-maskiner beskytter nå integriteten til bitcoins loggbok. Disse minerne kan ikke brukes til noen andre tenkelige formål enn å verifisere transaksjoner og å løse Proof-of-Work-problemer. Hvis bitcoin forsvant i morgen, ville maskinene bli ubrukelige over natten, og eiernes investeringer og utbytte ville gått tapt. De har dermed et sterkt insentiv for å opprettholde nettverkets integritet.

Hvis noen skulle endret blokkjedens historie, måtte de investert hundrevis av millioner, om ikke milliarder av dollar, på å bygge nye ASIC-brikker. Skulle en angriper lykkes med å endre blokkjeden, er det høyst usannsynlig at han ville tjene noe på det økonomisk, ettersom en svekkelse av nettverket sannsynligvis ville redusert verdien av bitcoin til nær null. Med andre ord, for å ødelegge bitcoin må en angriper bruke enorme summer av penger, uten å tjene noe på det. Faktisk er det slik at selv om et slikt forsøk skulle lykkes, kan de ærlige nodene på nettverket uten problemer gå tilbake til en blokk i blokkjeden før angrepet fant sted og gjenoppta normal drift. Angriperen vil dermed måtte fortsette å pådra seg betydelige driftskostnader for å fortsette å angripe konsensusen til de ærlige nodene.

I de første årene kjørte bitcoinbrukerne sine egne noder og brukte dem til å utføre og verifisere hverandres transaksjoner, noe som betyr at hver node var både en lommebok og en miner. Men over tid har disse funksjonene blitt adskilt. ASIC-brikker er nå spesialisert for kun å verifisere transaksjoner for å få belønninger i form av nye bitcoin (som er grunnen til at disse maskinene ofte kalles minere). De som kjører sin egen node kan nå generere et ubegrenset antall lommebøker, slik at bedrifter kan tilby praktiske lommebøker til brukere som kan sende og motta bitcoin, uten å måtte drifte sin egen node eller bruke datakraft på verifisering av transaksjoner. Derfor er ikke lenger bitcoin et rent peer-to-peer-nettverk mellom identiske noder, men den funksjonelle viktigheten av nettverkets desentraliserte og distribuerte natur har likevel bestått, ettersom det fortsatt finnes svært mange noder og ingen tillit til en part er nødvendig for at nettverket skal fungere. I tillegg har spesialisert mining-utstyr gjort det mulig for datakraften som støtter nettverket å vokse til den forbløffende størrelsen den har i dag.

I de første årene, da bitcoin som valuta hadde liten eller ingen verdi, kan det tenkes at nettverket kunne blitt overtatt og ødelagt av en angriper, men siden nettverket hadde så liten økonomisk verdi, ser det ut til at ingen tok seg bryet med å prøve. Etter hvert som den økonomiske verdien av nettverket ble større, økte også insentivene for et angrep, men kostnadene for angrep økte så mye mer, noe som førte til at ingen angrep fant sted. Men det som kanskje er den virkelige forsvarsmekanismen til bitcoinnettverket, er at valutaens verdi til enhver tid er fullstendig avhengig av nettverkets integritet. Et hvilket som helst angrep som lykkes med å endre blokkjeden, stjele bitcoin, eller bruke dem to ganger, ville være av liten verdi for angriperen, ettersom det da ville vært åpenbart for alle medlemmene at nettverket ikke er sikkert. Etterspørselen etter å bruke nettverket og å holde bitcoin ville falt kraftig, med katastrofale følger for prisen på bitcoin. Med andre ord er bitcoinnettverket ikke bare sikret av at det er kostbart å mobilisere et angrep, men også av at et vellykket angrep gjør utbyttet verdiløst. Som et fullstendig frivillig system kan bitcoin bare fungere så lenge nettverket er ærlig, siden brukerne ellers veldig enkelt kan forlate det.

Bitcoins distribuerte datakraft og kodens resistens mot endring, kombinert med den urokkelige pengepolitikken, er grunnene til at bitcoin har overlevd og blitt så verdifull som den er i dag. Det er vanskelig for nye bitcoinere å forstå hvor mange logistikk- og sikkerhetsutfordringer bitcoin har gjennomgått opp gjennom årene, for å komme dit vi er i dag. Med tanke på at internett har gitt angripere muligheten til å angripe alle slags nettverk og nettsteder, både for moro skyld og for å tjene penger, er denne prestasjonen enda mer imponerende.

Det stadig økende antallet sikkerhetsbrudd som skjer daglig på verdens datanettverk og e-postservere er mot systemer som ikke gir angripere annet enn litt data eller muligheten til å score politiske poeng. Bitcoinnettverket inneholder derimot milliarder av dollar i verdier, men fortsetter likevel å fungere pålitelig siden det fra første stund ble bygget for å fungere i et høyst fiendtlig miljø utsatt for kontinuerlige og nådeløse angrep. Programmerere og hackere verden over har prøvd å ødelegge nettverket ved hjelp av alle slags metoder, og likevel fortsetter det å fungere akkurat som det skal.

Utenfor kontroll: Hvorfor ingen kan endre bitcoin

Bitcoins natur er slik at så snart versjon 0.1 ble sluppet, var kjernen av designet hugget i stein for resten av dens levetid.

– Satoshi Nakamoto, 6/17/2010[155]

Bitcoins motstandskraft har så langt ikke begrenset seg til å slå tilbake angrep; nettverket har også klart å motstå alle forsøk på å endre bitcoin og dens egenskaper. Denne påstandens dybde, og implikasjonene som følger, er ennå ikke fullt ut forstått av de fleste skeptikere. Hvis bitcoins valuta skulle sammenlignes med en sentralbank, ville den vært verdens mest uavhengige sentralbank. Hvis den skulle sammenlignes med en nasjonalstat, ville den vært den mest suverene nasjonalstaten i verden. Bitcoins suverenitet kommer fra det faktum at måten konsensusreglene fungerer på, gjør den ekstremt motstandsdyktig mot endringer fra enkeltpersoner. Det er ingen overdrivelse å si at ingen kontrollerer bitcoin, og at det eneste valget tilgjengelig for folk er å bruke den som den er, eller ikke bruke den.

Denne uforanderligheten er ikke en funksjon av bitcoins programvare, som er triviell å endre for alle som behersker dataprogrammering, men er heller forankret i økonomien til valutaen og nettverket, og da spesifikt utfordringen med å få alle medlemmene av nettverket til å innføre de samme endringene i programvaren. Programvaren som lar en person kjøre en node koblet til bitcoinnettverket er offentlig tilgjengelig som åpen kildekode, som opprinnelig ble gjort tilgjengelig av Satoshi Nakamoto i samarbeid med Hal Finney og flere andre utviklere. Siden den gang har hvem som helst kunnet laste ned, bruke

155 Nakamoto, Satoshi. *BitcoinTalk Forum*. 17. juni 2010, bitcointalk.org/index.php?topic=195.

og endre programvaren som de vil. Dette skaper et fritt og konkurranseutsatt marked for bitcoin-implementeringer, der alle som vil kan gjøre forbedringer i programvaren og foreslå dem for brukerne.

Over tid har hundrevis av utviklere over hele kloden meldt seg frivillig til å forbedre programvaren til nodene, og dermed også forbedret kapasiteten til de enkelte nodene. Disse utviklerne har laget flere forskjellige implementeringer, men den største og mest populære er kjent som «Bitcoin Core». Det finnes mange andre implementeringer, og brukerne kan selv endre kildekoden etter eget forgodtbefinnende. Det eneste kravet som stilles for at en node skal få delta i bitcoinnettverket, er at den følger de samme konsensusreglene som de andre nodene. Noder som bryter konsensusreglene ved å gjøre endringer i strukturen til blokkjeden, gyldigheten av transaksjoner, blokkbelønningen eller andre parametere i systemet, vil få sine transaksjoner avvist av de andre nodene.

Prosessen som definerer bitcoins parametere er et eksempel på det den skotske filosofen Adam Ferguson har kalt «produktet av menneskelig handling, og ikke av menneskelig design».[156] Selv om Satoshi Nakamoto, Hal Finney og andre hadde laget en fungerende versjon av programvaren i januar 2009, har koden utviklet seg mye siden den gang, gjennom bidrag fra hundrevis av utviklere, og valgt av tusenvis av brukere med egne noder. Det er ingen sentral myndighet som bestemmer utviklingen av bitcoins programvare, og ingen enkelt programvareutvikler er i stand til å diktere et bestemt utfall. Det har vist seg at nøkkelen til å få en endring akseptert er å holde seg til parametrene til det opprinnelige designet. I den grad endringer har blitt gjort i programvaren, kan disse endringene best forstås som forbedringer i nodenes evne til å samhandle med nettverket, og ikke som endringer i selve nettverket eller konsensusreglene. Selv om det er utenfor denne bokens omfang å drøfte hvilke parametere dette er snakk om, er dette kriteriet tilstrekkelig: En endring som gjør at noden som innfører den kommer ut av konsensus med nettverket er, med mindre alle andre noder også innfører den, en endring av konsensusreglene. Dersom en rekke andre noder i nettverket godtar endringen, oppstår en såkalt *hard fork*.

Bitcoinutviklerne er altså, til tross for all sin kompetanse, ute av stand til å kontrollere bitcoin, og er bare bitcoinutviklere i den grad de evner å lage

156 Ferguson, Adam. *An Essay on the History of Civil Society*. London, T. Cadell, 1782.

programvare som nodeoperatørene ønsker å bruke. Men utviklere er ikke de eneste som ikke kan kontrollere bitcoin. Minere er også, til tross for all datakraften de kan mønstre, ute av stand til å kontrollere bitcoin. Uansett hvor mye datakraft som brukes på å produsere ugyldige blokker, vil de ikke bli validert av flertallet av nodene. Hvis minere prøver å endre nettverkets spilleregler, vil blokkene de genererte ganske enkelt bli ignorert av nettverksmedlemmene som kjører nodene, og de vil dermed sløse bort ressursene sine på å løse Proof-of-Work-problemer uten å få noen belønning. Minere er bare bitcoinminere i den grad de evner å produsere blokker med gyldige transaksjoner i henhold til gjeldende konsensusregler.

Her ville det vært fristende å si at nodeoperatørene kontrollerer bitcoin, og det er sant på en abstrakt kollektiv måte. Men mer realistisk er det å si at nodeoperatørene bare kan kontrollere sine egne noder, bestemme selv hvilke nettverksregler de skal gå med på, og hvilke transaksjoner de skal anse som gyldige og ugyldige. Nodene er imidlertid sterkt begrenset i deres valg av konsensusregler, siden transaksjonene vil bli avvist hvis de håndhever regler som er i strid med nettverkets konsensus. Hver node har et sterkt insentiv til å opprettholde nettverkets konsensusregler og forbli kompatibel med noder som følger disse konsensusreglene. Hver for seg har ikke nodene noen makt til å tvinge andre noder til å endre koden sin, og dette skaper et sterkt felles insentiv for å holde seg til de gjeldende konsensusreglene.

For å konkludere, har bitcoinutviklerne sterke insentiver for å holde seg til konsensusreglene dersom de vil at koden deres skal tas i bruk. Minerne må følge nettverkets konsensusregler for å motta kompensasjon for ressursene de bruker på å løse Proof-of-Work-problemer. Nettverksmedlemmene har sterke insentiver til å holde seg til konsensusreglene, slik at de kan være sikre på at de kan gjennomføre transaksjonene sine på nettverket. Ingen av aktørene i bitcoinnettverket er uerstattelige. Bitcoin står og faller ikke med én spesifikk utvikler, miner eller nodeoperatør. Hvis de avviker fra konsensusreglene, vil de mest sannsynlig ende opp med å sløse bort ressursene sine. Så lenge nettverket sørger for positive belønninger til sine deltakere, er det sannsynlig at nye deltakere vil erstatte de som velger å ikke følge reglene. Bitcoins konsensusparametere kan dermed forstås som suverene. Så lenge bitcoin eksisterer, vil den eksistere i tråd med disse parametrene og spesifikasjonene. Denne veldig sterke tendensen til å bevare status quo gjør at endringer i utstedelseshastigheten av nye bitcoin, eller av andre viktige økonomiske parametere, er ekstremt vanskelig å gjennomføre. Det er kun på grunn av denne stabile likevekten at bitcoin kan anses som harde penger. Skulle bitcoin avvike fra disse konsensusreglene, ville hele verdiforslaget til bitcoin som harde penger bli borte.

Så vidt forfatteren vet, har det ikke vært noen koordinerte forsøk av betydning for å endre bitcoins pengepolitikk,[157] men selv mye enklere forsøk på å endre kodens tekniske spesifikasjoner har så langt mislyktes. Grunnen til at selv uskyldige endringer i protokollen er ekstremt vanskelige å gjennomføre, ligger i nettverkets distribuerte natur, og behovet for å få mange ulike og stridende parter til å bli enige om endringer der konsekvensene er vanskelige å fullt ut forstå, særlig når status quo er en trygg havn som er kjent, pålitelig og grundig testet. Bitcoins status quo kan forstås som et stabilt Schelling-punkt[158] som gir et nyttig insentiv for alle deltakerne å holde seg til det, samtidig som det alltid vil innebære en betydelig risiko for tap å gå bort fra dette punktet.

Dersom noen medlemmer av bitcoinnettverket bestemte seg for å endre en parameter i bitcoinkoden ved å introdusere en ny versjon av programvaren som er inkompatibel med de andre medlemmene av nettverket, ville resultatet vært en fork, som i praksis skaper to separate valutaer og nettverk. Så lenge noen medlemmer forblir på det gamle nettverket, ville de dratt nytte av den eksisterende infrastrukturen, mining-utstyret, nettverkseffekten og et kjent varemerke. For at den nye forken skal lykkes, må et overveldende flertall av brukere, datakraft, og tilknyttet infrastruktur, migrere til det nye nettverket samtidig. Hvis den majoriteten uteblir, vil utfallet mest sannsynlig bli at de to bitcoinene handles mot hverandre på kryptobørsene. Dersom folkene bak forken skulle ha håp om å lykkes, må de selge all valutaen de har på det gamle nettverket og håpe at alle andre gjør det samme slik at prisen kollapser, mens den nye valutaen øker i verdi og tiltrekker seg datakraften og infrastrukturen fra det gamle nettverket. Men siden enhver endring i en hvilken som helst parameter i bitcoins drift

157 Etter den første halveringen av blokksubsidien i 2012, forsøkte noen minere å fortsette å mine blokker med 50 bitcoin i belønning, men forsøket ble raskt eliminert da noder avviste blokkene utvunnet av disse minerne, og tvang dem til å bytte tilbake til den opprinnelige inflasjonsplanen.

158 Et Schelling-punkt er en strategi som individer bruker når de ikke kan kommunisere med andre, siden punktet virker naturlig og de antar at andre vil bruke samme strategi. Gitt at det ikke er mulig å anslå hvor mange andre noder det er, er Schelling-punktet for hver enkelt nodeoperatør å holde seg til det eksisterende settet med konsensrugler, og unngå å bytte til et annet sett med regler.

sannsynligvis vil være til fordel for noen nettverksmedlemmer på bekostning av andre, er det tilsvarende usannsynlig at det vil dannes konsensus for å bytte til en ny valuta. I det større bildet ser de fleste bitcoinholderne på nettverkets automatiserte regler og deres motstandsdyktighet mot påvirkning fra tredjeparter som noe positivt. Det er svært usannsynlig at slike individer tar risikoen med å introdusere en ny gruppes inkompatible kodebase som fundamentalt endrer nettverket. Hvorvidt et slikt flertall eksisterer eller ikke, er irrelevant, det som betyr noe er at det er mange nok som vil fortsette med de nåværende systemparametrene, bortsett fra hvis driften av nettverket av en eller annen grunn opplever et sikkerhetsbrudd.

Bortsett fra eventuelle katastrofale feil i det nåværende designet, er det overveldende sannsynlig at en betydelig del av nodene vil velge å forbli på den eksisterende implementeringen, noe som automatisk gjør denne versjonen til et mye tryggere valg, fremfor å støtte en fork. Problemet med å bestemme seg for å bli med på en fork, er at det eneste som kan hjelpe det nye nettverket med å lykkes, er å selge all valuta du eier i det gamle. Ingen ønsker å selge alt og flytte til et nytt nettverk, bare for å oppdage at ikke alle flyttet over, og se verdien av myntene på det nye nettverket kollapse. Oppsummert, så kan ingen overgang til en ny implementering med nye konsensusregler skje med mindre et overveldende flertall er villige til å flytte samtidig, og enhver migrasjon uten et slikt flertall så godt som garanterer økonomisk ruin for de involverte. Siden et slikt skifte til en ny implementering sannsynligvis gir gruppen som foreslår endringene betydelig makt over bitcoins fremtidige retning, vil bitcoinholderne, som er nødvendige for at skiftet skal lykkes, motsette seg enhver ervervelse av kontroll over bitcoin på ideologisk grunnlag, og det er svært usannsynlig at de vil støtte en slik endring. Selve eksistensen av denne gruppen gjør det svært risikabelt for alle andre medlemmer av nettverket å støtte en fork. Denne analysen forklarer hvorfor bitcoin har motstått alle forsøk på betydelige endringer så langt. Koordineringsproblemet med å organisere et samtidig skifte i en gruppe mennesker med motstridende interesser, hvorav mange er sterke tilhengere av forestillingen om uforanderlighet for sin egen skyld, gjør det uoverkommelig å endre gjeldende implementeringer, bortsett fra i en situasjon der en alvorlig feil oppdages.

For eksempel vil en endring som øker utstedelseshastigheten for nye bitcoin være attraktiv for minere, men den vil ikke være det minste attraktiv for nåværende eiere av bitcoin, og derfor vil de neppe gå med på et slikt forslag. På samme måte vil en endring som øker størrelsen på blokkene i bitcoinnettverket være en fordel for minere, ved at det lar dem inkludere flere transaksjoner per blokk og muligens øke inntjeningen i form av flere transaksjonsgebyrer, noe som maksimerer lønnsomheten til investeringen deres i mining-utstyr. Heller ikke dette ville friste langsiktige eiere av bitcoin, som ville bekymret seg for at større blokker får blokkjeden til å vokse seg mye større, noe som gjør det dyrere å kjøre en fullnode, reduserer antallet noder på nettverket, og gjør det mer sentralisert og sårbart for angrep. Utviklerne som utvikler programvare for å kjøre bitcoinnoder kan ikke tvinge noen til å ta i bruk endringene deres; alt de kan gjøre er å foreslå kode, og brukerne velger selv hvilken kode og versjon de laster ned. En kode som er kompatibel med de eksisterende implementasjonene vil ha langt større sannsynlighet for å bli lastet ned enn en kode som er inkompatibel, siden sistnevnte bare kan lykkes hvis et overveldende flertall av nettverket også kjører den.

Resultatet er at bitcoin har ekstremt sterke insentiver for å beholde status quo. Bare små og ukontroversielle endringer til koden har blitt implementert så langt, og ethvert forsøk på å gjøre større endringer av nettverket har endt i heidundrende fiasko, til stor glede for langsiktige bitcointilhengere som elsker valutaens uforanderlighet og immunitet mot endring. Det mest profilerte av disse forsøkene handlet om å øke størrelsen på de enkelte blokkene, slik at de kunne håndtere flere transaksjoner. Flere prosjekter har samlet kjente skikkelser fra bitcoins tidlige historie, og lagt mye arbeid i å skaffe publisitet for valutaen. Gavin Andresen, som var et av de mest kjente ansiktene innen bitcoin, har flere ganger aggressivt promotert for å etablere forker av bitcoin med større blokkstørrelser, i samarbeid med dyktige utviklere og gründere med fete lommebøker.

Til å begynne med ble bitcoin XT foreslått av Andresen og en utvikler ved navn Mike Hearn, i juni 2015, med det formål å øke blokkstørrelsen fra 1 MB til 8 MB. Flertallet av nodene nektet imidlertid å oppdatere programvaren sin, og foretrakk å holde seg til blokker på 1 MB. Hearn ble deretter ansatt av et «blokkjedekonsortium av finansielle institusjoner» for å formidle blokkjedeteknologi til finansmarkedene, og han publiserte et blogginnlegg som kom ut sammen med en smigrende profil av ham i *New York Times*, som hyllet ham som en frelser som desperat prøvde å redde bitcoin, og konkluderte med at bitcoin var dømt til å mislykkes. Hearn proklamerte «oppløsningen av bitcoin-eksperimentet», med henvisning til at den manglende veksten i transaksjonskapasiteten ville bli en drepende hemsko for bitcoins suksess, og kunngjorde at han hadde solgt hele beholdningen sin. Bitcoinprisen den dagen var rundt 350 dollar. I løpet av de neste to årene økte prisen med 4000 %, mens «blokkjedekonsortiet» han ble med i enda ikke har produsert et reelt produkt.

Uavskrekket foreslo Gavin Andresen øyeblikkelig et nytt forsøk på å forke bitcoin under navnet «bitcoin classic», som ville ha økt blokkstørrelsen til 8 MB. Dette forsøket klarte seg ikke noe bedre, og innen mars 2016 begynte antallet noder som støttet det å minke. Tilhengerne av å øke blokkstørrelsen omorganiserte seg likevel til bitcoin unlimited i 2017, en enda større koalisjon som inkluderte den største produsenten av databrikker beregnet for bitcoinmining, samt en velstående person som kontrollerer bitcoin.com-domenet, og har brukt enorme ressurser på å promotere større blokker. Dette førte til mye hype i media, og krisestemningen var til å ta og føle på for mange som fulgte bitcoinnyheter i tradisjonelle og sosiale medier; i realiteten ble imidlertid ingen fork forsøkt, ettersom flertallet av nodene fortsatte å kjøre implementeringene som var kompatible med 1 MB-blokker.

Til slutt, i august 2017, foreslo en gruppe programmerere en ny fork av bitcoin under navnet «bitcoin cash», som inkluderte mange av de tidligere forkjemperne for å øke blokkstørrelsen. Skjebnen til bitcoin cash er en levende illustrasjon av problemene en fork som ikke har konsensusstøtte står overfor. Ettersom et flertall valgte å bli på den opprinnelige kjeden, og den økonomiske infrastrukturen med børser og selskaper som støtter bitcoin fortsatt i stor grad er fokusert på den originale bitcoin, har dette holdt verdien av originale bitcoin mye høyere enn bitcoin cash, og prisen på bitcoin cash fortsatte å synke til den nådde et lavpunkt på 5 % av bitcoins verdi i november 2017. Ikke bare er forken ute av stand til å øke i økonomisk verdi, den er også plaget av et alvorlig teknisk problem som gjør den nesten ubrukelig. Siden den nye kjeden har den samme hashing-algoritmen som bitcoin, kan minere bruke datakraften sin på begge kjedene og motta belønning fra begge. Men fordi bitcoin er verdt mye mer enn bitcoin cash, forblir datakraften bak bitcoin mye større enn for bitcoin cash, og bitcoinminere kan bytte til bitcoin cash når som helst hvis belønningen øker. Dette medfører et vanskelig dilemma for bitcoin cash: Dersom vanskelighetsgraden på miningen er for høy, vil det ta lang tid før neste blokk blir produsert og transaksjoner prosessert. Men hvis vanskeligheten er for lav, utvinnes mynter veldig raskt, og dermed øker også tilbudet raskt. Altså øker tilbudet av bitcoin cash raskere enn for bitcoin, noe som fører til at belønningen for bitcoin cash går tom tidligere, dermed reduseres insentivene for fremtidige minere til å utvinne dem. Mest sannsynlig ville dette ført til en hard fork som justerer tilbudsveksten slik at minere kan fortsette å få belønning. Dette problemet gjelder kun for en kjede som har brutt med bitcoin, men har aldri eksistert for bitcoin selv. Bitcoinmining har alltid brukt mest datakraft for sin algoritme, og økningen i datakraft har alltid vært inkrementell etter hvert som minere la til mer kapasitet. Men for en valuta som bryter med bitcoin, fører den lavere verdien på valutaen og lavere vanskelighetsgrad til at den nye valutaen er konstant sårbar for hurtig mining hvis den mye større mining-kapasiteten fra den verdifulle kjeden flyttes over.

Etter at denne forken ikke greide å utfordre bitcoins dominerende posisjon, ble et nytt forsøk på en fork for å doble blokkstørrelsen planlagt. Dette forsøket var fremforhandlet mellom ulike oppstartsprosjekter som var aktive i bitcoinøkonomien, men det ble avlyst i midten av november, da promotørene innså at sannsynligheten for å oppnå konsensus var svært lav, og at de mest sannsynlig ville endt opp med et nytt nettverk og en ny valuta. Erfarne bitcoinere har lært seg å trekke på skuldrene av slike forsøk, trygge på at uansett hvor mye det hauses opp, vil ethvert forsøk på å endre bitcoins konsensusregler føre til bare enda en kopi av bitcoin, som i likhet med annen kryptovaluta kopierer bitcoins overfladiske detaljer uten å kunne kopiere den eneste egenskapen som virkelig betyr noe: uforanderlighet. Fra diskusjonen ovenfor bør det være tydelig at bitcoins fortrinn verken ligger i nettverkets hastighet, praktiske egenskaper eller brukervennlighet. Bitcoins verdi kommer fra dens uforanderlige pengepolitikk, nettopp fordi ingen enkelt kan endre på den. Enhver kryptovaluta som begynner med at en gruppe personer forandrer bitcoins spesifikasjoner, har i kraft av sin opprettelse mistet den eneste egenskapen som gjorde bitcoin verdifull i utgangspunktet.

Bitcoin er enkel å bruke, men praktisk talt umulig å endre. Bitcoin er frivillig, så ingen må bruke den, men de som vil bruke den har ikke noe annet valg enn å følge reglene. Å endre bitcoin på noen meningsfull måte er egentlig ikke mulig, og vil, dersom noen forsøker, føre til opprettelsen av enda en meningsløs kopi, på toppen av de tusenvis som allerede finnes. Bitcoin må tas som den er, aksepteres på sine egne premisser og benyttes til det den tilbyr. For alle praktiske formål er bitcoin *suveren*: Den følger sine egne regler, og det er ingen utenforstående som kan endre disse reglene. Det kan til og med være nyttig å tenke på parametrene til bitcoin som rotasjonen til jorden, solen, månen eller stjernene; krefter utenfor vår kontroll som skal leves med, ikke endres.

Antiskjørhet

Bitcoin er en manifestasjon av ideen om *antiskjørhet*, som er å bruke motgang og kaos for å bli sterkere. Bitcoin er ikke bare motstandsdyktig mot angrep, men kan også sies å være antiskjør både på et teknisk og økonomisk nivå. Mens forsøk på å ta knekken på bitcoin så langt har mislyktes, har mange av dem endt opp med å gjøre nettverket sterkere ved å la kodere identifisere svakheter og fikse dem. I tillegg har hvert angrep mot nettverket som har blitt forhindret blitt en fjær i hatten – enda et vitnesbyrd for både deltakere og utenforstående om nettverkets uovertrufne sikkerhet.

Et globalt team bestående av frivillige programvareutviklere, anmeldere og hackere har vist en profesjonell, finansiell og intellektuell interesse i å arbeide med å forbedre eller styrke bitcoins kode og nettverk. Alle hull og svakheter som finnes i koden vil tiltrekke noen av disse utviklerne til å foreslå løsninger, diskutere dem, teste dem, og deretter foreslå dem til nettverkets medlemmer for implementering. De eneste endringene som har skjedd så langt har vært operasjonelle endringer som har latt nettverket kjøre mer effektivt, men ikke endringer som har endret essensen i hvordan nettverket fungerer. Disse utviklerne kan eie bitcoin selv, og dermed ha finansielle insentiver for å jobbe med å sikre bitcoins vekst og suksess. I sin tur, vil den fortsatte suksessen for bitcoin belønne disse utviklerne finansielt og dermed tillate dem å bruke enda mer tid og krefter på å vedlikeholde bitcoin. Noen av disse prominente utviklerne som har jobbet med å ivareta bitcoin har blitt rike nok fra å investere i bitcoin til at de kan gjøre det til sin hovedgeskjeft, uten å motta lønn fra noen.

Når det gjelder mediedekning, virker bitcoin som et godt eksempel på det gamle mottoet «all publisitet er god publisitet». Som en ny teknologi som er vanskelig å forstå var bitcoin alltid dømt til å utsettes for unøyaktig og direkte fiendtlig mediedekning, som også har vært tilfelle med mange andre teknologier. Nettstedet 99bitcoins.com har samlet sammen mer enn 200 eksempler på fremtredende artikler gjennom årene som har kunngjort bitcoins død. Noen av disse skribentene anså bitcoin for å være i strid med deres verdensbilde – ofte relatert til statsteorien om penger, eller den keynesianske troen på viktigheten av en elastisk pengemengde – og nektet å overveie muligheten for at de kunne ta feil. I stedet konkluderte de med at det måtte være bitcoins eksistens som var feil, og derfor spådde de at bitcoin snart ville forsvinne. Andre var sterkt overbevist om at bitcoin måtte endre seg for å lykkes, og da bitcoin ikke ble endret slik de ønsket, konkluderte de med at valutaen måtte dø. Disse menneskenes angrep på bitcoin førte til at de skrev om det og fikk oppmerksomhet fra et stadig større publikum. Jo flere dødsannonser, desto mer vekst i bitcoins datakraft, transaksjoner og markedsverdi. Mange bitcoinere, og denne forfatteren er en av dem, ble først klar over bitcoins viktighet da de la merke til hvor mange ganger teknologien hadde blitt avskrevet, og likevel fortsatte å fungere plettfritt. Bitcoins dødsannonser hindret den ikke i det hele tatt, men det kan virke som at de bidro til å skaffe publisitet og vekke publikums nysgjerrighet rundt hvorfor nettverket fungerte så bra, til tross for all fiendtligheten og den dårlige omtalen.

Et godt eksempel på bitcoins antiskjørhet kom høsten 2013, da FBI arresterte den påståtte eieren av nettstedet Silk Road, som var et virkelig fritt marked der brukerne kunne selge og kjøpe alt de ville på nettet, inkludert illegale rusmidler. Siden folk forbandt bitcoin med narkotika og forbrytelser, spådde de fleste analytikere at stengingen av nettstedet ville eliminere bitcoins bruksområde. Den dagen falt prisen fra rundt 120 dollar til 100 dollar, men snudde fort og begynte en rask oppgang, før den nådde 1200 dollar per bitcoin i løpet av noen få måneder. I skrivende stund har prisen aldri siden sunket til nivået den lå på før Silk Road ble stengt ned. Ved å overleve stengingen av Silk Road uskadd, demonstrerte bitcoin at den er mye mer enn bare en valuta for kriminelle, og i prosessen tjente den på all publisiteten fra medienes dekning av Silk Road.

Et annet eksempel på bitcoins antiskjørhet kom i september 2017, etter at den kinesiske staten annonserte stengingen av alle kinesiske børser som handlet bitcoin. Mens den første reaksjonen var panikk som fikk prisen til å falle rundt 40 %, tok det bare noen timer før prisen begynte å innhente seg, og i løpet av noen få måneder hadde prisen mer enn doblet seg fra der den hadde vært før det statlige forbudet. Selv om det å forby børser fra å handle bitcoin kunne blitt sett på som et hinder for bitcoins vekst, ettersom det reduserer likviditeten, ser det i stedet ut til å ha styrket bitcoins verdiforslag. Flere transaksjoner begynte å foregå utenom børsene i Kina, og handelsvolumet på nettsider som localbitcoins.com eksploderte. Det kan rett og slett hende at forbudet mot handel i Kina virket mot sin hensikt, siden det drev kinesere til å holde på sine bitcoin på lang sikt, i stedet for å drive med kortsiktig trading.

Kan bitcoin skalere?

I skrivende stund handler en av de mest profilerte debattene rundt bitcoin om skalering, eller økningen i transaksjonskapasiteten. Bitcoins blokker på 1 megabyte betyr at kapasiteten for transaksjoner per i dag ligger på noe under 500 000 transaksjoner per dag. Bitcoin har allerede nærmet seg disse transaksjonsnivåene, og som et resultat har transaksjonsgebyrene økt betraktelig de siste månedene. Implementeringen av en teknologi kalt Segwit kan medføre en firedobling av denne daglige kapasiteten, men det begynner likevel å bli tydelig at det er en hard grense på hvor mange transaksjoner som kan gjennomføres på bitcoinblokkjeden, på grunn av dens desentraliserte og distribuerte natur. Hver bitcointransaksjon blir lagret på alle nettverkets noder, som alle må ha en kopi av hele loggen over alle transaksjoner. Dette betyr nødvendigvis at kostnaden ved å loggføre transaksjoner blir høyere enn for noen sentralisert løsning som bare trenger én logg og noen få sikkerhetskopier. De mest effektive betalingsløsningene er alle sentraliserte av en god grunn: det er billigere å føre ett sentralisert register enn å føre mange distribuerte registre, og å måtte bekymre seg for at de oppdateres synkronisert, en prosess som per dags dato bare er mulig med bitcoins Proof-of-Work.

Sentraliserte betalingsløsninger, slik som VISA og Mastercard, bruker en sentralisert logg som alle transaksjoner skrives inn i, samt en backup som er fullstendig separat. VISA kan behandle rundt 3200 transaksjoner i sekundet, eller 100,8 milliarder transaksjoner per år.[159] Bitcoins nåværende blokker på 1 megabyte kan behandle maksimum fire transaksjoner per sekund, 350 000 transaksjoner om dagen, eller 120 millioner transaksjoner per år. Dersom bitcoin skulle behandlet de 100 milliardene som VISA klarer, måtte hver blokk

159 *Facts and Figures*. Visa, Inc., november 2015, usa.visa.com/content/dam/VCOM-/download/corporate/media/VisaInc_factsheet_11012015.

vært på rundt 800 megabyte, noe som betyr at hvert tiende minutt måtte hver bitcoinnode lagt til 800 megabyte med data. På et år ville hver bitcoinnode lagt til rundt 42 terabyte med data, eller 42 000 gigabyte, til blokkjeden. Dette tallet er fullstendig virkelighetsfjernt hva gjelder mulighetene for kommersielt tilgjengelige datamaskiners datakraft nå eller i nærmeste fremtid. Den gjennomsnittlige privateide datamaskinen, eller den gjennomsnittlige eksterne harddisken, har en kapasitet på rundt 1 terabyte, altså omtrent en uke med transaksjoner av VISAs volum. For å sette dette i perspektiv, er det verdt å ta en kikk på hva slags IT-infrastruktur VISA bruker for å behandle disse transaksjonene.

I 2013 kom det en rapport som viste at VISA eier et datasenter beskrevet som et «digitalt Fort Knox» som inneholder 376 servere, 277 switcher, 85 rutere og 42 brannmurer.[160] Gitt at VISAs sentraliserte system er et enkelt feilpunkt, benytter det seg av svært store mengder redundans og overkapasitet for å beskytte seg mot uforutsette hendelser, mens i bitcoins tilfelle fører det store antallet noder til at ingen av dem er kritiske, noe som senker behovet for sikkerhet og kapasitet. Likevel vil en node som evner å legge til 42 terabyte med data hvert år kreve en veldig dyr datamaskin, og båndbredden som kreves for å prosessere alle disse transaksjonene hver dag ville helt klart vært ugjennomførbart og alt for dyrt og komplisert for et distribuert nettverk.

Det finnes bare en håndfull slike sentre i hele verden: De som brukes av VISA, Mastercard og noen få andre leverandører av betalingssystemer. Hvis bitcoin skulle prøvd å oppnå denne kapasiteten, kunne ikke nettverket konkurrert med disse sentraliserte løsningene ved å ha tusenvis av distribuerte sentre i samme skala; det måtte blitt sentralisert, med bare noen få slike sentre. For at bitcoin skal forbli distribuert, må hver node på nettverket være rimelig nok til at tusenvis av personer kan kjøre den på kommersielt tilgjengelige datamaskiner, og overføringen av data mellom nodene må være på en skala som kan håndteres av vanlig forbruker-båndbredde.

Det er utenkelig at bitcoin kunne behandlet transaksjoner på blokkjeden i samme skala som et sentralisert system. Dette forklarer hvorfor transaksjonskostnadene stiger, og med stor sannsynlighet vil fortsette å stige hvis nettverket fortsetter å vokse. De største mulighetene for å skalere bitcoins transaksjonskapasitet vil sannsynligvis ligge utenfor blokkjeden, hvor mange enklere tek-

160 Kontzer, Tony. «Inside Visa's Data Center», *Network Computing* 29. mai 2013. www.networkcomputing.com/networking/inside-visas-data-center/1599285558.

nologier kan brukes for små og uviktige betalinger. Dette sikrer at det ikke kan inngås noen kompromisser når det gjelder bitcoins to viktigste egenskaper, som berettiger den voldsomme bruken av datakraft: digitale sunne penger og digitale kontanter. Det finnes ingen alternative teknologier som har disse to egenskapene, men det finnes mange teknologier for små betalinger og dagligvarehandel til en billig penge, og disse teknologiene er veldig enkle å implementere på en pålitelig måte i eksisterende banksystemer. Bitcoin som betalingsmiddel i butikken er ikke engang særlig brukbart, ettersom det tar et sted mellom 1 og 12 minutter for at en transaksjon skal få sin første bekreftelse. Butikker og kundene deres kan ikke vente så lenge på betalingene, og selv om risikoen for et dobbeltbruk-angrep ikke er særlig betydelig for én liten betaling, er den betydelig nok for selgere som mottar et høyt antall transaksjoner, som i eksempelet med angrepet Betcoin Dice, som vi skal se på senere i avsnittet om angrep på bitcoin.

For folk som vil bruke bitcoin som et langvarig, digitalt verdilager, eller for folk som vil gjennomføre viktige transaksjoner uten å måtte godkjennes av en undertrykkende stat, er de høye gebyrene vel verdt prisen. Å spare i bitcoin vil naturligvis ikke kreve mange transaksjoner, og dermed er de høye gebyrene verdt det. Og for transaksjoner som ikke kan gjennomføres gjennom det vanlige banksystemet, for eksempel når folk prøver å få pengene sine ut av et land som lider av inflasjon og kapitalkontroll, er bitcoins høye transaksjonsgebyrer en pris som er vel verdt å betale. Selv med dagens lave bruksnivå har etterspørselen etter digitale kontanter og digitale sunne penger allerede hevet transaksjonsgebyrene til et nivå der de ikke kan konkurrere med sentraliserte løsninger som PayPal og kredittkort når det gjelder små betalinger. Dette har imidlertid ikke hindret bitcoins vekst, noe som indikerer at markedets etterspørsel etter bitcoin er drevet av dens nytte som digitale kontanter og digitalt verdilager, heller enn som en betalingsløsning i hverdagen.

Dersom bitcoins popularitet fortsetter å vokse, finnes det potensielle skaleringsløsninger som ikke involverer noen endringer i nettverkets struktur, men som utnytter måten transaksjoner er strukturert på for å øke antallet mulige betalinger. Hver bitcointransaksjon kan inneholde flere inputs og outputs, og ved å bruke en teknikk kalt CoinJoin kan flere betalinger slås sammen til én transaksjon, noe som tillater flere inputs og outputs for bare en brøkdel av plassen som ellers ville vært nødvendig. Dette kan potensielt øke transaksjonsvolumet til bitcoin til millioner av betalinger per dag, og etter hvert som transaksjonskostnadene øker, kan man vente at en slik løsning blir stadig mer populær.

En annen mulighet for å skalere bitcoin er digitale og mobile USB-lommebøker, som kan konstrueres på en måte som gjør dem sikret mot fysisk manipulasjon, og der saldoen kan sjekkes når som helst. Disse USB-pinnene vil inneholde de private nøklene for en bestemt mengde bitcoin, som lar eieren ta ut pengene fra dem. Disse kunne bli brukt som fysiske kontanter, der hver eier kan verifisere verdien på USB-pinnene. Ettersom gebyrene har økt på nettverket, har etterspørselen etter bitcoin fortsatt å øke ufortrødent, noe prisstigningen vitner om, og som tyder på at brukerne verdsetter transaksjonene høyere enn transaksjonskostnadene de må betale for dem. Adopsjonstakten bremses ikke av de stigende gebyrene, og det som skjer i stedet er at de mindre viktige transaksjonene flyttes ut av blokkjeden mens transaksjonene på blokkjeden blir viktigere. De viktigste bruksområdene for bitcoin, som verdilager og som usensurerbart betalingsmiddel, er vel verdt transaksjonsgebyrene. Når folk kjøper bitcoin med en lang tidshorisont, er et engangsgebyr å forvente, og vanligvis mikroskopisk i forhold til provisjonen og premien selgerne tar. For folk som vil slippe unna kapitalkontroll eller sende penger til land med økonomiske vanskeligheter, er transaksjonsgebyret vel verdt prisen, med tanke på at bitcoin er det eneste alternativet. Etter hvert som stadig flere bruker bitcoin, og transaksjonsgebyrene øker til et punkt der de begynner å bety noe for de som må betale dem, vil det oppstå et økonomisk press for å bruke noen av de nevnte skaleringsløsningene som kan øke transaksjonskapasiteten uten å gjøre endringer som forringer nettverksreglene og tvinger frem en splittelse av blokkjeden.

Utover disse mulighetene foregår allerede de fleste transaksjonene i dag utenfor blokkjeden, med endelig oppgjør kun utført på blokkjeden. Bitcoinbaserte bedrifter, slik som børser, kasinoer eller nettsider for spill, bruker bare bitcoins blokkjede for kundenes innskudd og uttak, mens alle transaksjoner på plattformen registreres på deres lokale database, benevnt i bitcoin. Det er umulig å beregne nøyaktig hvor mange slike transaksjoner det er, siden det er så mange slike bedrifter, og på grunn av mangelen på offentlig data om transaksjonene som foretas på deres proprietære plattformer, og den raskt skiftende dynamikken i bitcoinøkonomien, men et konservativt anslag vil ligge på over 10 ganger så mange transaksjoner enn det som gjennomføres på bitcoins blokkjede. I praksis brukes bitcoin allerede som reservevaluta i de fleste transaksjoner i bitcoinøkonomien. Dersom bitcoins vekst fortsetter, vil det bare være naturlig å se antallet transaksjoner utenfor blokkjeden øke raskere enn transaksjonene på blokkjeden.

En slik analyse motsier kanskje retorikken som har fulgt i kjølvannet av fremveksten av bitcoin, som promoterer bitcoin som slutten på banker og bankvirksomheten. Tanken på at millioner, for ikke å snakke om milliarder, skal kunne bruke bitcoinnettverket direkte for å gjennomføre daglige transaksjoner er urealistisk, ettersom det innebærer at alle medlemmer av nettverket må loggføre samtlige medlemmers transaksjoner. Etter hvert som tallene vokser, blir disse loggene større og medfører en betydelig byrde i form av datalagring. På den andre siden gir bitcoins unike egenskaper som verdilager grunn til å forvente stadig vekst i etterspørsel, noe som vil gjøre det vanskelig for den å overleve som et rent peer-to-peer-nettverk. For at bitcoin skal fortsette å vokse, må det finnes betalingsløsninger som administreres utenfor blokkjeden, og slike løsninger dukker opp takket være det konkurranseutsatte markedet.

En annen viktig grunn til at bankvirksomheten som institusjon ikke forsvinner, er nytten av å oppbevare penger i banken. Mens mange bitcoinpurister verdsetter friheten de får av å kunne holde sine egne penger uten å måtte stole på en finansinstitusjon for å få tilgang til dem, ønsker de aller fleste ikke den friheten, men foretrekker heller å ikke ha ansvar for pengene sine i frykt for tyveri eller bortføring. Midt i all anti-bankretorikken som er populær om dagen, særlig innenfor bitcoinmiljøet, er det fort gjort å glemme at innskuddsbanker er legitime forretninger som folk har etterspurt i hundrevis av år over hele verden. Folk har gledelig betalt for å lagre pengene sine trygt, slik at de bare trenger å bære en liten sum på seg, og dermed minimerer risikoen for tap. Og den utstrakte bruken av bankkort i stedet for kontanter lar folk til enhver tid ha med seg små pengesummer, noe som sannsynligvis har gjort det moderne samfunnet tryggere enn det ellers ville ha vært, siden de fleste potensielle ransmenn i dag innser at de neppe kommer over et offer med betydelige mengder kontanter på seg, og tyveri av bankkort neppe gir særlig utbytte før offeret rekker å sperre det.

Selv om det hadde vært mulig for bitcoinnettverket å behandle milliarder av transaksjoner per dag, og dermed fjerne behovet for andrelagsløsninger, så ville mange, om ikke de fleste, bitcoinere med store verdier til slutt valgt å oppbevare bitcoinene sine på en av de stadig flere tjenestene for trygg oppbevaring av bitcoin. Dette er en helt ny industri, som sannsynligvis vil utvikle seg til å tilby tekniske løsninger for oppbevaring med ulike grader av sikkerhet og likviditet. Uansett hvilken form denne industrien vil lande på, vil tjenesten den tilbyr og hvordan den utvikler seg forme konturene til et bitcoinbasert banksystem i fremtiden. Jeg kommer ikke med noen spådommer om hvordan disse tjenestene vil se ut, eller hvilke teknologiske egenskaper de vil ha, bortsett fra å si at de sannsynligvis vil bruke kryptografiske bevismekanismer i tillegg til å etablere et omdømme i markedet for å lykkes. En mulig teknologi for hvordan dette kan oppnås er kjent som Lightning Network, en teknologi under utvikling som lover betydelig økt transaksjonskapasitet ved å la noder kjøre betalingskanaler utenfor blokkjeden, som bare bruker bitcoins loggbok for verifisering av gyldige saldoer, ikke for overføringer.

I 2016 og 2017, da bitcoin nærmet seg det maksimale antallet daglige transaksjoner, fortsatte nettverket å vokse, noe vi ser tydelig ut fra dataene i kapittel 8. Bitcoin skalerer ved hjelp av en økning i verdien av transaksjonene på blokkjeden, ikke økt antall. Flere og flere transaksjoner gjennomføres utenfor kjeden, med oppgjør på børser og nettsider som bruker bitcoin, noe som gjør bitcoin noe nærmere et nettverk for endelig oppgjør i stedet for et nettverk for direkte betaling. Dette representerer ikke et trekk bort fra bitcoins funksjon som kontanter, som mange tror det gjør. Mens begrepet *kontanter* i dag gjerne betyr penger brukt for mindre transaksjoner, refererer den opprinnelige betydningen av begrepet til penger som et bærerinstrument, med en verdi som kan bli overført direkte uten at transaksjonen trenger å gå gjennom eller bekreftes av en tredjepart. På 1800-tallet refererte begrepet *kontanter* til sentralbankens gullreserver, og oppgjør i kontanter betød overføring av fysisk gull mellom banker. Hvis denne analysen er korrekt, og bitcoins verdi fortsetter å øke sammen med antall transaksjoner håndtert utenfor blokkjeden, mens antallet transaksjoner på blokkjeden ikke vokser like raskt, kan bitcoin bedre forstås som kontanter i ordets rette forstand, tilsvarende kontantreserver av gull, snarere enn dagens bruk av ordet kontanter, som refererer til papirpenger som brukes til små transaksjoner.

For å konkludere er det mange muligheter for å øke antallet bitcointransaksjoner uten å måtte endre den gjeldende arkitekturen til bitcoin, og uten å kreve at alle nåværende nodeoperatører oppgraderer samtidig. Skaleringsløsninger vil komme med forbedringer i måten noder sender data om bitcointransaksjoner til hverandre på. Dette vil komme av at transaksjoner slås sammen, gjennomføres utenfor blokkjeden, og av betalingskanaler. Skaleringsløsninger på blokkjeden vil neppe være nok til å imøtegå den økende etterspørselen etter bitcoin over tid, og dermed vil andrelagsløsninger kunne bli viktigere, noe som vil gi fremvekst av en ny type finansinstitusjon lik dagens banker, som bruker kryptografi og primært opererer på nett.

Er bitcoin for kriminelle?

En av de vanligste misforståelsene som har fulgt bitcoin helt fra begynnelsen, er at den ville være en flott valuta for kriminelle og terrorister. En lang liste med presseartikler har blitt publisert med ubegrunnede påstander om at terrorister eller kriminelle gjenger bruker bitcoin til sine lyssky aktiviteter. Mange av disse artiklene har blitt trukket tilbake,[161] men ikke før de rakk å innprente ideen i hodet til mange mennesker, deriblant villedete kriminelle.

Realiteten er at bitcoins loggbok er tilgjengelig over hele verden og uforanderlig. Den inneholder dokumentasjon om hver eneste transaksjon så lenge bitcoin finnes. Det er ikke helt riktig å si at bitcoin er anonymt; det er snarere pseudonymt. Det er mulig – uten at det er garantert å lykkes – å knytte identiteter til bitcoinadresser, og dermed tillate full sporing av alle transaksjoner knyttet til en adresse så snart identiteten er funnet. Når man snakker om anonymiteten, er det nyttig å tenke på bitcoin som like anonymt som internett: Det avhenger av hvor godt du gjemmer deg, og hvor godt de andre leter. Likevel gjør bitcoins blokkjede det mye vanskeligere å gjemme seg på nettet. Det er lett å kvitte seg med en enhet, e-postadresse eller IP-adresse og aldri bruke den igjen, men det er vanskeligere å fullstendig slette sporet av transaksjoner til en bitcoinadresse. Av sin natur er ikke bitcoins blokkjedestruktur ideell for å ivareta personvernet.

Alt dette betyr at for alle forbrytelser som faktisk har et offer, vil det ikke være hensiktsmessig for skurken å bruke bitcoin. Det pseudonyme systemet medfører at adresser kan knyttes til identiteter, selv mange år etter at ugjerningen har skjedd. Politiet, eller ofrene og eventuelle etterforskere, kan godt være i stand til å finne en forbindelse til forbryterens identitet, selv etter man-

161 Stein, Mara Lemos. «The Morning Risk Report: Terrorism Financing Via Bitcoin May Be Exaggerated.» *Wall Street Journal*, 2017.

ge år. Bitcoinsporet av betalinger alene har ført til identifisering og pågripelse av mange som har solgt narkotika på nettet, som trodde at bitcoin var helt anonymt.

Bitcoin er en teknologi for penger, og penger er noe som kan brukes av kriminelle når som helst. Alle former for penger kan bli brukt av kriminelle eller til å bistå kriminelle handlinger, men bitcoins permanente loggbok gjør den særlig uegnet for forbrytelser der ofrene ønsker en etterforskning. Bitcoin kan være nyttig for å gjennomføre «forbrytelser uten offer», siden fraværet av et offer betyr at ingen vil prøve å finne identiteten til «forbryteren». I virkeligheten, så snart man kommer seg forbi propagandaen til 1900-tallets statsmakt, finnes det ikke noe slikt som forbrytelser uten offer. Dersom en handling ikke har et offer, er den ikke en forbrytelse, uansett hva selvhøytidelige velgere eller byråkrater ønsker å tro om sin rett til å lovfeste moral for andre. For disse ulovlige, men fullstendig etiske handlingene, kan bitcoin være nyttig, siden det ikke finnes noen offer som prøver å spore opp gjerningsmannen. Den harmløse aktiviteten dukker opp på blokkjeden som en individuell transaksjon som kan ha flere formål. Man kan derfor forvente at det i forbrytelser uten offer, slik som gambling på nett eller omgåelse av kapitalkontroll, vil brukes bitcoin, mens bitcoin neppe vil brukes i forbindelse med mord og terrorisme. Narkotikahandel ser ut til å skje på bitcoinblokkjeden, men det har sannsynligvis mer å gjøre med de rusavhengiges desperasjon enn sunn fornuft, slik de mange narkotikakjøpene med bitcoin avdekket av påtalemyndighetene tyder på. Selv om det er vanskelig å finne statistikk på dette området, ville det ikke overraske meg dersom det viser seg at det er langt farligere å kjøpe narkotika med bitcoin enn med statlige papirpenger.

Med andre ord er det grunn til å tro at bitcoin styrker den individuelle friheten, samtidig som det ikke nødvendigvis gjør forbrytelser enklere. Det er ikke et redskap som bør fryktes, men et som burde omfavnes som en naturlig del av en fremtid med fred og velstand.

En høyprofilert type kriminalitet som absolutt har brukt bitcoin i stor grad er ransomware, eller løsepengevirus: En metode for uautorisert tilgang til datamaskiner som krypterer ofrenes filer og bare frigjør dem dersom offeret betaler mottakeren, vanligvis i bitcoin. Mens slike former for kriminalitet eksisterte før bitcoin, har de blitt mer praktiske å gjennomføre etter at bitcoin ble oppfunnet. Dette er uten tvil det beste eksempelet på at bitcoin tilrettelegger for kriminalitet. Likevel kan man enkelt forstå at disse ransomware-forbrytelsene baserer seg på å utnytte dårlig datasikkerhet. Et selskap som kan ende opp med å få hele systemet sitt stengt av anonyme hackere som krever noen tusen dollar i bitcoin har langt større problemer enn disse hackerne. Insentivet for hackerne kan være på noen tusen dollar, men firmaets konkurrenter, kunder og leverandører har langt høyere insentiver for å få kløre i denne informasjonen. I praksis har dermed bitcoin-ransomware fremmet oppdagelse og eksponering av mangler i datasikkerheten. Denne prosessen får firmaer til å ta bedre forholdsregler, og bidrar til at datasikkerhetsbransjen vokser. Med andre ord gir bitcoin en mulighet til å tjene penger på sikkerhetsmarkedet for datanettverk. Selv om hackere i utgangspunktet kan tjene på dette, vil produktive bedrifter i det lange løp anskaffe de beste sikkerhetsressursene.

Hvordan drepe bitcoin: En guide for nybegynnere

Mange bitcoinere har utviklet en kvasireligiøs tro på bitcoins evne til å overleve uansett hva som skjer. Mengden datakraft bak nettverket og det høye antallet noder som er distribuert over hele verden for å verifisere transaksjoner betyr at bitcoin er svært motstandsdyktig mot endringer, og sannsynligvis vil fortsette å være det. De fleste som ikke har kunnskap om bitcoin vil kanskje tenke at prosjektet er dømt til å mislykkes, siden det er uunngåelig at nettverket blir hacket, i likhet med alt som er digitalt. Når de først forstår hvordan bitcoin fungerer, blir det åpenbart at «hacking» ikke er en enkel oppgave. Det er mange andre trusler som kan ramme bitcoin. Datasikkerhet er et fundamentalt uoverkommelig problem, da det handler om uforutsigbare angripere som stadig finner nye angrepsvinkler. Det ligger imidlertid utenfor denne bokens rammer å belyse alle tenkelige trusler mot bitcoin og vurdere dem. Denne delen av boken undersøker bare noen av de viktigste truslene, og de som er mest relevante for denne bokens fokus på bitcoin som sunne penger.

Hacking

Bitcoins motstand mot angrep er basert på tre egenskaper: enkelheten, den enorme datakraften som sikrer dette enkle designet, og de distribuerte nodene som må oppnå konsensus for at en endring skal tre i kraft. Tenk deg det tilsvarende som hele det amerikanske militærets infanteri og utstyr rundt en lekeplass for å beskytte den mot invasjon, i et digitalt scenario, så får du en anelse om hvor vanvittig overbeskyttet bitcoin er.

Bitcoin er ganske enkelt et register over eierskap av virtuelle penger. Det finnes bare 21 millioner av disse myntene, og noen få millioner adresser som eier dem, og hver dag vil mindre enn 500 000 transaksjoner flytte på noen av dem. Den nødvendige datakraften for å drive et slikt system er minimal. En laptop til 100 dollar kunne gjort det og surfet på nettet samtidig. Men grunnen til at bitcoin ikke kjøres på kun én laptop, er at et slikt system ville krevd tillit til eieren av laptopen, samtidig som den ville vært et enkelt mål for en hacker.

For å være sikre, er alle datanettverk avhengige av å gjøre noen datamaskiner ugjennomtrengelige for angripere og bruke disse som sikkerhetskopi. Bitcoin har derimot en helt annen tilnærming til datasikkerhet: Den bryr seg ikke om å sikre noen av de individuelle datamaskinene, og drives med den antagelse at alle nodene er fiendtlige angripere. I stedet for å stole på medlemmene av nettverket, verifiserer bitcoin alt de gjør. Denne verifiseringsprosessen, via Proof-of-Work, er det som forbruker store mengder datakraft, og den har vist seg svært effektiv fordi den gjør bitcoins sikkerhet avhengig av rå datakraft, og dermed immun for problemer knyttet til tilgang eller stjålet legitimasjon. Hvis alle antas å være uærlige, må alle betale en høy pris for å legge til transaksjoner til den delte loggboken, og alle vil tape på det dersom svindelen blir oppdaget. De økonomiske insentivene gjør uærlighet ekstremt dyrt og sjansen for å lykkes er svært liten.

For å hacke bitcoin, i betydningen av å korrumpere loggboken av transaksjoner til å feilaktig flytte bitcoin til en spesifikk konto, eller å gjøre den ubrukelig, må en node legge til en ugyldig blokk til blokkjeden, og deretter må nettverket godkjenne den og bygge videre på den. Fordi det koster noder svært lite å oppdage svindel, mens kostnadene ved å legge til en blokk med transaksjoner er høye og hele tiden stigende, og fordi flertallet av nodene i nettverket har en egeninteresse i at bitcoin skal overleve, er det lite sannsynlig at angriperne vinner denne kampen, som bare blir vanskeligere og vanskeligere etter hvert som kostnadene for å legge til blokker fortsetter å stige.

I selve kjernen av bitcoins design ligger det en fundamental asymmetri mellom kostnaden forbundet med å legge til en ny blokk med transaksjoner, og kostnaden ved å verifisere gyldigheten til disse transaksjonene. Så selv om det er teknisk mulig å forfalske loggboken, så heller de økonomiske insentivene kraftig i motsatt retning. Transaksjonsloggboken er dermed et udiskutabelt register over gyldige transaksjoner.

51 %-angrep

Et 51 %-angrep er en metode der store mengder datakraft brukes for å loggføre feilaktige transaksjoner, ved å bruke de samme bitcoinene to ganger. En av disse transaksjonene vil bli kansellert og mottakeren blir stående igjen svindlet og uten betaling. Hvis en miner som kontrollerer en stor prosentandel av den totale hashraten klarer å løse Proof-of-Work-problemene raskt, kan han bruke én bitcoin på den offentlige kjeden som mottar bekreftelser, mens han på samme tid også miner på en fork av blokkjeden hvor han sender den samme bitcoinen til en annen adresse, som tilhører angriperen selv. Mottakeren av den første transaksjonen mottar bekreftelser, men angriperen vil prøve å bruke datakraften sin til å gjøre den andre kjeden lengre. Hvis han lykkes i å gjøre den andre kjeden lengre enn den første kjeden, lykkes angrepet, og mottakeren av den første transaksjonen vil oppdage at bitcoinene han mottok er forsvunnet.

Jo mer datakraft angriperen kan mønstre, jo mer sannsynlig er det at han klarer å gjøre den uredelige kjeden lengre enn den offisielle, og dermed reversere transaksjonen sin og høste fortjenesten. Selv om dette kan høres enkelt ut i prinsippet, er det langt vanskeligere i praksis. Jo lenger mottakeren venter på bekreftelse, jo mindre sannsynlig er det at angriperen lykkes. Dersom mottakeren er villig til å vente på seks bekreftelser, er sannsynligheten for at angrepet lykkes uendelig liten.

I teorien er et 51 %-angrep teknisk gjennomførbart, men i praksis er de økonomiske insentivene kraftig forent imot det. En miner som lykkes med å gjennomføre et 51 %-angrep vil alvorlig undergrave de økonomiske insentivene for å bruke bitcoin, og med det også etterspørselen etter bitcoinvalutaen. Etter hvert som bitcoinmining har vokst seg til å bli en særdeles kapitalintensiv industri med store investeringer dedikert til å produsere bitcoin, har minere fått en langsiktig egeninteresse i å bevare nettverkets integritet, ettersom verdien av belønningene deres avhenger av det. Det har aldri vært et vellykket angrep der en transaksjon som mottok minst én bekreftelse har blitt dobbeltbrukt.

Det nærmeste man kommer et vellykket dobbeltbruk-angrep i bitcoins historie var i 2013, da et online bitcoin-casino ved navn Betcoin Dice fikk en sum på rundt 1000 bitcoin (verdt rundt 100 000 dollar på det tidspunktet) stjålet via et dobbeltbruk-angrep som benyttet seg av betydelige mining-ressurser. Det angrepet lyktes imidlertid bare fordi Betcoin Dice aksepterte transaksjoner med null bekreftelser, noe som gjorde kostnadene av et angrep relativt lave. Hadde de akseptert transaksjoner med én bekreftelse, ville det ha vært mye vanskeligere å gjennomføre angrepet. Dette er en annen grunn til at bitcoins blokkjede ikke er ideell for vanlige forbrukerbetalinger: Å generere en ny blokk tar vanligvis rundt 10 minutter, og én blokk gir én bekreftelse for en transaksjon. Dersom en stor leverandør av betalingsløsninger godtar risikoen med å godkjenne betalinger med null bekreftelser, blir den et lukrativt mål for koordinerte dobbeltbruk-angrep som bruker massive mining-ressurser.

For å konkludere er et 51 %-angrep teoretisk mulig å gjennomføre dersom mottakeren av betalingen ikke venter et par blokker for å bekrefte gyldigheten av transaksjonen. I praksis vil imidlertid de økonomiske insentivene være sterkt imot at eierne av datakraft bruker investeringene sine på slikt, og derfor har det heller ikke vært noen vellykkede 51 %-angrep på noder som har ventet på minst én bekreftelse.

Et 51 %-angrep vil neppe lykkes hvis målet er profitt, men et angrep kan gjennomføres uten mål om økonomisk gevinst. Målet kan være å rett og slett ødelegge bitcoin. En stat eller en privat aktør kan bestemme seg for å anskaffe mining-kapasiteten som trengs for å kontrollere størsteparten av bitcoinnettverket, og deretter bruke den datakraften til å starte kontinuerlige dobbeltbruk-angrep, svindle mange brukere og dermed ødelegge tilliten til nettverkets sikkerhet. Men miningens økonomiske særtrekk gir flere grunner til å tvile på at et slikt scenario vil kunne skje. Datakraft er et svært konkurranseutsatt globalt marked, og bitcoinmining er en av de største, mest lønnsomme, og raskest voksende bruksområdene for datakraft i verden. En angriper kan finne ut hva kostnaden for å ta over 51 % av nåværende hashing-kraft er, og være villig til å investere den summen i den nødvendige maskinvaren. Men dersom slike enorme ressurser mobiliseres for å kjøpe utstyr til bitcoinmining, vil produsenter av dette utstyret kunne utvide virksomheten sin, skaffe mer kapital til produksjon og levere mer mining-utstyr til markedet, noe som vil utvide den totale datakraften, øke vanskelighetsgraden og gjøre angrepet enda dyrere. Som ny i markedet har angriperen en konstant ulempe i og med at hans egne kjøp av mining-utstyr fører til en raskere vekst i den datakraften på nettverket som er utenfor hans kontroll. Så jo flere ressurser som brukes på å bygge opp datakraft for å angripe bitcoin, jo raskere vokser bitcoins datakraft, og jo vanskeligere blir nettverket å angripe. Så, nok en gang, selv om det er teknisk mulig å angripe bitcoin, gjør nettverkets økonomiske realiteter det svært usannsynlig at et slikt angrep vil lykkes.

En angriper, spesielt en statlig angriper, kunne prøvd å angripe bitcoin ved å ta kontroll over allerede eksisterende mining-sentre og drive dem ulønnsomt for å undergrave nettverkets sikkerhet. Det faktum at mining er distribuert over et stort geografisk område, gjør dette til et utfordrende prosjekt som krever samarbeid fra ulike stater over hele verden. En bedre måte å implementere en slik plan på kan være å ikke overta eksisterende maskinvare med fysisk makt, men å styre den via bakdører i maskinvaren.

Bakdører i maskinvaren

En annen måte å forstyrre eller ødelegge bitcoinnettverket på, er ved å korrumpere maskinvaren som kjører bitcoinprogramvaren, og dermed gjøre den tilgjengelig for utenforstående. Noder som driver med mining kunne for eksempel blitt utstyrt med en usynlig og skadelig programvare som lar noen på utsiden styre maskinvaren. Dette utstyret kunne deretter bli deaktivert eller fjernstyrt på tidspunktet der 51 %-angrepet begynner.

Et annet eksempel kunne vært å installere spionvare på datamaskiner, som gir tilgang til brukernes bitcoin ved å få tilgang til de private nøklene deres. Slike angrep på massiv skala kunne volde stor skade på tilliten til, og etterspørselen etter, bitcoin.

Begge typer angrep er teknisk gjennomførbare, og i motsetning til de to tidligere angrepsmåtene trenger de ikke lykkes fullstendig for å skape nok forvirring til å skade bitcoins omdømme og etterspørsel. Et slikt angrep på mining-utstyr er mer realistisk å gjennomføre, siden det er svært få produsenter av mining-utstyr, og dette er et av de mest kritiske punktene for et angrep mot bitcoin. Men, etter hvert som bitcoinmining vokser, vil flere produsenter av maskinvare lokkes til markedet, som i sin tur vil redusere den katastrofale effekten på nettverket dersom én produsent skulle vise seg å ha urent mel i posen.

Med individuelle datamaskiner er denne risikoen mindre systemisk for nettverket, siden det er nærmest utallige produsenter over hele verden som produserer utstyr som kan kobles til bitcoinnettverket. Skulle en slik produsent vise seg å selge maskinvare med bakdører, ville det sannsynligvis bare ført til at forbrukerne hadde gått over til andre produsenter i stedet. I tillegg kan brukere generere private nøkler til adressene sine på datamaskiner som de aldri kobler til internett. De som er ekstra paranoide kan til og med generere adressene og de private nøklene på frakoblede datamaskiner som de deretter umiddelbart ødelegger. Bitcoin lagret med disse virtuelle private nøklene vil overleve et hvilket som helst angrep på nettverket.

Et spesielt viktig forsvar mot denne typen angrep er bitcoineres tendens til å lene seg mot anarkisme og cypherpunk-bevegelsen, som får dem til å tro mye mer på verifisering enn på tillit. Bitcoinere er generelt sett langt mer teknisk kompetente enn den øvrige befolkningen, og de er veldig grundige med å undersøke maskin- og programvaren de benytter seg av. Den rådende kulturen med åpen kildekode og fagfellevurdering fungerer også som et betydelig forsvar mot denne typen angrep. Gitt nettverkets distribuerte natur er det langt mer sannsynlig at slike angrep kan føre til kostnader og tap for enkeltpersoner, og kanskje til og med systemiske forstyrrelser av nettverket, men det vil være veldig vanskelig å få selve nettverket til å stoppe opp eller å fullstendig ødelegge etterspørselen etter bitcoin. Realiteten er at det er bitcoins økonomiske insentiver som gjør valutaen verdifull, ikke noen form for maskinvare. Ikke noe individuelt utstyr er uunnværlig for bitcoins drift. Alle deler kan erstattes med alternativer. Likevel vil bitcoins overlevelse og robusthet forbedres dersom flere maskinvareprodusenter kommer på banen, slik at ingen av dem blir systemkritiske for nettverket.

Angrep mot internett og infrastrukturen

En av de vanligste misforståelse om bitcoin er at nettverket kan stanses ved å skru av viktig kommunikasjonsinfrastruktur som bitcoin er avhengig av, eller ved å stenge ned selve internettet. Problemet med disse scenariene er at de misforstår bitcoin som om det er et nettverk i tradisjonell forstand, det vil si dedikert maskinvare og infrastruktur med kritiske punkter som kan angripes og ødelegges. Bitcoin er en programvareprotokoll; det er en intern prosess som kan kjøres på hvilken som helst av milliarder av datamaskiner som er spredt over hele verden. Bitcoinnettverket har ikke et enkelt feilpunkt, og ingen uunnværlig maskinvarestruktur noe sted som det er avhengig av. Enhver datamaskin som kjører bitcoins programvare kan koble seg til nettverket og samhandle med det. Slik sett er bitcoin nokså likt internett, siden det er en protokoll som lar datamaskiner koble seg sammen, og ikke infrastrukturen som forbinder dem. Datamengden som kreves for å formidle informasjon om bitcoin er ikke veldig stor, og utgjør kun en liten brøkdel av den totale trafikken på internett. Bitcoin trenger ikke en like omfattende infrastruktur som resten av internett, siden blokkjeden egentlig bare handler om å overføre 1 megabyte med data hvert tiende minutt. Det finnes utallige kablede og trådløse teknologier for overføring av data over hele kloden, og bare én av dem trenger å fungere for at en hvilken som helst bruker skal kunne koble seg til nettverket. For å skape en verden der ingen bitcoinbrukere kan koble seg til andre brukere, må verdens informasjons-, data- og tilkoblingsinfrastruktur ødelegges fullstendig. Livet i det moderne samfunnet er avhengig av denne infrastrukturen, og mange essensielle tjenester og livsviktige systemer er avhengige av at disse kommunikasjonslinjene opprettholdes. Det å skulle begynne å skru av hele internettets infrastruktur ville sannsynligvis forvolde enorm skade på ethvert samfunn som forsøker det, og vil neppe lykkes i å hindre utvekslingen av bitcoin, siden spredte maskiner alltid kan koble seg sammen ved hjelp av protokoller og kryptert kommunikasjon. Det er ganske enkelt altfor mange datamaskiner og forbindelser spredt over hele kloden, med altfor mange brukere, for at noen makt skulle være i stand til å få dem alle til å slutte å fungere samtidig. Det eneste tenkelige scenariet der dette kunne skjedd, ville vært et apokalyptisk scenario som ikke etterlater seg mennesker som kan lure på om bitcoin er i drift eller ikke. Sammenlignet med andre hypotetiske trusler mot bitcoin, fremstår dette som den minst troverdige eller meningsfulle.

Økt kostnad for noder og fall i antallet

I stedet for å forestille seg futuristiske sci-fi-scenarier som involverer ødeleggelsen av menneskehetens infrastruktur for telekommunikasjon i et håpløst forsøk på å utslette en liten bit med programvare, finnes det langt mer realistiske trusler mot bitcoin som er basert på grunnleggende aspekter ved nettverkets utforming. Bitcoins egenskap som harde penger med en fast, ikke-manipulerbar pengemengde og som digitale kontanter som ikke kan sensureres av noen tredjepart, er avhengig av at konsensusreglene til nettverket forblir svært vanskelige å endre – spesielt pengemengden. Det som sørger for denne stabile status quo er, som tidligere diskutert, at det er et veldig risikabelt og sannsynligvis dårlig trekk for et medlem av nettverket å bevege seg utenfor de gjeldende konsensusreglene, med mindre de andre medlemmene av nettverket også endrer regler. Men det som gjør slike beslutninger svært risikable og usannsynlige, er at antallet noder er høyt nok til at koordinasjon mellom dem blir upraktisk. Dersom kostnadene ved å kjøre en bitcoinnode øker betydelig, vil det bli vanskeligere for stadig flere å gjøre det, og dermed vil antallet noder på nettverket synke. Et nettverk med noen få dusin noder er ikke i realiteten desentralisert lenger, ettersom det blir en reell mulighet for de få nodene som drifter nettverket å samkjøre seg for å endre nettverkets regler til sin fordel, eller til og med sabotere det.

Etter min mening er dette den mest alvorlige tekniske trusselen for bitcoin på mellomlang til lang sikt. For øyeblikket er båndbredden til internettforbindelsen den primære begrensningen for å kunne kjøre en egen node. Så lenge blokkene forblir under 1 megabyte, burde dette generelt sett være håndterbart. En hard fork som øker blokkstørrelsen ville ført til en økning i kostnadene av å kjøre en node og føre til en reduksjon i antall operasjonelle noder. Og akkurat som med de andre truslene, er dette teknisk mulig, men det er usannsynlig at det vil materialisere seg, siden systemets økonomiske insentiver motarbeider det. At alle tidligere forsøk på å øke blokkstørrelsen har blitt avvist, er et bevis på dette.

Knekking av SHA-256 hashing-algoritmen

SHA-256 hashing-funksjonen er en integrert del av bitcoins drift. Kort forklart er hashing en prosess som tar en hvilken som helst data som input og endrer det til et datasett med en fast størrelse (kjent som en hash) ved å bruke en irreversibel matematisk formel. Med andre ord er det trivielt å bruke denne funksjonen til å generere en hash for en hvilken som helst bit med data, men det er ikke mulig å regne seg tilbake fra hash til input. Med forbedringer i datakraft kan det bli mulig for datamaskiner å reversere disse hash-funksjonene, noe som vil gjøre alle bitcoinadresser sårbare for tyveri.

Det er ikke mulig å fastslå om og når et slikt scenario kan bli til virkelighet, men om det skulle skje, vil det utgjøre en svært alvorlig teknisk trussel for bitcoin. Den tekniske løsningen på dette vil være å bytte til en sterkere form for kryptering, men utfordringen er å koordinere en hard fork som får de fleste nodene med på å forlate de gamle konsensusreglene til fordel for nye regler som bruker en ny hash-funksjon. Alle problemene ved å koordinere en fork som er diskutert ovenfor gjelder her, men denne gangen, fordi trusselen er reell, og fordi alle bitcoineiere som velger å holde seg til den gamle implementeringen vil være sårbare for hacking, er det sannsynlig at en overveldende majoritet av brukerne vil ta del i en hard fork. Det eneste interessante spørsmålet som gjenstår er hvorvidt denne hard forken vil være ryddig, og om alle brukerne migrerer til den samme kjeden, eller om det vil føre til at kjeden splittes i flere grener med ulike krypteringsmetoder. Selv om det absolutt er mulig at SHA-256-krypteringen kan knekkes, har brukerne økonomiske insentiver for å bytte til en sterkere algoritme, og å bytte samlet til én algoritme.

Tilbake til sunne penger

Mens de fleste diskusjoner om hvordan bitcoin kan mislykkes eller bli ødelagt fokuserer på tekniske angrep, vil en langt mer lovende måte å angripe bitcoin på i stedet være å undergrave de økonomiske insentivene som taler for bruk av bitcoin. Forsøk på å angripe eller ødelegge bitcoin på de måtene som så langt er nevnt har minimale sjanser for å lykkes, siden de bryter med de økonomiske insentivene som driver bruken av bitcoin. Situasjonen har likhetstrekk med å prøve å forby hjulet, eller kniven. Så lenge teknologien er nyttig for folk, vil forsøk på å forby den mislykkes, siden folk vil fortsette å finne måter å bruke den på, lovlig eller ei. Den eneste måten en teknologi kan stoppes på, er ikke via forbud, men ved å finne opp en bedre erstatning eller fjerne behovet for den. Skrivemaskinen kunne aldri fjernes med forbud eller via lovgivning, men fremveksten av PC-en ble i realiteten dens død.

Etterspørselen etter bitcoin kommer av at folk over hele verden har behov for å utføre transaksjoner som omgår politisk kontroll, og for å ha et inflasjonsresistent verdilager. Så lenge politiske myndigheter pålegger restriksjoner og begrensninger på enkeltpersoner som overfører penger, og så lenge statens egne penger er svake penger med et tilbud som enkelt kan økes alt etter politikernes innfall, vil vi alltid ha etterspørsel etter bitcoin, og dens avtagende vekst i tilbudet vil sannsynligvis føre til at verdien øker over tid, slik at den tiltrekker seg et stadig økende antall mennesker som bruker den til å lagre verdier.

Hypotetisk sett, hvis hele verdens bank- og pengesystemer ble erstattet med de som hørte til gullstandarden fra slutten av 1800-tallet, der individuell frihet og harde penger var av største viktighet, ville trolig etterspørselen etter bitcoin sunket betraktelig. Det kan til og med hende at et slikt grep ville forårsaket en tilstrekkelig stor reduksjon i etterspørsel etter bitcoin til at prisen ville falt betydelig, forvoldt stor skade på nåværende eiere, økt valutaens volatilitet, og satt den mange år tilbake. Med den økte volatiliteten og tilgjengeligheten av en pålitelig og relativt stabil internasjonal pengestandard basert på harde penger, svekkes insentivene for å bruke bitcoin betydelig. I en verden der statens restriksjoner og inflasjonstendenser blir holdt i nakkeskinnet av en gullstandard, kan det hende at gullets fordel som førstemann og relativt stabile kjøpekraft ville utgjort et uoverkommelig hinder for bitcoin, ved å frarøve nettverket dets raskt økende brukermasse og dermed hindre det fra å nå en størrelse som kan gi noe i nærheten av en stabil pris.

I praksis er det imidlertid ekstremt usannsynlig at verden går tilbake til sunne penger og liberale stater, siden disse konseptene stort sett er fremmede for det store flertall av politikere og velgere over hele verden, som i generasjoner har blitt oppdratt til å forstå statens kontroll over penger og moral som nødvendig for opprettholdelsen av ethvert samfunn. Og, selv om det hadde vært mulig å gjennomføre en slik politisk og monetær forandring, ville bitcoins fallende vekstrate i pengemengden sannsynligvis gjort den til et attraktivt og spekulativt veddemål for mange, noe som i seg selv ville ført til videre vekst og en større monetær rolle. Min vurdering er at en global pengepolitisk vending mot gull kanskje er den viktigste trusselen mot bitcoin, men noe som neppe vil skje eller være fullstendig ødeleggende.

En annen mulighet som ville stukket kjepper i hjulene for bitcoin, ville vært oppfinnelsen av en ny type sunne penger som er bedre enn bitcoin. Mange ser ut til å tro at de andre kryptovalutaene som etterligner bitcoin kan oppnå dette, men jeg står fast i min overbevisning om at ingen av myntene som kopierer bitcoins design kan konkurrere med bitcoin som sunne penger, noe jeg kommer nærmere inn på i neste del av dette kapittelet. Primært: Bitcoin er den eneste virkelig desentraliserte digitale valutaen som har vokst frem spontant i en fint balansert likevekt mellom minere, utviklere og brukere, der ingen av dem har kontroll over nettverket. Det var alltid bare mulig å utvikle én valuta basert på dette designet, fordi så snart det ble åpenbart at det fungerte, vil ethvert fremtidig forsøk på å kopiere det være et ovenfra-og-ned og sentralt kontrollert nettverk som aldri unnslipper sine skapere.

Så når det kommer til bitcoins struktur og teknologi, er det svært usannsynlig at en kopi av bitcoin kan erstatte bitcoin. Et nytt design og ny teknologi for å implementere digital kontanter og harde penger kunne fremskaffet en slik konkurrent, og selv om det ikke er mulig å forutse fremveksten av en slik teknologi før den er skapt, gjør kunnskapen til problemet med digitale kontanter gjennom årene det tydelig at dette ikke er en oppfinnelse som er enkel å utvikle.

Altcoins

Selv om bitcoin er det første eksempelet på peer-to-peer elektroniske kontanter, er det definitivt ikke det siste. Så snart Nakamotos design var sluppet, og valutaen lyktes med å tiltrekke seg verdier og brukere, kopierte mange den for å lage lignende valutaer. Namecoin var den første kopien som brukte bitcoins kode, og ble lansert i april 2011. Minst 732 digitale valutaer ble skapt innen februar 2017, ifølge coinmarketcap.com.

Selv om det er vanlig å tenke at disse valutaene konkurrerer med bitcoin, og at en av dem en gang i fremtiden kan overgå bitcoin, er virkeligheten den at de ikke er i konkurranse med bitcoin, siden de aldri kan inneha de egenskapene som gjør bitcoin funksjonell som digitale kontanter og sunne penger. For at et digitalt system skal fungere som digitale kontanter, må det være umulig for en tredjepart å kontrollere det; driften må foregå i tråd med brukerens vilje og i henhold til protokollen, uten noen mulighet for at en tredjepart kan stoppe betalingene. Etter å ha observert altcoins i årevis virker det umulig at en hvilken som helst annen kryptovaluta vil være i stand til å gjenskape den motstridende dødlåsen som eksisterer mellom bitcoininteressenter og som hindrer tredjeparter i å kontrollere betalingene.

Bitcoin ble designet av en programmerer under et pseudonym, hvis virkelige identitet fortsatt er ukjent. Han publiserte designet på en obskur e-postliste for dataprogrammerere som var interessert i kryptografi, og etter å ha fått tilbakemeldinger på det i noen måneder, lanserte han nettverket sammen med programmereren Hal Finney, som døde i august 2014. Etter noen dager med transaksjoner med Finney, og eksperimentering med programvaren, begynte flere medlemmer å bli med i nettverket for å utføre transaksjoner og drive med mining. Nakamoto forsvant i midten av 2010, for å «gå videre til nye prosjekter», og har mest sannsynlig ikke blitt hørt fra siden.[162] Etter all sannsynlighet er det rundt 1 million bitcoin på en lommebok som er eller var kontrollert av Nakamoto, men disse bitcoinene har aldri flyttet på seg. Nakamoto tok imidlertid ekstreme forholdsregler for å forsikre seg om at han ikke skulle bli identifisert, og frem til den dag i dag finnes det ingen klare bevis som identifiserer hvem den virkelige Nakamoto er. Hadde han ønsket å bli identifisert, ville han allerede ha stått frem offentlig. Hadde han etterlatt noen bevis som kunne latt noen spore identiteten hans, ville noen allerede gjort det. Alle hans skriverier og korrespondanse har blitt finkjemmet av etterforskere og journalister, til ingen nytte. Det er på høy tid at alle som bryr seg om bitcoin slutter å bry seg om Nakamotos identitet, og akseptere at spørsmålet ikke spiller noen rolle for teknologiens daglige drift, akkurat som det ikke lenger betyr noe hvem som fant opp hjulet.

Fordi Nakamoto og Finney ikke lenger er blant oss, har ikke bitcoin hatt noen sentral lederfigur eller autoritet som har kunnet diktere retningen eller utøve press på hvordan bitcoin skal utvikle seg. Til og med Gavin Andresen, som var i nær kontakt med Nakamoto og er en av bitcoins mest kjente ansikt, har gjentatte ganger mislyktes i sine forsøk på å påvirke retningen for bitcoins utvikling. En e-post som ofte siteres i pressen, og som antas å være den siste e-posten noensinne sendt av Nakamoto lyder: «Jeg har gått videre til andre

162 Det er mulig at to senere beskjeder kan tilskrives Nakamoto. En var for å benekte at hans sanne identitet var en japansk-amerikansk ingeniør ved navn Dorian Prentice Satoshi Nakamoto, som ble utpekt av *Newsweek Magazine* som den virkelige Nakamoto, utelukkende basert på et sammentreff av navn og kunnskap om datamaskiner. Den andre var en kommentar til debatten rundt skaleringen av bitcoin. Det er uklart hvorvidt disse beskjedene var skrevet av Nakamoto selv eller om noen hadde fått tilgang til kontoen hans, spesielt siden det er et kjent faktum at e-postkontoen han hadde brukt til kommunikasjon faktisk ble hacket.

prosjekter. Bitcoin er i gode hender med Gavin og de andre.»[163] Andresen har gjentatte ganger prøvd å øke bitcoins blokkstørrelse, men ingen av hans forslag for dette har lyktes med å høste tilhengere blant nodene.

Bitcoin har fortsatt å vokse og blomstre på alle parametrene som er nevnt i kapittel 8, mens alle individer og grupper har sett sin autoritet over nettverket blitt redusert til det ubetydelige. Bitcoin kan forstås som et suverent stykke med kode, siden det ikke finnes noen utenforstående autoritet som kan kontrollere den. Bare bitcoins regler styrer bitcoin, og muligheten for å forandre disse reglene på noen vesentlig måte har blitt ekstremt upraktiske ettersom nettverkets tendens for status quo mellom aktørene fortsetter å forme insentivene for alle som er involvert i prosjektet.

Det er bitcoinkodens suverenitet, understøttet av Proof-of-Work, som gjør den til en genuint effektiv løsning på problemet med dobbeltbruk, og vellykket som digitale kontanter. Og det er denne mangelen på tillit som andre valutaer ikke er i stand til å kopiere. Foran enhver digital valuta skapt etter bitcoin står en dyp eksistensiell krise: Fordi bitcoin allerede eksisterer, med bedre sikkerhet, mer datakraft, og en etablert brukerbase, vil alle som ønsker å bruke digitale kontanter naturligvis foretrekke bitcoin fremfor små og mindre sikre alternativer. Siden kostnadene for å kopiere bitcoins kode og lage en ny lignende kryptovaluta i utgangspunktet er nær null, og antallet nye imitasjonsvalutaer øker stadig, er det lite sannsynlig at noen av dem vil utvikle noen betydelig vekst eller fremdrift med mindre det er et aktivt team dedikert til å pleie den, dyrke den, kode den og sikre den. Som den første oppfinnelsen av sitt slag, var det nok å demonstrere sin verdi som digitale kontanter og harde penger for å sikre økende etterspørsel etter bitcoin, og dermed kunne den lykkes selv om den eneste personen som sto bak oppfinnelsen var en anonym utvikler som praktisk talt ikke brukte en eneste krone på å promotere den. Altcoins, som i bunn og grunn er etterligninger som er veldig enkle å lage, har ikke luksusen av en reell etterspørsel, og må i stedet aktivt bygge og opprettholde denne etterspørselen.

163 Nakamoto, Satoshi. «Re: I had a few other things on my mind (as always) . . .» Mottatt av Mike Hearn 23. april 2011. Merk: Jeg er ikke i stand til å fastslå ektheten av denne e-posten, men det er talende nok at e-posten er viden sitert, til det punktet hvor *MIT Technology Review* publiserte en lengre artikkel om Andresen med tittelen «The Man Who Really Built Bitcoin», med påstander om at Andresen var viktigere for bitcoins utvikling enn Nakamoto selv.

Dette er grunnen til at så godt som alle altcoins har et team som bestemmer; de starter prosjektet, markedsfører det, designer materialet som brukes i markedsføringen, og sender pressemeldinger til pressen, som om de har nyhetsverdi, samtidig som de har fordelen av å kunne mine et betydelig antall mynter før noen har hørt om prosjektet. Disse teamene er offentlig kjente personer, og uansett hvor hardt de måtte prøve, kan de aldri på en troverdig måte demonstrere at de ikke har noen kontroll over valutaens retning, noe som i sin tur undergraver enhver påstand om at andre valutaer er en form for digitale kontanter som ikke kan endres eller kontrolleres av en tredjepart. Med andre ord, etter at bitcoinånden er ute av flasken, vil alle som prøver å bygge et alternativ til bitcoin bare kunne lykkes ved å investere tungt i kryptovalutaen, noe som betyr at de også har kontroll over den. Og så lenge det er en gruppe som har suveren makt over en digital valuta, kan ikke den valutaen forstås som digitale kontanter, men snarere en form for betalingsformidler – en veldig ineffektiv sådan.

Dette skaper et dilemma for designere av alternative valutaer: Uten aktiv ledelse av et team av utviklere og markedsførere, vil ingen digital valuta tiltrekke seg oppmerksomhet eller kapital i et hav av over 1000 valutaer. Med aktiv ledelse, utvikling og markedsføring av et team, kan ikke valutaen troverdig vise at den ikke kontrolleres av disse personene. Med en gruppe utviklere som har full kontroll over mesteparten av valutaen, datakraften og ekspertisen innenfor koding, er det praktisk talt snakk om en sentralisert valuta der teamets interesser dikterer den fremtidige utviklingen. Det er ikke noe galt med en sentralisert digital valuta, og det kan godt dukke opp slike konkurrenter i et fritt marked uten statlig innblanding. Men det er noe dypt og fundamentalt galt med en sentralisert valuta som tar i bruk et svært tungvint og ineffektivt design hvis eneste fordel er å beskytte mot risikoen for at en enkelt enhet svikter.

Dette problemet er mer tydelig for digitale valutaer som begynner med en såkalt Initial Coin Offering (ICO), som skaper en svært synlig gruppe med utviklere som kommuniserer offentlig med investorer, noe som i praksis gjør hele prosjektet til et sentralisert prosjekt. Ethereum, den største valutaen i markedsverdi etter bitcoin, og de prøvelser og trengsler den har måttet gjennomgå, illustrerer dette poenget på fargerikt vis.

Den såkalte DAO-en (Decentralized Autonomous Organization) var den første implementeringen av smartkontrakter på ethereumnettverket. Etter at mer enn 150 millioner dollar ble investert i denne smartkontrakten, lyktes det en angriper å kjøre koden på en slik måte at den sendte rundt en tredjedel av alle DAOs eiendeler til angriperens egen konto. Det blir feil å beskrive dette angrepet som tyveri, ettersom alle innskyterne hadde akseptert at pengene ville bli kontrollert av koden, og ingenting annet, og angriperen hadde ikke gjort annet enn å kjøre koden slik den ble akseptert av innskyterne. I kjølvannet av DAO-hackingen opprettet utviklerne av ethereum en ny versjon av ethereum, der dette uheldige feiltrinnet aldri skjedde, og på den måten konfiskerte de angriperens midler og ga dem tilbake til ofrene. Denne gjeninnføringen av subjektiv menneskelig ledelse er i strid med målet om å gjøre kode til lov, og setter spørsmålstegn ved selve ideen om smartkontrakter.

Hvis det nest største nettverket, målt i datakraft, kan få blokkjeden sin endret når transaksjonene ikke foregår i tråd med utviklerteamets interesser, er ingen av forestillingene om at altcoins er regulert av datakraft troverdige. Konsentrasjonen av eierskap av valutaen, datakraft og programmeringsferdigheter i hendene på en gruppe mennesker som i praksis er partnere i en felles satsning, tar bort hele formålet med å bruke en blokkjedestruktur.

Videre er det ekstremt vanskelig å se for seg hvordan slike privatutstedte valutaer kan vokse og oppnå status som verdensvaluta så lenge de har et synlig team i ryggen. Skulle valutaen stige betydelig i verdi, vil et lite team med skapere bli ekstremt rike, med makt til å samle inn seigniorage, en rolle som er forbeholdt nasjonalstater i den moderne verden. Sentralbanker og nasjonalstater vil ikke se mildt på en slik undergraving av deres autoritet. Det ville være relativt enkelt for sentralbanker å få hvilke som helst av disse teamene til å ødelegge valutaen, eller endre på koden på en måte som hindrer den fra å konkurrere med nasjonale valutaer. Ikke en eneste altcoin har demonstrert noe i nærheten av bitcoins imponerende motstandsdyktighet mot endring, som er basert på valutaens virkelige desentralisering og de kraftige insentivene alle har for å holde seg til konsensusreglenes status quo. Bitcoin kan bare kreve denne tittelen etter å ha vokst i internettets villmark i ni år uten å bli kontrollert av noen autoritet, og på veldig dyktig vis slått tilbake noen veldig koordinerte og godt finansierte forsøk på å endre den. Til sammenligning har altcoins den lett gjenkjennelige, vennlige kulturen som oppstår når hyggelige folk jobber sammen om et gruppeprosjekt. Selv om dette ville vært flott for en nyoppstartet bedrift, er det ren gift for et prosjekt som ønsker å demonstrere troverdig forpliktelse til en fastsatt pengepolitikk. Dersom teamet bak en hvilken som helst altcoin bestemmer seg for å endre dens pengepolitikk, ville det være en relativ enkel ting å oppnå. Ethereum, for eksempel, har enda ikke en tydelig visjon om hva som skal være fremtidens pengepolitikk, og overlater beslutningen til fellesskapet. Selv om dette kan gjøre underverker for fellesskapsfølelsen i ethereum, er det ingen måte å bygge globale harde penger på, noe ethereum, for å være rettferdig, ikke hevder å gjøre. Om dette er fordi de er klar over dette argumentet, eller for å unngå konflikter med politiske autoriteter, eller som en markedsførings-gimmick, så unngår de fleste altcoinene å fremstille seg selv som konkurrenter til bitcoin, men heller som verktøy for å løse helt andre oppgaver.

Det er ingenting med bitcoins design som tyder på at den ville være spesielt egnet for noen av de mange bruksområdene de andre kryptovalutaene hevder å ha, og ingen annen kryptovaluta enn bitcoin har levert noen unike egenskaper eller trekk som bitcoin ikke har. Likevel har de alle som en sin egen valuta tilgjengelig for fri handel, som på en eller annen måte er helt essensiell for at deres komplekse systemer skal kunne kjøre noen applikasjoner på internett.

Forestillingen om at nye apper på internett krever sin egen desentraliserte valuta er et desperat naivt håp om at det på en eller annen måte kan være økonomisk lønnsomt å gjeninnføre problemet med mangel på sammenfall av interesser. Det er en grunn til at bedrifter, i den virkelige verden, ikke utsteder sin egen valuta, og det er at ingen ønsker å eie en valuta som bare kan brukes i én bedrift. Poenget med å holde penger er å ha likviditet som kan brukes enklest mulig. Å holde på penger som bare kan brukes hos enkelte selgere gir svært liten likviditet og tjener ingen hensikt. Folk vil naturligvis foretrekke å holde likvide betalingsmidler, og ethvert selskap som insisterer på å få betalt i sin egen fritt omsatte valuta, introduserer bare høyere kostnader og risiko for sine potensielle kunder.

Selv i bedrifter som trenger en form for kupong eller polletter for at ting skal fungere effektivt, som fornøyelsesparker eller kasinoer, har kupongene alltid en fastsatt verdi relativt til likvide penger, slik at kundene vet nøyaktig hva de får og kan gjøre nøyaktige økonomiske beregninger. Skulle noen av disse antatt revolusjonerende desentraliserte valutaene ha et verdifullt bruksområde i den virkelige verden, er det helt utenkelig at de ville bli betalt i sin egen fritt omsatte valuta.

I virkeligheten, etter å ha undersøkt dette området i årevis, har jeg enda ikke kommet over en eneste digital valuta som tilbyr et produkt eller en tjeneste som har noe etterspørsel i markedet. De høyt hyllede desentraliserte applikasjonene for fremtiden ser aldri ut til å komme, men tokens som visstnok er essensielle for at de skal fungere fortsetter å vokse med hundrevis hver måned. Man kan ikke la være å lure på om det eneste bruksområdet for disse revolusjonære valutaene er å berike sine skapere.

Ingen kryptovaluta bortsett fra bitcoin kan hevde å være utenfor noen andres kontroll, og derfor er hele poenget med å benytte seg av den ekstremt komplekse strukturen bak bitcoin borte. Det er ikke noe originalt eller vanskelig ved å kopiere bitcoins design og lage en litt annerledes klone, og tusenvis har gjort dette så langt. Over tid kan man forvente at flere og flere av disse kryptovalutaene kommer inn på markedet, noe som vanner ut merkevaren til alle konkurrentene. Digitale valutaer, som ikke er bitcoin, er samlet sett myke penger. Ingen enkelt altcoin kan vurderes på sine egne premisser, siden de alle er uadskillelige i det de gjør, som er det samme som bitcoin gjør. Samtidig er de veldig lette å skille fra bitcoin i den forstand at det er enkelt å endre deres tilbud og design, mens bitcoins pengepolitikk er i praksis hogget i stein.

Det er et åpent spørsmål hvorvidt noen av disse valutaene vil lykkes i å tilby en tjeneste som markedet etterspør, og som ikke er den som bitcoin allerede tilbyr. Det virker imidlertid klinkende klart at de ikke kan konkurrere med bitcoin som tillitsløse digitale kontanter. At de alle har valgt å etterape bitcoins ritualer mens de later som de tilbyr noe ekstra er ikke akkurat tillitsvekkende for at de skal oppnå noe annet enn å berike sine skapere. De mange tusen imitasjonene av Nakamotos design er kanskje den mest oppriktige formen for ros, men deres manglende evne til å levere noe mer enn det Nakamoto leverte er bevis på hvor enestående prestasjonen hans er. De eneste verdifulle bidragene til bitcoins utforming har kommet fra de kompetente, uselviske og frivillige utviklerne som ofret utallige timer for å gjøre bitcoinkoden bedre. Mange mindre kompetente kodere har blitt styrtrike ved å gi Nakamotos design ny innpakning, med markedsføring og meningsløse floskler, men ingen av dem har lyktes med å introdusere nye funksjoner som har reel etterspørsel i den virkelige verden. Fremveksten av disse altcoinene kan bare forstås i sammenheng med enkle statlige utstedte penger som søker etter enkle investeringer, og skaper store bobler av massive feilinvesteringer.

Hvordan bestemme om du trenger en blokkjede

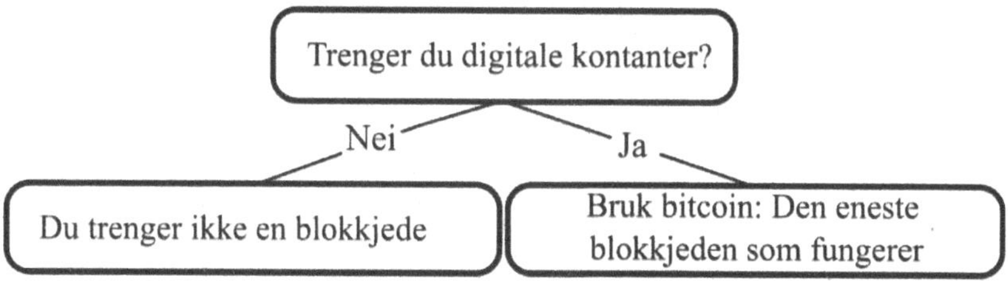

Figur 10.1: Beslutningsdiagram for blokkjede.

Blokkjedeteknologi[164]

Som et resultat av bitcoins oppsiktsvekkende verdistigning, og vanskeligheten med å forstå de operasjonelle prosedyrene og tekniske detaljer, har det hersket stor forvirring rundt teknologien. Det som kanskje har skapt mest forvirring over tid er ideen om at en mekanisme som er en del av hvordan bitcoin fungerer – å putte transaksjoner i blokker som er lenket sammen for å danne loggboken – på en eller annen måte kan brukes til å løse eller forbedre økonomiske eller sosiale problemer. Eller enda verre: «revolusjonere» dem, som er en typisk beskrivelse av så godt som alle nymotens og oppskrytte leketøy som blir oppfunnet i disse dager. «Bitcoin er ikke viktig, men den underliggende blokkjedeteknologien er lovende» er et mantra som har blitt gjentatt til det kjedsommelige mellom 2014 og 2017, av banksjefer, journalister og politikere, som alle har én ting til felles: En mangelfull forståelse av hvordan bitcoin faktisk fungerer. Se figur 10.1.

Fikseringen på blokkjedeteknologi er et utmerket eksempel på «kargo kultvitenskap», en idé popularisert av fysikeren Richard Feynman. Ifølge historien bygde det amerikanske militæret landingsstriper på en øy i det sørlige Stillehavet for å hjelpe til med militæroperasjoner under Andre verdenskrig. Flyene brakte som regel med seg gaver til de lokale innbyggerne på øya, som pleide å sette enorm pris på dem. Etter at krigen tok slutt og flyene sluttet å komme, gjorde lokalbefolkningen sitt beste for å få flyene og lasten deres til å komme tilbake. I sin desperasjon etterlignet de adferden til luftforsvarets bakkeperso-

164 Denne delen henter mye av sitt innhold fra min tekst: «Blockchain Technology: What Is It Good For?» publisert i *Banking and Finance Law Review*, 1. utgave, volum 33.3, 2018.

nell, i den tro at dersom de sendte en mann inn i en hytte utstyrt med en antenne og tente et bål, slik som bakkepersonellet brukte å gjøre, så ville flyene komme tilbake med gaver til dem. En slik strategi kunne åpenbart ikke fungere, siden bakkepersonellets prosedyrer ikke kunne skape fly ut av løse luften; de var kun en liten del av en innviklet teknisk prosess som begynte med produksjonen av flyene og deres avreise fra sine baser, noe som øyboerne i det sørlige Stillehavet ikke kunne forstå.

De som priser blokkjedeteknologi som om den kan skape økonomiske fordeler på egen hånd har, i likhet med øyboerne, en manglende forståelse for den større prosessen den er en del av. Bitcoins mekanisme for å lage en korrekt og ekte loggbok er ekstremt kompleks og komplisert, men den har et helt tydelig formål: Å utstede en valuta og flytte verdier på nett uten behov for tillit til en tredjepart. «Blokkjedeteknologi», i den grad noe slikt eksisterer, er ikke en effektiv eller billig eller rask måte å utføre transaksjoner på over internett. Det er faktisk enormt ineffektivt og tregt sammenlignet med sentraliserte løsninger. Den *eneste* fordelen den tilbyr er å eliminere behovet for å måtte stole på formidling av en mellommann. De eneste mulige bruksområdene for denne teknologien er innenfor felt der det å fjerne en slik tredjepart er av så stor verdi for sluttbrukeren at det rettferdiggjør de økte kostnadene og effektivitetstapet. Og den eneste prosessen der teknologien er i stand til å eliminere mellommenn, er prosessen med å overføre nettverkets egen valuta, siden koden til blokkjeden ikke har noen integrert kontroll over noe som skjer utenfor seg selv.

En sammenligning gir oss et bilde av nøyaktig hvor ineffektiv bitcoin er som betalingsløsning. Hvis vi fjerner alle vesentlige funksjoner som desentralisering, verifisering via Proof-of-Work, mining og tillitsløshet, og kjører en sentralisert versjon av bitcoin, ville den i hovedsak bestå av en algoritme for å generere mynter, og en database for eierskap av disse myntene som kan prosessere rundt 300 000 transaksjoner per dag. Slike oppgaver er trivielle, og en hvilken som helst moderne PC kunne utført dem pålitelig. Faktisk vil en helt vanlig laptop kjøpt på butikken være i stand til å prosessere rundt 14 000 transaksjoner i sekundet, eller hele bitcoins nåværende daglige transaksjonsvolum på 20 sekunder.[165] For å behandle hele bitcoins årlige transaksjonsvolum, trenger en vanlig laptop litt mer enn to timer.

Problemet med å kjøre en slik valuta på en vanlig bærbar datamaskin er imidlertid at det krever tillit til eieren av datamaskinen, den generelle sikkerheten til datamaskinen og dens sikring mot angrep. For å få et så trivielt system til å fungere, uten å måtte stole på at noen enkelt tredjepart ikke skal forfalske transaksjonsloggen eller endre på utstedelseshastigheten til valutaen, er bitcoins desentraliserte peer-to-peer-nettverk med Proof-of-Work-verifisering den eneste løsningen noen har funnet. Dette er ikke et trivielt programvareproblem, og først etter tiår med prøving og feiling av programmerere ble det funnet et design som beviselig fungerte. Mens en god bærbar datamaskin i dag kan prestere rundt 10 megahash i sekundet, prosesserer bitcoinnettverket rundt 20 exahash i sekundet, eller tilsvarende 2000 milliarder bærbare datamaskiner. Med andre ord, for å fjerne behovet for tillit, må datakraften for å kjøre et enkelt valuta- og databaseprogram øke med en faktor på 2000 milliarder. Det er ikke valutaen og transaksjonene som krever så mye datakraft; datakraften er nødvendig for å gjøre hele systemet tillitsløst. For at noen annen dataprosess som bruker blokkjedeteknologi skal fungere, må den oppfylle to kriterier:

For det første må det være såpass mye å tjene på desentralisering at de ekstra kostnadene blir rettferdiggjort. Dersom en prosess fortsatt krever en viss tillit til en tredjepart, selv om det bare er i en liten del av implementeringen, blir det vanskelig å forsvare den ekstra kostnaden knyttet til desentralisering. For å implementere kontrakter for virkelige bedrifter som er underlagt lover og regler, vil det fortsatt være statlig regulering forbundet med gjennomføringen av disse kontraktene som kan overstyre nettverkets konsensus, noe som ville gjort tilleggskostnaden for desentralisering meningsløs. Det samme gjelder for desentralisering av databaser hos finansinstitusjoner, som uansett vil forbli betrodde tredjeparter i møte med hverandre eller sine kunder.

For det andre må selve prosessen være enkel nok til å sikre at loggboken kan kjøres på mange noder, uten at blokkjeden blir for tung til å distribueres. Etter hvert som prosessen gjentas, vil blokkjeden vokse seg større, og det vil

165 Se Peter Geoghegans blogginnlegg som forklarer hvordan han klarte å oppnå dette på sin personlige datamaskin: «Towards 14,000 write transactions per second on my laptop.» *Peter Geoghegans blogg*. 4. juni 2012. pgeoghegan.blogspot.com/2012/06/towards-14000-write-transactions-on-my.html.

bli stadig vanskeligere for nodene å lagre en fullstendig kopi av blokkjeden. Dermed er det bare noen få, store datamaskiner som kan drifte blokkjeden, noe som gjør den mye mindre desentralisert. Legg merke til distinksjonen her, mellom noder som oppbevarer en kopi av blokkjeden og dedikerte minere som løser Proof-of-Work-problemer, som ble diskutert i kapittel 8: Minere må bruke enorme mengder datakraft for å kunne legge til transaksjoner til den delte loggboken, mens noder trenger veldig lite energi for å oppbevare en kopi av loggboken som brukes til å verifisere at disse transaksjonene er gyldige. Dette er grunnen til at noder kan kjøres på vanlige datamaskiner, mens individuelle minere har en datakraft som tilsvarer hundrevis av datamaskiner. Dersom det å drifte loggboken skulle bli for komplekst, må nodene bestå av store servere i stedet for personlige datamaskiner, og da ødelegges muligheten for desentralisering.

Bitcoins blokker er begrenset til en størrelse på 1 megabyte, noe som har begrenset blokkjedens veksttakt. Denne grensen sørger for at vanlige datamaskiner kan vedlikeholde og kjøre en egen node. Dersom størrelsen på blokkene hadde økt, eller blokkjeden hadde blitt brukt til mer sofistikerte prosesser, slik enkelte blokkjede-entusiaster ønsker, ville den blitt for stor til å kjøres på enkle datamaskiner. Sentralisering av nettverket til noen få store noder, eid og driftet av store institusjoner, har ingenting med desentralisering å gjøre.

Tillitsløse digitale kontanter har så langt vært den eneste vellykkede implementeringen av blokkjedeteknologi, nettopp fordi det er en ren og teknisk enkel prosess å utføre, noe som fører til at blokkjeden vokser relativt sakte over tid. Dette betyr at det å være medlem av bitcoinnettverket er mulig for en vanlig datamaskin med en vanlig internettforbindelse de fleste steder i verden. Forutsigbar og kontrollert inflasjon krever heller ikke mye datakraft, men er en prosess hvis desentralisering og tillitsløshet gir enorm verdi for sluttbrukerne, som forklart i kapittel 8. Alle andre former for penger er i dag kontrollert av parter som kan øke pengemengden for å tjene på økt etterspørsel. Dette beskriver fiatpenger og uedle metaller, men også gull, der en betydelig andel av verdens beholdning ligger i sentralbankenes hvelv, klar til å selges på markedet for å hindre prisen fra å stige for raskt og dermed utkonkurrere fiatpenger. For første gang siden avskaffelsen av gullstandarden har bitcoin gjort sunne penger lett tilgjengelige for alle i verden som ønsker det. Denne svært usannsynlige kombinasjonen av liten databelastning og stor økonomisk betydning er grunnen til at det har vært fornuftig å øke bitcoinnettverkets datakraft, slik at det har blitt det største nettverket noensinne. I løpet av åtte år har det vist seg umulig å finne noe annet bruksområde som er verdifullt nok til å rettferdiggjøre en distribuering over tusenvis av noder, samtidig som det er enkelt nok til å tillate slik desentralisering.

Den første implikasjonen av denne analysen, er at enhver endring i bitcoinprotokollen som øker størrelsen på blokkjeden neppe er gjennomførbar. Ikke bare på grunn av uforanderligheten beskrevet ovenfor, men også fordi det sannsynligvis ville forhindret de fleste nodeoperatørene fra å kjøre sine egne noder. Siden de selv bestemmer hvilken programvare de skal bruke, er det trygt å anta at et betydelig og uforsonlig mindretall av nodene vil fortsette å kjøre den nåværende programvaren, og at de vil beholde sine eksisterende bitcoin, og at ethvert forsøk på å oppgradere bitcoins programvare bare vil skape enda en verdiløs altcoin.

Den andre implikasjonen er at all påstått revolusjonerende bruk av «blokkjedeteknologi» i bank- og databasebransjen, garantert vil mislykkes, og ikke vil gi oss noe annet enn finurligheter som aldri blir tatt i bruk i virkeligheten. Så lenge systemet uansett vil inkludere en tredjepart man må stole på, vil blokkjedeteknologi være en veldig lite effektiv løsning for å levere de aktuelle tjenestene. Det er rett og slett utenkelig at en teknologi designet spesifikt for å fjerne behovet for tredjeparter, vil være nyttig for tredjepartene den ble skapt for å erstatte.

Det finnes mange enklere måter å loggføre transaksjoner på, men denne er den eneste som eliminerer behovet for en tredjepart. En transaksjon skrives inn i blokkjeden fordi mange minere konkurrer om å verifisere den for profitt. Likevel kreves det ikke tillit til dem for at transaksjonene skal gjennomføres. I stedet blir all svindel umiddelbart oppdaget og reversert av de andre medlemmene av nettverket, som har sterke insentiver for å sikre blokkjedens integritet. Med andre ord er bitcoin et system som er fullstendig bygget på kostbar og tungvint verifisering, slik at det eliminerer behovet for tillit eller ansvar mellom alle parter: 100 % verifisering, 0 % tillit.

I motsetning til mye av hypen rundt bitcoin, er ikke det å fjerne behovet for tillit alltid den rette veien å gå, verken i næringslivet eller på andre arenaer. Idet man forstår mekanismen som gjør at bitcoin fungerer, blir det tydelig at det å bytte til et system som ikke krever mellommenn innebærer avveininger. Fordelene ligger i individuell suverenitet over protokollen, immunitet mot sensur, og uforanderlighet i både veksten i pengemengden og i de tekniske parametrene. Ulempen er økte kostnader for den enorme datakraften som kreves for å utføre samme arbeidsmengde som før. Sett bort fra naiv og futuristisk hype, er det ingen grunn til å tro at en slik prioritering vil være verdt bryet for de fleste. Det kan fort vise seg at det eneste området denne avveiningen gir mening er hvis man vil forvalte globale, homogene, overnasjonale og sunne penger, av to viktige grunner. Den første er at de enorme kostnadene ved å drifte systemet kan tjenes inn over tid, ved å sakte men sikkert kapre deler av det globale valutamarkedet, et marked pålydende 80 000 milliarder dollar, eller deromkring. Det andre er at sunne penger, som beskrevet tidligere, får sine egenskaper fra det faktum at ingen kontrollerer dem, og at en forutsigbar og uforanderlig algoritme derfor er unikt egnet for denne oppgaven. Etter å ha tenkt på dette spørsmålet i årevis, kan jeg ikke noe sted i forretningslivet finne en prosess som både er så viktig at den er verdt prisen for å fjerne mellomleddene, og samtidig så gjennomsiktig og enkel at det gir store fordeler å fjerne alt menneskelig skjønn.

En analogi til bilens utvikling kan gi oss et tydeligere bilde. I 1885, da Karl Benz installerte en forbrenningsmotor på en vogn for å produsere verdens første selvdrevne framkomstmiddel, var den uttrykte hensikten å fjerne hester fra vogner og frigjøre folk fra å måtte håndtere hestemøkk hele tiden. Benz prøvde ikke å gjøre hestene raskere. Å tynge ned en hest med en tung motor av metall vil ikke få den til å løpe fortere; det ville bare bremset den, uten å gjøre noe for å redusere mengden hestemøkk. På samme måte, som forklart i kapittel 8, er poenget med den kolossale datakraften som kreves for å drifte bitcoinnettverket å eliminere behovet for at en betrodd tredjepart må behandle betalinger eller bestemme pengemengden. Hvis tredjeparten blir med på lasset, er all datakraften bortkastet.

Tiden vil vise hvorvidt bitcoinmodellen vil fortsette å vokse i popularitet og bruk. Det er mulig at bitcoin etter hvert vil erstatte mange finansielle mellomledd. Det er også mulig at bitcoin vil stagnere, eller til og med mislykkes og forsvinne. Det som ikke kan skje, er at bitcoins blokkjede vil være til fordel for mellomleddene den ble designet for å erstatte.

Ingen tredjepart som tilbyr tjenester innen betaling, finans eller bokføring vil bli mer effektiv eller rimelig ved å bruke blokkjedeteknologi. Alle andre blokkjeder enn bitcoins kombinerer det verste fra to verdener: den tungvinte blokkjedestrukturen, og kostnadene og risikoen forbundet med betrodde tredjeparter. Det er ikke overraskende at blokkjedeteknologien, åtte år etter at den ble oppfunnet, enda ikke har hatt et gjennombrudd på et kommersielt bruksområde, med unntak av det ene bruksområdet den ble laget for: bitcoin.

I stedet har vi fått en overflod av hype, konferanser, og høylydte diskusjoner i media, myndigheter, akademia, industri, og World Economic Forum, om potensialet til blokkjedeteknologi. Mange millioner dollar har blitt investert i risikokapital, forskning og statlig og institusjonell markedsføring forført av hypen, hittil uten resultater.

Blokkjedekonsulenter har bygd prototyper for aksjehandel, aktivaregistrering, stemmegivning og betalingsklarering, men ingen av dem har blitt tatt i bruk kommersielt, siden de er mye dyrere enn langt enklere metoder som bruker etablert programvare og databaser, slik styresmaktene i Vermont nylig konkluderte.[166]

Samtidig har ikke bankene mye å skryte av når det kommer til å benytte seg av tidligere teknologiske gjennombrudd. Da Jamie Dimon, administrerende direktør i JPMorgan Chase, holdt en presentasjon om blokkjedeteknologi i Davos i januar 2016, hadde bankens Open Financial Exchange-grensesnitt – en teknologi fra 1997, som samler kundeinformasjon i en sentral database – vært nede i to måneder.

I kontrast til dette ble bitcoin skapt som en blokkjede to måneder etter at Nakamoto for første gang presenterte teknologien. Den har siden fungert uavbrutt, og bitcoins markedsverdi har vokst til mer enn 150 milliarder dollar. Blokkjeden var løsningen på problemet med elektroniske kontanter. Fordi løsningen fungerte, vokste nettverket raskt mens Nakamoto jobbet anonymt og bare kommuniserte kort på e-post i rundt to år. Investerings- og risikokapital, konferanser og markedsføring var ikke nødvendig.

Som dette resonnementet viser, er forestillingen om at en «blokkjedeteknologi» eksisterer og kan implementeres for å løse spesifikke problemer, svært tvilsom. Det er mye riktigere å se på blokkjedestrukturen som en integrert del av hvordan bitcoin, testnettet og ulike kopier fungerer. Likevel bruker jeg

166 Higgins, Stan. «Vermont Says Blockchain Record-Keeping System Too Costly,» *coindesk.com*, 20. januar 2016, coinbase.com/report-blockchain-record-keeping-system-too-costly-for-vermont.

begrepet blokkjedeteknologi for enkelhets skyld. Den neste delen av dette kapittelet ser på blokkjedeteknologiens mest naturlige bruksområder, mens delen etter identifiserer de viktigste hindringene for at teknologien skal kunne brukes slik.

Potensielle anvendelser av blokkjedeteknologi

En oversikt over nyoppstartede bedrifter og forskningsprosjekter knyttet til blokkjedeteknologi konkluderer med at de potensielle anvendelsene kan deles inn i tre hovedområder:

Digitale betalinger

Eksisterende kommersielle mekanismer for betalingsoppgjør avhenger av sentraliserte databaser som kan lagre alle transaksjoner og oppdatere balanser. I hovedsak overføres transaksjonen én gang fra transaksjonspartene til mellomleddet, som kontrollerer gyldigheten, og deretter justeres de respektive saldoene. På en blokkjede blir transaksjonen kringkastet til alle nodene på nettverket, som fører til mange flere overføringer av data, og dermed krever mer datakraft og tid. Transaksjonen blir også en del av blokkjeden, kopiert til hvert medlems datamaskin. Dette er tregere og dyrere enn sentralisert oppgjør, og bidrar til å forklare hvorfor Visa og Mastercard kan gjennomføre 2000 transaksjoner i sekundet, mens bitcoin i beste fall klarer fire. Bitcoin har en blokkjede, ikke fordi det gir raskere og billigere transaksjoner, men fordi det fjerner behovet for tillit til en formidlende tredjepart: Transaksjoner gjennomføres fordi nodene konkurrerer om å verifisere dem, uten at det er nødvendig å stole på nodene. Det er nytteløst av mellomleddene å forestille seg at de kan forbedre ytelsen ved å benytte en teknologi som ofrer effektivitet og hastighet nettopp for å fjerne mellomleddene. For enhver valuta kontrollert av en sentral aktør vil det alltid være mer effektivt å registrere transaksjoner sentralt. Det som er helt klart, er at betalinger på en blokkjede må gjøres med blokkjedens egen desentraliserte valuta, ikke med andre, sentraliserte valutaer.

Kontrakter

I dag blir kontrakter utarbeidet av jurister, dømt av domstolene og håndhevet av politiet. Kryptografiske smartkontrakt-systemer som ethereum koder kontrakter inn i en blokkjede for å gjøre dem selvkjørende, uten mulighet for appell eller reversering, og utenfor politiets og domstolenes rekkevidde. «Kode er lov» er et motto som brukes av programmerere som skriver smartkontrakter. Problemet med dette konseptet er at språket som jurister bruker for å utarbeide kontrakter forstås av langt flere enn kodespråket som brukes av de som lager smartkontrakter. Det er sannsynligvis bare noen få hundre mennesker i hele verden som har den nødvendige tekniske ekspertisen til å fullt ut forstå alle implikasjonene av en smartkontrakt, og selv de kan overse åpenbare feil i programvaren. Selv om flere lærer de nødvendige programmeringsspråkene som kreves for å kjøre disse kontraktene, vil de dyktigste per definisjon ha et fortrinn. De som er best på å kode vil alltid ha en strategisk fordel fremfor alle andre.

Dette ble veldig tydelig med den første implementeringen av smartkontrakter på ethereumnettverket, den såkalte DAO-en (The Decentralized Autonomous Organization). Etter at mer enn 150 millioner dollar ble investert i denne smartkontrakten, lyktes det en angriper å kjøre koden på en slik måte at den sendte rundt en tredjedel av alle verdiene til hans egen konto. Det blir feil å beskrive dette angrepet som et tyveri, siden alle innskyterne hadde godtatt at pengene deres ville kontrolleres ene og alene av koden, og det eneste angriperen gjorde var å bruke koden. I etterkant av DAO-hackingen skapte utviklerne av ethereum en ny versjon av ethereum der dette uheldige feiltrinnet aldri skjedde. Denne gjeninnføringen av subjektiv menneskelig ledelse er i strid med målet om å gjøre kode til lov og utfordrer hele grunnlaget for smartkontrakter.

Ethereum er, når det gjelder datakraft, den nest største blokkjeden etter bitcoin. Bitcoins blokkjede kan ikke rulles tilbake og endres, men siden ethereum kan rulles tilbake, betyr det at alle blokkjeder mindre enn bitcoin i praksis er sentraliserte databaser under operatørenes kontroll. Det viser seg at kode ikke er lov tross alt, siden lederne for disse kontraktene kan overstyre det kontraktene utfører. Smartkontrakter har ikke erstattet domstolene med kode: De har erstattet domstolene med programvareutviklere med lite erfaring, kunnskap eller ansvarlighet i tvisteløsning. Det gjenstår å se om domstoler og jurister vil fortsette å stå på sidelinjen etter hvert som følgene av slike forker fortsetter å vise seg.

DAO-en er den første og så langt eneste sofistikerte anvendelsen av en smartkontrakt på en blokkjede, og erfaringene tyder på at en mer omfattende implementering fortsatt er et stykke unna, om det noensinne vil skje. Alle andre anvendelser er per i dag fortsatt på prototypestadiet. Kanskje, i en hypotetisk fremtid hvor kodekompetanse er langt mer utbredt, og koden er mer forutsigbar og pålitelig, kan slike kontrakter bli vanligere. Men dersom slike kontrakter bare krever ekstra datakraft, uten at de sikres mot endringer, forker, eller at grunnleggerne av blokkjeden overstyrer dem, tilfører de ikke annet enn å skape nye moteord og publisitet. En langt mer sannsynlig fremtid for smartkontrakter, er at de lever på sentraliserte datanettverk som drives av betrodde tredjeparter som kan overstyre dem. Dette formaliserer det faktum at smartkontrakter er redigerbare, samtidig som det reduserer datakraften som kreves, og får kontroll på de mulige angrepsvektorene som kontraktene og nettverket kan utsettes for.

For fungerende blokkjeder vil det trolig bare være etterspørsel etter smartkontrakter der koden er enkel å forstå og verifisere. Den eneste grunnen til å bruke slike kontrakter på en blokkjede, i stedet for et sentralisert datasystem, vil være fordi kontraktene utnytter blokkjedens innebygde valuta på en eller annen måte, ettersom alle andre kontrakter håndheves og overvåkes lettere uten den ekstra byrden av en distribuert blokkjede. De eneste meningsfylte bruksområdene for blokkjedekontrakter i dag er enkle tidsprogrammerte betalinger og lommebøker med multisignaturer, som alle utføres med blokkjedens egen valuta, for det meste på bitcoinnettverket.

Databaseadministrasjon og loggføring

En blokkjede er en pålitelig og manipulasjonssikker database og loggbok, men bare for blokkjedens egen valuta, og bare dersom denne valutaen er verdifull nok og nettverket har nok datakraft til å motstå angrep. For enhver annen eiendel, fysisk eller digital, er blokkjeden bare så pålitelig som menneskene som har ansvaret for å opprette forbindelsen mellom eiendelen og det den representerer på blokkjeden. Det er ingen gevinst å hente i form av effektivitet eller gjennomsiktighet ved å bruke en privat blokkjede her, ettersom blokkjeden ikke er mer pålitelig enn den parten som har tillatelse til å legge til informasjon til den. Å introdusere en blokkjede til den partens loggføring vil bare gjøre den langsommere, uten å bidra til mer sikkerhet eller uforanderlighet, siden det fungerer uten Proof-of-Work. Det vil fortsatt kreves tillit til tredjeparter som formidler informasjon, mens datakraften og tiden som kreves for å betjene databasen øker. En blokkjede sikret med en kryptovaluta kan brukes som en notartjeneste, der kontrakter eller dokumenter hashes inn i en blokk av transaksjoner, der den kan være tilgjengelig for alle som vil gå inn og verifisere at et spesifikt dokument er det samme som ble hashet på et tidligere tidspunkt. En slik tjeneste vil skape et marked for begrenset plass på blokkjeden, men kan ikke fungere med en blokkjede uten en egen valuta.

De økonomiske ulempene ved blokkjedeteknologi

Denne undersøkelsen av tre mulige bruksområder for blokkjedeteknologi identifiserte fem viktige hindringer for bredere adopsjon.

1. **Redundans**

   At hver eneste transaksjon registreres av samtlige medlemmer av nettverket, med den eneste hensikt å fjerne mellomledd, er veldig kostbar redundans. For alle mellomledd, enten de er finansielle eller juridiske, gir en slik redundans ingen mening når de samtidig skal fungere som mellomledd. Det finnes ingen gode grunner til at en bank skal dele en logg med alle transaksjonene sine med alle andre banker, og det finnes heller ingen grunn til at en bank skal bruke store summer på elektrisitet og datakraft for å loggføre transaksjoner mellom andre finansinstitusjoner. Denne redundansen gir kun økte kostnader, uten noen tenkelig fordel.

2. **Skalering**

   På et distribuert nettverk der alle nodene loggfører alle transaksjoner vil den felles loggboken med transaksjonene vokse eksponentielt raskere enn antallet medlemmer i nettverket. Kravene til medlemmenes lagringskapasitet og datakraft vil være langt høyere enn de ellers ville vært i et sentralisert nettverk av samme størrelse. Blokkjeder vil alltid støte på dette hinderet for effektiv skalering, og dette forklarer hvorfor bitcoinutviklere ser etter skaleringsløsninger utenfor selve blokkjeden. Betalinger kan i stedet gjennomføres på et andrelag, for eksempel via Lightning Network, eller utenfor blokkjeden via et mellomledd. Det er en klar avveining mellom skalering og desentralisering. Dersom en blokkjede skal kunne romme et større transaksjonsvolum, må blokkene gjøres større, noe som vil gi høyere kostnader for å delta i nettverket og dermed bety færre noder. Dette vil føre til en tendens mot mer sentralisering. Den mest kostnadseffektive måten å håndtere store transaksjonsvolumer på, er å sentralisere alt til én enkelt node.

3. **Overholdelse av regelverk**

Blokkjeder med sin egen valuta, slik som bitcoin, eksisterer utenfor lovverket; statsmakten er i praksis ute av stand til å påvirke eller endre den. Lederen for Federal Reserve har til og med erkjent at Federal Reserve mangler autoritet til å regulere bitcoin.[167] Omtrent hvert tiende minutt opprettes det en ny blokk på bitcoinnettverket, med alle de gyldige transaksjonene i de siste ti minuttene, og ingenting annet. Transaksjonene gjennomføres bare hvis de er gyldige, og ingen statlige tilsynsorganer kan overprøve nettverkets datakraft. Å bruke blokkjedeteknologi i sterkt regulerte bransjer, slik som justis- og finanssektoren, med andre valutaer enn bitcoin, vil føre til problemer med tilsyn og juridiske komplikasjoner. Gjeldende regelverk ble utformet for en infrastruktur som har lite til felles med blokkjeder, og som ikke enkelt kan tilpasses et system med radikal åpenhet, der alle loggføringer deles med alle medlemmene av nettverket. I tillegg opererer en nettbasert blokkjede på tvers av flere jurisdiksjoner, med ulike regulatoriske rammer, noe som gjør det vanskelig å sikre at alle regler blir fulgt.

4. **Irreversibilitet**

Med betalinger, kontrakter eller databaser drevet av mellomledd, kan menneskelige feil eller programvarefeil enkelt rettes opp ved å henvende seg til mellomleddet. På en blokkjede blir alt uendelig mye mer komplisert. Så snart en blokk har blitt bekreftet, og nye blokker hektes på, er det bare mulig å reversere transaksjoner ved å samle 51 % av datakraften i nettverket, med tilhørende andel noder som er enige om å bytte til den redigerte blokkjeden

167 Russolillo, S. «Yellen on Bitcoin: Fed Doesn't Have Authority to Regulate It in Any Way», *Wall Street Journal*, 27. februar 2014.

samtidig, i håp om at de resterende 49 prosentene ikke starter sitt eget nettverk, men heller blir med i det nye. Jo større nettverket er, jo vanskeligere er det å reversere en transaksjon gjort ved en feil. Blokkjedeteknologi er tross alt ment å etterligne kontanttransaksjoner på nett, som inkluderer irreversibiliteten til kontanttransaksjoner, men uten fordelene ved at et autorisert mellomledd kan gå inn og rette opp eventuelle utilsiktede feil. Menneskelige feil og programvarefeil oppstår hele tiden i banksektoren, og bruk av en blokkjedestruktur gjør bare disse feilene mye dyrere å rette opp. DAO-hendelsen avslørte hvor dyr og langvarig en slik reversering kan bli på en blokkjede, og krevde flere uker med hektisk koding og PR-kampanjer for å få nettverksmedlemmene til å gå med på å ta i bruk den nye programvaren. Og selv etter alt dette, fortsatte den gamle kjeden å eksistere, og en betydelig del av verdien og datakraften forble på det gamle nettverket. Dette tapet førte til en situasjon der det eksisterte to forskjellige transaksjonshistorikker samtidig: én der DAO-angrepet lyktes, og én der det ikke gjorde det.

Hvis blokkjeden til det nest største nettverket, målt i datakraft, kan endres når transaksjonene ikke foregår i tråd med utviklerteamets interesser, er ikke forestillingen om at en altcoin reguleres av datakraft troverdig. Konsentrasjonen av eierskap, datakraft og programmeringsferdigheter i hendene på en gruppe mennesker som i praksis er partnere i et fellesforetak, tar bort hele hensikten med å bruke en blokkjedestruktur.

En slik reversering er ekstremt upraktisk og usannsynlig i bitcoins tilfelle, av de grunnene vi drøftet i kapittel 9, nemlig at hver del av bitcoinnettverket bare kan delta i nettverket ved å akseptere de gjeldende konsensusreglene. I bitcoin er konsensusreglene konstante, og brukerne kan komme og gå som de vil. For alle andre blokkjedeprosjekter utviklet ved å imitere bitcoins design, er det alltid en gruppe mennesker som har ansvaret for å bestemme reglene for systemet, og som dermed kan endre dem. Mens bitcoin vokste gjennom menneskelige handlinger rundt etablerte konsensusregler, har alle andre blokkjedeprosjekter vokst gjennom aktiv menneskelig design og ledelse. Bitcoin har fått sitt rykte som uforanderlig etter å ha motstått endringer i mange år. Ingen andre blokkjedeprosjekter kan komme med en lignede påstand.

En blokkjede som kan endres er en funksjonelt meningsløs øvelse i teknisk spissfindighet: Den bruker en innviklet og kostbar metode for å utføre betalinger, fjerne behovet for mellomledd og etablere uforanderlighet, for så å gi et mellomledd muligheten til å overstyre den uforanderligheten. Beste gjeldende praksis på disse områdene innebærer reversering av transaksjoner og tilsyn fra juridiske og regulatoriske myndigheter, men bruker billigere, raskere og mer effektive metoder.

5. **Sikkerhet**

Sikkerheten til en blokkjedebasert database er helt avhengig av å bruke datakraft på verifisering av transaksjoner og Proof-of-Work. Blokkjedeteknologi forstås best som konvertering av elektrisitet til verifiserbare og udiskutable loggføringer av eierskap og transaksjoner. For at et slikt system skal være sikkert, må de som verifiserer med datakraft kompenseres i betalingssystemets egen valuta, slik at insentivene deres sammenfaller med det som er best for nettverket. Hvis de i stedet hadde blitt betalt i en annen valuta, ville blokkkjeden bare vært et privat register, vedlikeholdt av de som betaler for datakraften. Sikkerheten til systemet hviler da på den sentrale aktøren som betaler minerne, og i og med at den transparente loggboken deles med alle deltakerne, åpner det opp for mange mulige sikkerhetsbrudd. Et åpent og desentralisert system bygget på verifisering ved hjelp av datakraft er sikrere jo åpnere systemet er og jo flere deltakere som bruker datakraft på verifisering. Et sentralisert system med et enkelt feilpunkt blir mindre sikkert jo flere som kan skrive til blokkjeden, siden hvert nye medlem er en potensiell sikkerhetstrussel.

Blokkjedeteknologi som mekanisme for å skape elektroniske kontanter

Det eneste bruksområdet der blokkjedeteknologi hittil har lyktes kommersielt, er som elektroniske kontanter, nærmere bestemt bitcoin. De vanligste potensielle bruksområdene som nevnes for blokkjedeteknologi – betalinger, kontrakter og eierskapsregister – kan bare fungere i den grad de benytter seg av blokkjedens egen desentraliserte valuta. Ingen blokkjede uten en egen valuta har kommet seg forbi prototypestadiet, til full kommersiell drift, siden de ikke kan konkurrere med de beste løsningene på markedet. Bitcoins design har vært fritt tilgjengelig på nettet i over ti år, og utviklere kan kopiere og forbedre det for å lansere kommersielle produkter, men ingen slike produkter har dukket opp.

Markedstesten viser at redundansen forbundet med å loggføre transaksjoner og løse Proof-of-Work-problemer bare kan rettferdiggjøres hvis formålet er å skape elektroniske kontanter og et betalingsnettverk uten tredjepartsformidling. Eierskap over elektroniske kontanter og transaksjoner kan kommuniseres med minimale mengder data. Andre bruksområder, som massebetalinger eller kontrakter, krever større datamengder og blir dermed vanskelige å håndtere på en blokkjede. For bruksområder som involverer mellomledd er blokkjede en løsning som ikke er konkurransedyktig. Blokkjeder kan ikke brukes i bransjer der det er nødvendig med tillit til mellomledd, siden det faktum at man har mellomledd i seg selv gjør alle kostnadene for å drive en blokkjede unødvendige. Enhver kommersiell bruk av blokkjedeteknologi gir bare mening hvis man har behov for elektroniske kontanter, og bare hvis fraværet av mellomledd gir større økonomiske fordeler enn om vanlige valutaer og betalingskanaler ble brukt.

God ingeniørkunst begynner med et tydelig problem, og prøver å finne den optimale løsningen på det. En optimal løsning løser ikke bare problemet, men inneholder per definisjon ingen ting som er irrelevant eller overflødig. Skaperen av bitcoin prøvde å lage «peer-to-peer elektroniske kontanter», og han bygde et design for nettopp det formålet. Bortsett fra uvitenhet om bitcoins mekanikk, er det ingen grunn til å forvente at en blokkjede skal være egnet for andre formål. Etter ni år, og millioner av brukere, er det trygt å si at hans design har lyktes i å skape digital kontanter – og ikke overraskende – ingenting annet. Disse elektroniske kontantene kan ha kommersielle og digitale bruksområder, men det er meningsløst å snakke om blokkjedeteknologi som en teknologisk innovasjon i seg selv, med bruksområder på ulike felt. Blokkjeden forstås best som et integrert tannhjul i maskinen som skaper peer-to-peer elektroniske kontanter med forutsigbar inflasjon.

TAKKEORD

Dette manuskriptet har hatt enorm nytte av hjelpen, veiledningen og den tekniske ekspertisen gitt av bitcoinutvikleren David Harding. Han har en beundringsverdig evne til å kommunisere komplekse tekniske emner effektivt. Hos Wiley var jeg så heldig å jobbe med en redaktør som trodde på boken min og som stadig presset meg til å forbedre den. Jeg er ekstremt takknemlig overfor Bill Falloon og resten av Wiley-teamet for deres profesjonalitet og effektivitet. Jeg vil også takke Rachael Churchill for hennes grundige og raske korrekturlesing.

Tidligere utkast til denne boken ble lest av en rekke venner som ga meg fantastiske forslag til forbedringer, noe jeg er veldig takknemlig for. Jeg vil spesielt takke Ahmad Ammous, Stefano Bertolo, Afshin Bigdeli, Andrea Bortolameazzi, Michael Byrne, Napoleon Cole, Adolfo Contreras, Rani Geha, Benjamin Geva, Michael Hartl, Alan Krassowski, Russell Lamberti, Parker Lewis, Alex Millar, Joshua Mattettore, Oman, Schellen Song, Hachemis, Thomas Tor, Hachemis Tor, Daniel Oliver, Thomas Schellen, Valentin Schmit, Omar Shams, Jimmy Song, Luis Torras, og Hachem Yassine.

Denne boken er resultatet av en årelang læringsprosess, hvor jeg har vært så heldig å lære av noen veldig skarpe hoder. Jeg vil spesielt takke Tuur Demeester, Ryan Dickherber, Pete Dushenski, Michel Fahed, Akin Fernandez, Viktor Geller, Michael Goldstein, Konrad Graf, Stacy Herbert, Max Keiser, Pontus Lindblom, Mircea Popescu, Pierre Rochard, Peter Šurda, Nick Szabo, Kyle

Torpey, og Curtis Yarvin for skriverier og diskusjoner, som spilte en viktig rolle i å utvikle min forståelse av bitcoin.

Forskningen og redigeringen av denne boken har nytt godt av arbeidet til mine dyktige forskningsassistenter Rebecca Daher, Ghida Hajj Diab, Maghy Farah, Sadim Sbeity og Racha Khayat, som jeg er veldig takknemlig for. Professor George Hall ga meg data fra sin forskningsartikkel, noe jeg er takknemlig for.

For den nye 2021-utgaven av boken har jeg fått skarpsindige kommentarer fra Ross Ulbricht, David Killion og Angelino Demset, samt grundig korrekturlesing av Alexander Bradbury.

Til slutt vil jeg si at verken denne boken eller bitcoin ville vært mulig uten det utrettelige arbeidet til de frivillige utviklerne som har dedikert tiden sin til å utvikle og vedlikeholde protokollen. Jeg er takknemlig for deres uselviskhet og dedikasjon til dette prosjektet.

Støtt arbeidet mitt: https://www.patreon.com/saifedean/. Eller hvis du ønsker å registrere deg via betaling med bitcoin eller PayPal, send en e-post for instruksjoner til: TheBitcoinStandard@gmail.com

LITTERATURLISTE

Ammous, Saifedean. «Blockchain Technology: What Is It Good For?» I: *Banking & Finance Law Review 33, no. 3 (Issue 1, 2018)* (2018).

Bank of International Settlements. «Triennial Central Bank Survey». I: *Foreign Exchange Turnover in April 2016* (2016).

Barzun, Jacques. *From Dawn to Decadence: 1500 to the Present - 500 Years of Western Cultural Life*. New York: HarperCollins, 2000, 2000.

Bernanke, Ben S. «Deflation: Making Sure It Doesnt Happen Here.» In Remarks by Governor Ben S. Bernanke Before the National Economists Club, Washington, D.C., November 21, 2002. Nov. 2002.

Bly, Nellie. *Around the World in Seventy-Two Days*. New York: Pictorial Weeklies, 1890.

Böhm-Bawerk, Eugen. *Capital and Interest: A Critical History of Economical Theory*. Bd. 1. Macmillan, 1890.

Brown, Malcolm og Shirley Seaton. *Christmas Truce: The Western Front December 1914*. Macmillan, 2014.

Buchanan, James M. og Gordon Tullock. *The Calculus of Consent: Logical Foundations of Constitutional Democracy*. Liberty Fund Indianapolis, 1962.

Bunch, Bryan og Alexander Hellemans. *The History of Science and Technology: A Browsers Guide to the Great Discoveries, Inventions, and the People Who Made Them from the Dawn of Time to Today*. Houghton Mifflin Harcourt, 2014.

Coase, Ronald. *The Nature of the Firm*. Economica 4, no. 16, 1937.

Courtois, S. mfl. *The Black Book of Communism: Crimes, Terror, Repression*. Harvard University Press, 1997.

Davidson, James og William Rees-Mogg. *The Sovereign Individual: The Coming Economic Revolution*. McMillan, 1997.

De Soto, Jesús Huerta. *Money, Bank Credit, and Economic Cycles*. Auburn, AL: Ludwig von Mises Institute, 2009.

Diamond, Douglas W. og Philip H. Dybvig. *Bank Runs, Deposit Insurance, and Liquidity.* Journal of Political Economy 91, no. 3: 401419, 1983.

Fekete, Antal. «Whither Gold?» I: *Available online* (1996). International Currency Prize 1996, www.professorfekete.com/articles/AEFWhitherGold.pdf.

Felix, David. *Keynes: A Critical Life*. ABC-CLIO, 1999.

Ferguson, Adam. *An Essay on the History of Civil Society*. London: T. Cadell, 1782.

Friedman, Milton og Anna Schwartz. *A Monetary History of the United States, 18671960*. Princeton University Press, 2008.

Gilder, George. *The Scandal of Money: Why Wall Street Recovers but the Economy Never Does*. Regnery Publishing, 2016.

Glubb, John. *The Fate of Empires and Search for Survival*. Blackwood, 1978.

Graf, Konrad. *On the Origins of Bitcoin: Stages of Monetary Evolution*. Konrad S. Graf, 2013.

Grant, James. *The Forgotten Depression: 1921: The Crash That Cured Itself*. Simon & Schuster, 2014.

Greaves, Bettina Bien. *Ludwig von Mises on Money and Inflation: A Synthesis of Several Lectures*. Ludwig von Mises Institute, 2010.

Greenberg, Andy. *This Machine Kills Secrets: Julian Assange, the Cypherpunks, and Their Fight to Empower Whistleblowers*. Penguin, 2013.

Halévy, Élie og May Wallas. *The Age of Tyrannies*. Economica 8, New Series, no. 29: 779, 1941.

Hall, George. *Exchange Rates and Casualties During the First World War.* Journal of Monetary Economics 51, no. 8: 17111742, 2004.

Hanke, Steve H. og Charles Bushnell. *Venezuela Enters the Record Book: The 57th Entry in the Hanke-Krus World Hyperinflation Table*. The Johns Hopkins Institute for Applied Economics, Global Health, og the Study of Business Enterprise, Studies in Applied Economics, no. 69 (December 2016), 2016.

Haslam, Philip og Russell Lamberti. *When Money Destroys Nations*. Penguin UK, 2014.

Hayek, Friedrich. *Monetary Theory and the Trade Cycle*. Jonathan Cape, London, 1933.

— *Monetary Nationalism and International Stability*. Fairfield, NJ: Augustus Kelley, 1989, 1937.

— *The Use of Knowledge in Society*. American Economic Review 35, no. 4: 519530, 1945.

— *The Intellectuals and Socialism*. The University of Chicago Law Review 16, no. 3: 417433, 1949.

— *A Tiger by the Tail*. Vol. 4. Laissez-Faire Books, 1983.

— *Denationalization of Money*. Institute of Economic Affairs, 1976.

Hazlitt, Henry. *The Failure of the New Economics*. NJ: D. Van Nosrat Company, Inc, 1959.

Robert Higgs. *World War II and the Triumph of Keynesianism*. Independent Institute, 2001. URL: `http://www.independent.org/publications/article.asp?id=3`.

Holroyd, Michael. *Lytton Strachey: The New Biography*. Norton & Co., 2005.

Hoppe", "Hans-Hermann. *"How Is Fiat Money Possible? Or, The Devolution of Money and Credit."* The Review of Austrian Economics 7, no. 2", 1994.

— *Democracy: The God That Failed"*. New Brunswick: Transaction Publishers", 2001.

Huebner, Jonathan. *A Possible Declining Trend for Worldwide Innovation*. Technological Forecasting og Social Change 72, no. 8: 980986, 2005.

Ibn Khaldun, Abd Alrahman. *Al-Muqaddima*. 1377.

Jastram, Roy W. *The Golden Constant: The English and American Experience 15602007*. Edward Elgar, 2009.

Kent, Roland G. *The Edict of Diocletian Fixing Maximum Prices*. University of Pennsylvania Law Review 69: 35, 1920.

Keynes, John Maynard. *A Tract on Monetary Reform*. Macmillan, 1923.

— *The General Theory of Employment, Money, and Interest*. Palgrave Macmillan, 1936.

— *Essays in Persuasion*. W. W. Norton, 1963.

Komlos, John, Patricia Smith og Barry Bogin. *Obesity and the Rate of Time Preference: Is There a Connection?* Journal of Biosocial Science 36, no. 2: 209219, 2004.

Kremer, Michael. *Population Growth and Technological Change: One Million B.C. to 1990*. Quarterly of Journal of Economics 108, no. 3: 681716, 1993.

Levy, David og Sandra Peart. *Soviet Growth and American Textbooks: An Endogenous Past*. Journal of Economic Behavior & Organization 78, no. 12: 110125, 2011.

Liaquat, Ahamed. *Lords of Finance: The Bankers Who Broke the World*. Penguin, 2009.

Lips, Ferdinand. *Gold Wars: The Battle Against Sound Money as Seen from a Swiss Perspective*. New York: Foundation for the Advancement of Monetary Education, 2001.

Mallery, Otto Tod. *Economic Union and Durable Peace*. New York: Harper, 1943.

May, T. C. *Crypto Anarchy and Virtual Communities*. Available on nakamotoinstitute.org, 1994.

McConnell, Campbell, Stanley Brue og Sean Flynn. *Economics*. New York: McGraw-Hill, 2009.

Mencken, H. L. og Malcolm Moos (eds.) *A Carnival of Buncombe*. Baltimore: Johns Hopkins Press, 1956.

Menger, Carl. *On the Origins of Money*. The Economic Journal 2, no. 6: 239255, 1892.

Merkle, R. *DAOs, Democracy and Governance*. Cryonics 37, no. 4 (July/August): 2840; Alcor, www.alcor.org, 2016.

Mischel, Walter, Ebbe B. Ebbesen og Antonette Raskoff Zeiss. *Cognitive and Attentional Mechanisms in Delay of Gratification*. Journal of Personality og Social Psychology 21, no. 2: 204218, 1972.

Mises, Ludwig von. *Human Action. The Scholars Edition*. Auburn, AL: Ludwig von Mises Institute, 1998.

— *Profit and Loss*. Ludwig von Mises Institute, 2008.

— *Socialism: An Economic and Sociological Analysis*. Ludwig von Mises Institute, Auburn, AL, 1922.

— *The Theory of Money and Credit, 2nd ed.* Irvington-on- Hudson, New York: Foundation for Economic Education, 1971.

Nakamoto, Satoshi. *Bitcoin: A Peer-to-Peer Electronic Cash System*. 2008.

Narayanan, Arvind mfl. *Bitcoin and Cryptocurrency Technologies: A Comprehensive Introduction*. Princeton University Press, 2016.

Paar, Christof, Bart Preneel og Jan Pelzl. *Understanding Cryptography: A Textbook for Students and Practitioners*. Springer, 2009.

Philippon, Thomas og Ariell Reshef. *An International Look at the Growth of Modern Finance*. Journal of Economic Perspectives 27, no. 2: 7396, 2013.

Popper, Nathaniel. *Digital Gold*. Harper, 2015.

Raicho, Ralph. *The Costs of War: Americas Pyrrhic Victories*. NJ: Transaction Publishers, 1999.

Rothbard, Murray. *Americas Great Depression, 5th ed.* Auburn, AL: Ludwig von Mises Institute, 2000.

— *The Austrian Theory of Money*. The Foundations of Modern Austrian Economics: 160184, 1976.

— *A Conversation with Murray Rothbard.* Austrian Economics Newsletter 11, no. 2 (Summer): 15, 1990.

— *Economic Depressions: Their Cause and Cure*. Auburn, AL: Ludwig von Mises Institute, 2009.

— *The End of Socialism and the Calculation Debate Revisited.* The Review of Austrian Economics 5, no. 2: 5176, 1991.

— *The Ethics of Liberty*. New York, NY: New York University Press, 1998.

— *Man, Economy, and State*. Ludwig von Mises Institute, 2009.

Salerno, Joseph. *Money: Sound and Unsound.* Ludwig von Mises Institute, 2010.

Samuelson, Paul Anthony. *Full Employment after the War*. New York: McGraw-Hill, 1943.

Saunders, Frances Stonor. *The Cultural Cold War: The CIA and the World of Arts and Letters.* ISBN 1-56584-596-X. The New Press, 2000.

Schuettinger, Robert L. og Eamonn F. Butler. *Forty Centuries of Wage and Price Controls: How Not to Fight Inflation.* Ludwig von Mises Institute, 1979.

Schumpeter, Joseph A. *Capitalism, Socialism and Democracy*. Routledge, 2013.

Simon, Julian. *The Ultimate Resource*. Princeton University Press, 1981.

Signh, Simon. *The Code Book: The Science of Secrecy from Ancient Egypt to Quantum Cryptography*. Anchor, 2000.

Skousen, Mark. *The Perseverance of Paul Samuelsons Economics*. Journal of Economic Perspectives 11, no. 2: 137152, 1997.

Smith, Vernon. *Rationality in Economics*. New York: Cambridge University Press, 2008.

Steil, Benn. *The Battle of Bretton Woods: John Maynard Keynes, Harry Dexter White and the Making of a New World Order*. Princeton University Press, 2013.

Stein, Mara Lemos. *The Morning Risk Report: Terrorism Financing Via Bitcoin May Be Exaggerated.* Wall Street Journal, 2017.

Sutton, Antony. *Wall Street and the Bolshevik Revolution*. Crown Publishing Group, 1974.

Szabo, Nick. *Trusted Third Parties Are Security Holes*. 2001. URL: `https://nakamotoInstitute.org`.

— *Shelling Out: The Origins of Money*. 2002. URL: `https://nakamotoInstitute.org`.

Taleb, Nassim Nicholas. *Antifragile: How to Live in a World We Dont Understand.* London: Allen Lane, 2012.

— *Fooled by Randomness: The Hidden Role of Chance in Life and in the Markets*. Random House, 2005.

— *The Black Swan: The Impact of the Highly Improbable*. Random House, 2007.

Thiel, Peter. *Zero to One: Notes on Start-ups, or How to Build the Future*. Crown Business, 2014.

Zweig, Stefan. *The World of Yesterday: Memoirs of a European*. Pushkin Press, 2009.

NETTRESSURSER

`Bitcoin.org`: Det originale domenet som ble brukt av Nakamoto til å annonsere bitcoin, dele whitepaper og distribuere koden. Den drives til dags dato av flere bidragsytere og fungerer som en god kilde til informasjon.

`nakamotoinstitute.org`: Satoshi Nakamoto Institute inneholder hovedsakelig referanselitteratur om kryptografi og fokuserer på historien til bitcoin. Den inneholder også et arkiv av Nakamotos innsamlede skrifter, inkludert bitcoins whitepaper, e-postene han sendte og foruminnleggene hans.

`Saifedean.com`: Forfatterens utdanningsplattform hvor han underviser i bitcoin, tradisjonell økonomi og den østerrikske økonomiske skole.

`konsensus.network`: Forlaget bak denne boken. Der finner du flere bitcoinrelaterte bøker og annen litteratur.

`lopp.net/bitcoin.html`: En utmerket, omfattende og ofte oppdatert side hvor det henvises til mer informasjon om bitcoin. Denne nettsiden vedlikeholdes av Jameson Lopp.

OVERSIKT OVER FIGURER

Oversikt over tabeller

INDEKS

www.ingramcontent.com/pod-product-compliance
Lightning Source LLC
LaVergne TN
LVHW032009041026
849517LV00010B/2898